ENZYKLOPÄDIE
DEUTSCHER
GESCHICHTE
BAND 92

ENZYKLOPÄDIE
DEUTSCHER
GESCHICHTE
BAND 92

HERAUSGEGEBEN VON
LOTHAR GALL

IN VERBINDUNG MIT
PETER BLICKLE
ELISABETH FEHRENBACH
JOHANNES FRIED
KLAUS HILDEBRAND
KARL HEINRICH KAUFHOLD
HORST MÖLLER
OTTO GERHARD OEXLE
KLAUS TENFELDE

KRIEGSWESEN, HERRSCHAFT UND GESELLSCHAFT 1300–1800

VON

BERNHARD R. KROENER

OLDENBOURG VERLAG MÜNCHEN 2013

Bibliografische Information der Deutschen Nationalbibliothek
Die Deutsche Nationalbibliothek verzeichnet diese Publikation in der Deutschen Nationalbibliografie; detaillierte bibliografische Daten sind im Internet
über http://dnb.dnb.de abrufbar.

Library of Congress Cataloging-in-Publication Data
A CIP catalog record for this book has been applied for at the Library of
Congress.

© 2013 Oldenbourg Wissenschaftsverlag GmbH
Rosenheimer Straße 143, 81671 München, Deutschland
www.degruyter.com/oldenbourg
Ein Unternehmen von De Gruyter

Umschlagentwurf: Dieter Vollendorf
Titelbild: Dudelsackpfeifer, tanzendes Paar und Mann mit Kind, Radierung
von Rudolf Meyer, 1630/35, Museum des Dreißigjährigen Krieges, Wittstock

Gedruckt in Deutschland

Dieses Papier ist alterungsbeständig nach DIN/ISO 9706.

ISBN   978-3-486-56592-8
E-ISBN 978-3-486-76540-3

Gewidmet meinen Studierenden, Schülern, Kollegen und Freunden
in Bonn, Paris, Freiburg im Breisgau und Potsdam
1969–2013

Inhalt

Vorwort

Die „Enzyklopädie deutscher Geschichte" soll für die Benutzer – Fachhistoriker, Studenten, Geschichtslehrer, Vertreter benachbarter Disziplinen und interessierte Laien – ein Arbeitsinstrument sein, mit dessen Hilfe sie sich rasch und zuverlässig über den gegenwärtigen Stand unserer Kenntnisse und der Forschung in den verschiedenen Bereichen der deutschen Geschichte informieren können.

Geschichte wird dabei in einem umfassenden Sinne verstanden: Der Geschichte der Gesellschaft, der Wirtschaft, des Staates in seinen inneren und äußeren Verhältnissen wird ebenso ein großes Gewicht beigemessen wie der Geschichte der Religion und der Kirche, der Kultur, der Lebenswelten und der Mentalitäten.

Dieses umfassende Verständnis von Geschichte muss immer wieder Prozesse und Tendenzen einbeziehen, die säkularer Natur sind, nationale und einzelstaatliche Grenzen übergreifen. Ihm entspricht eine eher pragmatische Bestimmung des Begriffs „deutsche Geschichte". Sie orientiert sich sehr bewusst an der jeweiligen zeitgenössischen Auffassung und Definition des Begriffs und sucht ihn von daher zugleich von programmatischen Rückprojektionen zu entlasten, die seine Verwendung in den letzten anderthalb Jahrhunderten immer wieder begleiteten. Was damit an Unschärfen und Problemen, vor allem hinsichtlich des diachronen Vergleichs, verbunden ist, steht in keinem Verhältnis zu den Schwierigkeiten, die sich bei dem Versuch einer zeitübergreifenden Festlegung ergäben, die stets nur mehr oder weniger willkürlicher Art sein könnte. Das heißt freilich nicht, dass der Begriff „deutsche Geschichte" unreflektiert gebraucht werden kann. Eine der Aufgaben der einzelnen Bände ist es vielmehr, den Bereich der Darstellung auch geographisch jeweils genau zu bestimmen.

Das Gesamtwerk wird am Ende rund hundert Bände umfassen. Sie folgen alle einem gleichen Gliederungsschema und sind mit Blick auf die Konzeption der Reihe und die Bedürfnisse des Benutzers in ihrem Umfang jeweils streng begrenzt. Das zwingt vor allem im darstellenden Teil, der den heutigen Stand unserer Kenntnisse auf knappstem Raum zusammenfasst – ihm schließen sich die Darlegung und Erörterung der Forschungssituation und eine entsprechend gegliederte Auswahlbiblio-

graphie an –, zu starker Konzentration und zur Beschränkung auf die
zentralen Vorgänge und Entwicklungen. Besonderes Gewicht ist daneben, unter Betonung des systematischen Zusammenhangs, auf die
Abstimmung der einzelnen Bände untereinander, in sachlicher Hinsicht,
aber auch im Hinblick auf die übergreifenden Fragestellungen, gelegt
worden. Aus dem Gesamtwerk lassen sich so auch immer einzelne, den
jeweiligen Benutzer besonders interessierende Serien zusammenstellen.
Ungeachtet dessen aber bildet jeder Band eine in sich abgeschlosse-
ne Einheit – unter der persönlichen Verantwortung des Autors und in
völliger Eigenständigkeit gegenüber den benachbarten und verwandten
Bänden, auch was den Zeitpunkt des Erscheinens angeht.

Lothar Gall

Vorwort des Verfassers

Der vorliegende Band ordnet sich als dritter in die Reihe der bereits erschienenen Darstellungen zur deutschen Militärgeschichte (EDG 77, EDG 87) ein. Während für die Beschreibung des gesellschaftlichen Ortes des Militärs seit dem Ausgang des 18. Jahrhunderts mit „Militär, Staat und Gesellschaft" ein gemeinsamer Titel gefunden werden konnte, schien er mit Blick auf die zeitlichen Begrenzungen dieses Bandes nicht angemessen.

Überblicksdarstellungen zur Militärgeschichte setzen häufig mit dem Friedensschluss von Münster und Osnabrück ein und begründen diese Periodisierung mit den in seiner Folge aufgestellten stehenden Heeren. Mit der Errichtung eines Gewaltmonopols in den Händen der Herrschaft sei zu zudem, so wurde argumentiert, ein gewichtiger Baustein in den frühneuzeitlichen Staatsbildungsprozess eingefügt worden. Inzwischen sind nicht nur innerhalb der Militärgeschichte zentrale Grundannahmen dieser Epochengrenze in Frage gestellt worden. Das gilt für die unumschränkte Verfügungsgewalt des Herrschers über seine Truppen ebenso wie für die Vorstellung einer erfolgreichen Ausschaltung intermediärer Gewalten bei der für die Errichtung und den Unterhalt der Armeen notwendigen Ressourcenmobilisierung. Damit rücken Aufbau, Unterhalt und die gesellschaftliche Wahrnehmung des Kriegsinstruments im späten 17. und auch im 18. Jahrhundert näher an die Verhältnisse der voraufgegangenen Jahrhunderte heran.

Aus der Perspektive der von der Geschichtsschreibung des 19. Jahrhunderts beförderten Vorstellung eines modernen, im Absolutismus verwurzelten Verwaltungs- und Maßnahmenstaates wäre eine derartige Überwindung gesetzter Epochengrenzen zutiefst anachronistisch erschienen.

Es sind inzwischen so viele Argumente für eine Sattelzeit am Übergang zum 19. Jahrhundert angeführt worden, dass es für eine zeitliche Begrenzung der Darstellung auf die letzten Jahrzehnte des 18, Jahrhunderts keiner besonderen Begründung bedarf. Erklärungsbedürftiger erscheint hingegen der Ausgangspunkt der Betrachtung im vierzehnten Jahrhundert. Vor allem die angelsächsische Forschung hat in den vergangenen Jahren in dieser Epoche zumeist unter takti-

schem, technischem und organisatorischem Blickwinkel den Beginn
einer „Infantry Revolution" verortet. Die schrittweise Entwicklung
des Fußvolkes zum zentralen Element der Kriegsführungsfähigkeit
bedurfte gleichzeitig sozialer, ökonomischer und organisatorischer
Voraussetzungen und bewirkte veränderte kulturelle Wahrnehmun-
gen, Welt- und Gesellschaftsbilder, unter denen sich das Kriegsvolk
allmählich zum Militär entwickelte.

Die konzeptionellen Deutungsangebote der Militärischen Revolution ebenso wie des *fiscal-military state* finden hinsichtlich
Rekrutierung, Finanzierung, Organisation und Einsatz der Arme-
en hierin ihren eigentlichen Bezugspunkt. Sie weisen über den hier
behandelten Zeitraum hinaus auf die Massenheere einer industrialisierten und zunehmend totaler werdenden Kriegführung des 19. und
20. Jahrhunderts.

Angesichts eines ein halbes Jahrtausend umschließenden Untersu-
chungszeitraumes konnte der für die beiden vorausgegangenen Bände
gewählte Titel aus einsichtigen Gründen nicht beibehalten werden. So
umschließt der Begriff „Kriegswesen" die vielfältigen Formen organisierter Gewaltpotentiale im Spätmittelalter und in der Frühen Neuzeit,
während „Militär" der Beschreibung entsprechender Strukturen im 19.
und 20. Jahrhundert vorbehalten bleiben muss. Vergleichbares gilt für
die Verwendung von „Herrschaft", die als Vorläufer und Voraussetzung
von Staatlichkeit verstanden wird.

Auch für diesen Band habe ich vielfältige Hilfe und Unterstützung erfahren. Dies gilt für den kollegialen und freundschaftlichen Rat,
der mir von Ralf Pröve und Uwe Tresp zuteil wurde. Das mühevolle
und umsichtige Lektorat besorgte Julia Wille, die zusammen mit Jana
Schulze und Silvan Pischnick auch die bibliographischen Hürden des
Literaturverzeichnisses meisterte, wobei die Qual der Auswahl besonders schmerzlich war. Mancher Titel, den ich gerne aufgenommen hätte,
musste der vorgegebenen und erforderlichen Begrenzung des Umfanges
geopfert werden.

Ich danke den Herausgebern der Reihe und dem Oldenbourg Verlag für ihre Geduld und Unterstützung. Zum Abschluss meiner aktiven
Zeit als Hochschullehrer wünsche ich den nun geschlossen vorliegenden
drei Bänden zur deutschen Militärgeschichte zwischen 1300 und 1990,
dass sie vor allem unter den Studierenden ein vertieftes Verständnis für
die Bedeutung der modernen Militärgeschichte unterstützen mögen.

Bernhard R. Kroener

I. Enzyklopädischer Überblick

1. Zäsuren und Begrifflichkeit

Die traditionelle dreistufige Gliederung der europäischen Geschichte stellt eine aus der Geschichte der Geschichtswissenschaft erwachsene willkürliche Grenzziehung dar. Die nachzeitige Gewichtung von Kontinuität und Wandel versucht die historische Entwicklung nach ex post bestimmten Kategorien der Veränderung zu gliedern. Jede Periodisierung bedarf daher einer definitorischen Eingrenzung, die kenntlich macht, auf welchen Gegenstand und auf welchen historischen Raum sie sich bezieht. Bisweilen vollziehen sich Wandlungen abrupt, häufiger jedoch lassen sich die Anfänge struktureller Umgestaltungen erst im Nachhinein zeitlich festlegen. Erste tastende Versuche stehen zunächst immer in Konkurrenz zu traditionellen Formen. Die sozialen und ökonomischen Rahmenbedingungen, die Veränderungen befördern und schließlich unumkehrbar machen, gewinnen erst allmählich an Einfluss. Faktoren kulturellen Wandels und die sie befördernden Ideen bedürfen eines aufnahmebereiten gesellschaftlichen Klimas, um sich entfalten zu können. Schließlich gilt es, den geographischen Raum und die ihm immanenten Potentiale der Veränderung zu beachten. In manchen Regionen setzt der Veränderungsprozess früher ein, erscheint seine Dynamik größer, in anderen liefern die strukturellen Voraussetzungen den Kräften des Wandels zunächst keinen geeigneten Nährboden, erweisen sich aber auf lange Sicht als dauerhafter.

Mit Blick auf die Entwicklung des Kriegswesens lassen sich erste Anzeichen einer Neuorientierung bereits zu Beginn des 14. Jahrhunderts in den prosperierenden Stadtlandschaften Niederburgunds (Niederlande) und Oberitaliens erkennen. Während die Verhältnisse im spätmittelalterlichen Reichsitalien außer Betracht bleiben sollen, richtet sich der Blick auf Burgund und die späteren Niederlande ebenso wie auf die Verhältnisse in der Eidgenossenschaft, da von ihnen wesentliche Anstöße für die Entwicklung des frühneuzeitlichen Kriegswesens zwischen dem 14. und dem 16. Jahrhundert ausgingen. Vergleichbares gilt auch für Böhmen während des 15. Jahrhunderts.

In dieser frühen Phase ist es zulässig, die jeweiligen Gewaltor-

Periodisierung

Kriegswesen ganisationen als „Kriegswesen" zu bezeichnen. Erst angesichts eines sich zunehmend verfestigenden Gewaltmonopols seit der Mitte des 17. Jahrhunderts ist es angemessen von „Militärwesen" zu sprechen. Bestanden bewaffnete Kontingente und die zu ihrem Unterhalt geschaffenen Einrichtungen zunächst nur für die Dauer einzelner Feldzüge, so begannen sie sich seit der Mitte des 16. Jahrhunderts allmählich zu verstetigen. Dies war eine wesentliche Voraussetzung für den neuzeitlichen Staatsbildungsprozess mit seiner Herrschaftsverdichtung, die es letztlich erst ermöglichte, Truppen dauerhaft unter Waffen zu halten. Beide Entwicklungen bedingten sich gegenseitig: die beschleunigte Professionalisierung im militärischen Bereich seit der Mitte des 17. Jahrhunderts und die intensivierte Staatstätigkeit, die sich auch von den Erfordernissen des sich entwickelnden Militärwesens leiten ließ. Unter Bezug auf das dauerhaft unter Waffen gehaltene Gewaltinstrument lässt sich aber erst seit Beginn des 18. Jahrhunderts berechtigter Weise von einem verstaatlichten Heerwesen sprechen. Insofern scheint es geboten, eine Geschichte des Kriegs- und Militärwesens zwischen dem 14. und dem Ende des 18. Jahrhunderts in die sozialen, ökonomischen und demographischen Entwicklungen einzubinden und sie im Kontext der gesellschaftlichen und kulturellen Wahrnehmung von Krieg, Herrschaft und Gesellschaft zu spiegeln.

2. Strukturveränderungen des Kriegswesens im 14. Jahrhundert

Das 14. Jahrhundert wird in der historischen Forschung als Epoche
Kleine Eiszeit komplexer Strukturveränderungen dargestellt. Vorboten der so genannten kleinen Eiszeit, die Europa bis zum Beginn des 18. Jahrhunderts in ihrem Griff halten sollte, kündigten sich an. Ihre Auswirkungen trafen auf eine Bevölkerung, deren Nahrungsgrundlage bereits ein kritisches Stadium erreicht hatte, da die landwirtschaftlichen Produktionsmöglichkeiten keine weitere räumliche Ausdehnung und Intensivierung ermöglichten.

Der klimatisch bedingte Rückgang der Ernteerträge führte zu Ernährungskrisen und löste, wenn auch nicht überall und gleichzeitig, zunächst erhebliche Preissteigerungen aus. In der Folge verschlechterte sich der Gesundheitszustand der Bevölkerung und beschleunigte die Verbreitung und Intensität der seit der Mitte des 14. Jahrhunderts auftretenden Pestwellen, denen etwa ein Drittel der Menschen Zentraleuropas zum Opfer fielen. Die als bedrohlich empfundenen Naturerscheinungen beförderten ein angstbestimmtes Verhalten, das nicht selten in gesteigerte Aggressivität einmündete, zumal gegenüber denjenigen, die als fremd und gefährlich wahrgenommen wurden. Damit setzte eine Phase ein, in der bisher konfliktbegrenzende Rituale im Rahmen sozialer, konfessioneller und ethnischer Auseinandersetzungen zunehmend außer Kraft gesetzt wurden. Die frühere, idealisierende Vorstellung vom „ritterlichen Krieg", der in einem ritualisierten und rechtlich fixierter stattfand, wurde inzwischen deutlich korrigiert. Tatsächlich galten verbindliche Spielregeln der Auseinandersetzung nur unter sozial Gleichen. Konfliktbegrenzende Verhaltensmuster bestanden also nur im Rahmen einer Gruppenidentität. Unter den Bedingungen pränationaler Gegensätze konnten sie ebenso außer Kraft gesetzt werden wie gegenüber als sozial ungleich empfundenen Gegnern oder in transkulturellen Kriegen gegen Häretiker und Nichtchristen. Angesichts der entgrenzten Gewaltschübe des vergangenen Jahrhunderts wird in jüngster Zeit das 14. bisweilen mit dem 20. Jahrhundert verglichen. In beiden Epochen spielten der Krieg, die jeweiligen Veränderungen im Kriegswesen, seine Trägerschichten, Erscheinungsformen und Waffensysteme eine herausragende Rolle.

Ritterlicher Krieg?

Seit Beginn des 14. Jahrhunderts gewann das Fußvolk zunehmend an Bedeutung, nicht nur durch seinen stetig steigenden zahlenmäßigen Umfang. Seine Angehörigen stammten aus städtischen und ländlichen Bevölkerungsgruppen und versahen ihren Dienst ausdrücklich aufgrund eines Kontraktverhältnisses, das auf materieller Vergütung beruhte. So entstand allmählich eine eigenständige Waffengattung, die den ritterlichen Kontingenten gegenüber zunehmend Anspruch auf taktische Gleichrangigkeit einforderte.

Mitte des 14. Jahrhunderts bestanden die europäischen Heere bis zu einem Drittel aus Kämpfern, die für Sold dienten. Der Umfang des Fußvolkes ist nicht, wie bisweilen vermutet wurde, auf den Einsatz von Fernkampfwaffen (Langbogen, Armbrust) zurückzuführen. Von größerer Bedeutung waren das in den Städten in zunehmendem Umfang akkumulierte Kapital, die technischen Fähigkeiten und entsprechenden Produktionsstätten, die es erlaubten, eine größere Anzahl Fußknechte auszurüsten und mit der Handhabung ihrer Waffen vertraut zu machen.

2.1 Der Aufstieg des Fußvolkes aus dem Geist spätmittelalterlicher Stadtkultur

Kortrijk/
Courtrai 1302

Am 11. Juli 1302 standen sich vor den Mauern der kleinen flandrischen Stadt Kortrijk/Courtrai ein französisches Ritterheer und das Aufgebot der flandrischen Städte gegenüber. Am Abend dieses Tages hatten die in offener Feldschlacht selbstständig operierenden Fußtruppen ihren berittenen Gegnern eine vernichtende Niederlage zugefügt.

Den flämischen Chronisten des 14. Jahrhunderts, die das Ergebnis bisweilen mit dem Sieg der Griechen über die Trojaner verglichen, erschien diese Schlacht als die bedeutendste Auseinandersetzung des Jahrhunderts.

Die Städte hatten ihre gesteigerte ökonomische und politische Macht in eine erfolgreiche kriegerische Aktion umgemünzt. Auch wenn noch in den folgenden einhundertfünfzig Jahren Ritterheere unter Einbeziehung von Fußkontingenten als nachrangige Hilfstruppen in die Schlacht zogen, war der für die Militärgeschichte der Neuzeit bedeutsame Strukturwandel, in dessen Verlauf die Infanterie zur „Königin der Waffen" werden sollte, zu Beginn des 14. Jahrhunderts eingeleitet worden. Damit setzte eine „Transformationsepoche" des Krieges [263: H.-H. Kortüm, Krieg, 73] ein, die sich vom 14. bis zur Mitte des folgenden Jahrhunderts erstreckte.

Die Bevölkerungsverluste des „Schwarzen Todes" seit der Mitte des 14. Jahrhunderts bewirkten eine geringere Nachfrage nach Agrarprodukten, was wiederum die Preise fallen ließ, während gleichzeitig ein Mangel an Arbeitskräften in den Städten Lohnsteigerungen begünstigte. Dies führte zu einer erheblichen Landflucht, in deren Gefolge ländliche Siedlungen veródeten und nicht wieder besiedelt wurden. Während die Städte in politisch-ökonomischer Hinsicht im Allgemeinen als Gewinner dieses Strukturwandels anzusehen sind, mussten die Empfänger ländlicher Abgaben, Grundherren und Klerus, zum Teil erhebliche Einbußen verkraften, die ihr politisches Gewicht gegenüber den Städten und der sich ausbildenden Territorialherrschaft wesentlich verringerten.

Städtebünde

In den sich verdichtenden Stadtlandschaften Zentraleuropas (Flandern/Brabant, Oberitalien und in geringerem Umfang Oberdeutschland) wurden Städtebünde in der Folge zu politisch-rechtlichen Machtfaktoren. Ihnen gelang es zunächst, sich gegen eine zunehmende Konzentration des Gewaltmonopols der sich ausbildenden Territorialherrschaft zur Wehr zu setzen. Angesichts dieser Konstellation geriet der landsässige

Adel, dessen aristokratischer Habitus traditionell vom Waffenhandwerk geprägt war, zwischen die Fronten. Auch die Form des adligen Waffengangs verlor immer mehr an Bedeutung. Die zunehmende Verwendung von abgesessenen Panzerreitern als Verstärkung und zur moralischen Unterstützung der Fußtruppen in der Feldschlacht ließ keine ritualisierten Formen des ritterlichen Zweikampfes zu. Weiterhin spielte er aber bei verabredeten Zweikämpfen und Scharmützeln, etwa im Rahmen von Belagerungen, eine Rolle. Der damit einhergehende Wertewandel beschleunigte sich in dem Maße, in dem Konflikte nicht mehr zwischen sozial gleichrangigen Kombattanten ausgetragen wurden.

Die Auslösung von Gefangenen und damit die Schonung ihres Lebens blieb auch im 14. Jahrhundert die Regel, sofern nicht unter besonderen Bedingungen, zumal im Kampf sozial ungleicher Gegner (*guerre mortelle*), wie etwa in der Auseinandersetzung der Städte gegen die Fürsten oder der eidgenössischen Aufgebote gegen habsburgische Ritterheere, ihre Tötung eine besondere Wirkung auf die eigenen Gefolgsleute und den Gegnern versprach. Im Verlauf des 14. Jahrhunderts erfuhren die drei Säulen des mittelalterlichen Kriegswesens – Lehensheer, Aufgebot und Söldnerkontingente – eine veränderte Gewichtung. Während die Lehensfolge, die Pflicht des Lehensmannes (Vasallen) zur Gefolgschaft, unter den erschwerten wirtschaftlichen Bedingungen des 14. Jahrhunderts zunehmend zeitlich auf einen bestimmten Feldzug und räumlich auf die unmittelbare Landesverteidigung beschränkt wurde, gewann die Versöldnerung des Lehensrittertums, das heißt die vertraglich vereinbarte, auf Geldzahlungen oder Verpfändungen beruhende Verpflichtung zum Kriegsdienst, an Bedeutung. Diese Regelung war für beide Vertragspartner von Vorteil: der Soldnehmer erhielt eine finanzielle Vergütung und eine Beteiligung an der Beute. Dem Soldherrn eröffnete das Kontraktverhältnis eine größere Beweglichkeit hinsichtlich Raum und Zeit des Kriegseinsatzes. Angesichts der Ausdehnung territorialer Machtansprüche bedeutete diese Form des Kriegseinsatzes unbestreitbare Vorteile, sofern es gelang, die finanziellen Forderungen, die logistische Absicherung und die verwaltungstechnische Bewältigung der Kriegführung zu gewährleisten. Auf dieser Grundlage begann über eine allmähliche Monopolisierung der Kriegführung auch der Staatsbildungsprozess. Er setzte, zumindest hinsichtlich seiner verfassungsrechtlichen Normierung, im Reich später ein als in England und Frankreich. Neben diesen beiden Formen bestand als dritte Säule das städtische und ländliche Aufgebot. Sein Einsatz erfolgte in erster Linie zur un-

Lehensheer und
Söldnerkontingente

mittelbaren Landesverteidigung. In diesem Fall waren alle wehrfähigen Eigenleute, also die ans Land gebundenen Untertanen sowohl geistlicher als auch adliger Herren ebenso wie die Immediatuntertanen des jeweiligen Landesherrn, zuzugspflichtig. Im Fürsten- oder Herrenkrieg hingegen vermochte der Landesfürst nur die Hintersassen seines eigenen Herrschaftsbereiches aufzubieten.

Während die ländlichen Aufgebote aufgrund der Weiträumigkeit der Aushebungsgebiete, der vergleichsweise dünnen Besiedlung und der Unsicherheit der Nachrichtenübermittlung nur mit zeitlicher Verzögerung zu mobilisieren waren, bestanden diese Einschränkungen bei den städtischen Aufgeboten nicht. Die Städte bildeten daher bis weit in die Neuzeit hinein das Rückgrat der Landesverteidigung. Die Aushebung ihrer wehrfähigen Bürger erfolgte nach Stadtvierteln, während mit der Verteidigung der Stadtmauern die Zünfte und Gilden betraut waren. Unter dem Befehl ihnen vertrauter Führer besaßen die städtischen Aufgebote einen vergleichsweise festen inneren Zusammenhalt. Die Praxis städtischer Schützengilden entsprach auch hinsichtlich der Waffenhandhabung den Anforderungen der zeitgenössischen Kriegführung.

Die Wirtschaftskraft ihrer Städte erlaubte es den Magistraten zusätzlich kriegserprobte Söldner zu verpflichten, während verschiedene zünftige Gewerke, wie die der Harnisch- oder Schwertfeger, der Büchsenmacher und andere, in ausreichender Menge und Qualität Waffen und Ausrüstung bereitstellen konnten. Die zunehmende politische Macht der Städte beruhte daher auch auf ihrer Bedeutung als Rüstungszentren. Als Drehscheibe des Geldverkehrs und Umschlagplatz kriegswichtiger Güter wie Lebensmittel und Zugtiere lieferten sie die zur Aufstellung des zahlenmäßig immer umfangreicheren Fußvolkes notwendige Ausrüstung: Knechtsharnische, Sturmhauben, Langspieße, Piken und Helmbarten. Nach den frühen Steinbüchsen als städtische Defensivwaffen folgten seit der Mitte des 14. Jahrhunderts die ersten nach dem Prinzip des Glockengusses hergestellten Bronzegeschütze.

Der allmähliche Aufstieg des Fußvolkes in den Söldnerkontingenten und mehr noch in den städtischen Aufgeboten des 14. und 15. Jahrhunderts beförderte auch das politische Selbstbewusstsein ihrer Angehörigen, denen es immer häufiger gelang, nicht nur die Verteidigung ihrer Stadt zu gewährleisten, sondern durch taktisch kluge Aufstellung und Kampfführung den traditionellen Ritterheeren in offener Feldschlacht erfolgreich entgegenzutreten. Vergleichbares, wenn auch in geringerer Intensität, gilt für die Aufgebote der ländlichen Bevölkerung.

2.2 Krieg und Fehde im ländlichen Raum. Habsburg und die frühe Eidgenossenschaft

Der Blick auf die Gewaltverhältnisse im ländlichen Raum beleuchtet besonders anschaulich das sich wandelnde Verhältnis von Fehde, Krieg und gerichtlicher Konfliktbewältigung.

Die Auseinandersetzung der Eidgenossen mit Habsburg, die in den Schlachten am Morgarten (1315) und bei Sempach (1386) kulminierte, stellt zweifellos die bedeutsamste gewaltsame Auseinandersetzung dar, die das Reich im 14. Jahrhundert erlebte. In ihr bündelten sich Aspekte lokaler und regionaler Spannungen mit Auswirkungen auf die zeitgenössischen Erschütterungen der Reichspolitik.

Die Schlacht am Morgarten bietet einen anschaulichen Beleg dafür, dass auch ländliche Aufgebote unter Ausnutzung ihnen vertrauter topographischer Gegebenheiten zunehmend in der Lage waren, einem Ritterheer erfolgreich die Stirn zu bieten.

Ausgangspunkt bildete ein seit Generationen schwelender Streit um die Nutzung eines Forstes, an dem die Konventualen (Gemeinschaft) des Klosters Einsiedeln Obereigentum und die Bürger von Schwyz Nutzungsrechte beanspruchten. Die Fehde, eine legitime Gewaltanwendung zur Durchsetzung eines privaten Rechtsanspruches, wurde durch ihre Übertragung auf die Landgemeinde, also einem als Kommunalisierung bezeichneten Prozess, auf die Ebene einer genossenschaftlichen Konfliktregelung gehoben. König Heinrich VII. hatte die Reichsunmittelbarkeit von Uri und die durchaus umstrittene Freiheit von Schwyz bestätigt und diese Rechte auch auf das habsburgische Unterwalden ausgedehnt. Durch den habsburgisch-wittelsbachschen Gegensatz, der 1314 in die Doppelwahl von Friedrich dem Schönen von Österreich und Ludwig von Oberbayern zu deutschen Königen mündete, wurde der regionale Konflikt auf Reichsebene gehoben. Der Streit um das Kloster Einsiedeln veranlasste die Habsburger als Vögte des Klosters die verletzten Ansprüche mit gewaltsamen Mitteln wiederherzustellen. Das geistliche Gericht des Bischofs von Konstanz hatte Schwyz gebannt, sodass König Friedrich in der Lage war, die Reichsacht auszusprechen. Damit wurde die genossenschaftlich vergesellschaftete Fehde zum Krieg.

Als das habsburgische Ritterheer sich seinen Weg durch einen Hohlweg am Morgarten bahnte, wurde es durch eine Wegsperre am Vormarsch gehindert, während gleichzeitig die Mannschaft der innerschweizer Orte das Heer in der Flanke angriff. In der Enge des moorigen Talbodens konnte sich das Heer nicht entfalten, Steinlawi-

Schlacht am
Morgarten 1315

nen beförderten die Verwirrung. Abgeschnitten von dem langsamer
folgenden Fußvolk wurde ein Großteil des habsburgischen Ritterheeres
erschlagen oder ertrank im nahe gelegenen See. Diese auf der Grundlage einer ausgezeichneten Kenntnis des Geländes kompromisslose
Ausnutzung der eigenen Überlegenheit bis zur physischen Vernichtung
des Gegners hat bereits die Zeitgenossen in Schrecken versetzt. Wenngleich die Verhältnisse in der Innerschweiz nicht ohne weiteres mit
denen im Reich gleichgesetzt werden können, so hatte doch erstmals ein
ländliches Aufgebot einen Sieg über ein Ritterheer erfochten. Ludwig
der Bayer hat daraufhin nicht gezögert, seinen habsburgischen Rivalen
auf dem Hoftag von Nürnberg seiner Besitzungen und Rechte in Uri,
Schwyz und Unterwalden verlustig erklären zu lassen.

Aus einer privatrechtlichen Fehde war also durch genossenschaftliche Rechtswahrnehmung ein Krieg entstanden, in dem die Spielregeln
des ritterlichen Kampfes unter sozial Gleichen, ähnlich wie bei Kort-
rijk/Courtray, außer Kraft gesetzt wurden; der Gegner wurde also nicht
außer Gefecht gesetzt und gefangen genommen, sondern vernichtet.

Schlacht von   Hinsichtlich des taktischen Einsatzes des Fußvolkes besitzt auch
Sempach 1386   die Schlacht von Sempach (1386) abseits aller patriotischen Verklä-
rungen eine besondere Bedeutung. War am Morgarten den bäuerlichen
Kämpfern die Kenntnis des Terrains zugutegekommen, so befanden sich
die eidgenössischen Kämpfer bei Sempach zunächst in einer ungünstigen Situation, da sich ihre Gegner in einer erhöhten Position aufge-
stellt hatten. Sie gerieten nach einem ersten erfolgreichen, wenngleich
ungeordneten Angriff des habsburgischen Ritterheeres in Verwirrung,
konnten sich jedoch wieder sammeln und zum letztlich siegreichen Gegenangriff übergehen. War das Fußvolk bis dahin nach einem Angriff
ihrer berittenen Gegner in der Regel in Panik geraten, gelang während
dieser Schlacht eine erneute Festigung der Gewalthaufen. Sempach bedeutet also einen weiteren Schritt in der allmählichen Emanzipation des
Fußvolkes.

Die bäuerlichen und städtischen Aufgebote waren gegen Ende des
14. Jahrhunderts in der Lage, Standfestigkeit in ungünstigen Gefechts-
lagen zu beweisen, ihre Ordnung auch in einer schwierigen Situation
der Schlacht wiederherzustellen und erneut zum Angriff anzutreten.
Selbstvertrauen, Führungsqualitäten und eine adäquate Waffenübung
haben ihre Erfolge ermöglicht. Die Schlacht bei Sempach besaß darüber
hinaus eine weitreichende strategische Bedeutung. Habsburgs Ambitionen über eine Landbrücke von Tirol bis ins Elsass zur regionalen
Vormacht im süddeutsch-alemannischen Raum aufzusteigen, wurde

dauerhaft ein Riegel vorgeschoben, dessen Auswirkungen während der gesamten Frühen Neuzeit spürbar bleiben sollten.

3. Das 15. Jahrhundert. Zwischen Hussitensturm und Burgunderkriegen

Am Ende des 14. Jahrhunderts waren in Böhmen religiöse, soziale und pränationale ethnische Spannungen zu beobachten. Sie fanden in der Verbrennung des zum Ketzer erklärten Jan Hus auf dem Konzil von Konstanz (1415) ihren Märtyrer und Kristallisationspunkt. Ausgehend von theologischen Reformforderungen speiste sich die hussitische Bewegung vor allem in den Städten aus einer grundsätzlichen Kritik der geburtsständischen Ordnung. Verstärkt wurde sie durch eine zunehmende, sozialrevolutionär motivierte Unzufriedenheit der städtischen Unterschichten, deren Lebensbedingungen sich in den Krisen des 14. Jahrhunderts rapide verschlechtert hatten. Die Schwäche der Zentralgewalt korrespondierte mit einem gewachsenen Selbstbewusstsein des Hochadels und der städtischen Oligarchien. Letztlich spiegelte sich in ihr ein Kräftespiel innerhalb der spätmittelalterlichen Ständehierarchie wider und entwickelte auf dieser Grundlage Wirkungen bis in die Reichsreformbestrebungen des 15. Jahrhunderts. Angesichts chiliastischer, auf die zu erwartende Wiederkunft Jesu Christi gerichteter Endzeitsehnsüchte innerhalb der bäuerlichen Bevölkerung gerieten die verschiedenen Trägerschichten der hussitischen Revolution in ein Spannungsverhältnis: Stadt und Land, die kompromisslos antiständischen Orientierungen der „Bruderschaften" und der Hochadel, der sich die Bewegung zu Nutze zu machen suchte, um im Spannungsfeld dualistischer Herrschaftsrechte zwischen Adel und Landesherrn seine Machtbasis zu erweitern, standen gegeneinander. Insofern ordnet sich die hussitische Revolution in den langfristig angelegten Rationalisierungsprozess von Herrschaft ein.

Jan Hus

Die Angehörigen des böhmischen Niederadels erlebten seit der zweiten Hälfte des 14. Jahrhunderts eine krisenhafte Verschärfung ihrer wirtschaftlichen und damit auch politischen Situation. Ein Ausweg eröffnete sich durch den Solddienst. Die Herrscher aus dem Haus Luxemburg bedurften im Rahmen ihrer europäischen Machtpolitik zeitlich wie räumlich unbeschränkt verfügbarer Kriegsleute. Böhmische Söldner standen während des 15. Jahrhunderts ebenso in Diensten des Deutschen Ordens wie seiner polnischen Gegner. Im großen Krieg von

Böhmische Söldner

1409 bis 1411 taucht erstmals der Name des dem böhmischen Niederadels entstammenden kriegserfahrenen Söldners Jan Žiška von Trochnov auf. Als Angehöriger einer Kriegsgefolgschaft, dem Zusammenschluss von bis zu 120 Söldnern, gehörte er zu denjenigen, die im dauerhaften Kriegsdienst ihre organisatorischen und taktischen Fähigkeiten entwickelt hatten. Žiška war zweifellos nicht der Schöpfer des hussitischen Kriegswesens, aber ein überaus begabter charismatischer Führer, der die Möglichkeiten der zeitgenössischen Kriegführung zu nutzen verstand.

Durch die Umverteilung von Vermögensgütern verlor die Kirche in Böhmen in den ersten Jahrzehnten des 15. Jahrhunderts etwa 70 Prozent ihres Besitzes. Zu Soldunternehmern aufgestiegene Söldnerführer erwarben daraus als Entschädigung für ihre Aufwendungen Grundbesitz, der ihren sozialen Aufstieg absicherte. Katholische Angehörige des Herrenstandes, als Parteigänger König Sigismunds, aber auch hussitische Feldkommandeure aus dem böhmischen Niederadel waren die Profiteure andauernder politischer Instabilität und kriegerischer Gewalt. Aus der Kriegsaristokratie erwuchs ein selbstbewusster Adel, der schließlich über etwa 75 Prozent des Grundbesitzes verfügte. Er bildete die Trägerschicht der ständischen Staatsbildung in Böhmen zu Beginn des Dreißigjährigen Krieges.

Žiška gelang es seit 1420, aus den Aufgeboten der hussitischen Städte mit ihren waffengeübten Bürgermilizen, verstärkt durch angeworbene Söldner und den Zuzug berittener Adliger mit ihrem Gefolge, die Masse der ungeübten städtischen und bäuerlichen Mitkämpfer zu einem schlagkräftigen Heer zusammenzuschmieden. Bis 1431 vermochten daraufhin die hussitischen Heere fünf gegen sie aufgebotenen Kreuzzügen standzuhalten und schließlich selbst mehrfach erfolgreich zum Gegenangriff überzugehen.

Hatten Söldner in den frühen Auseinandersetzungen der Eidgenossenschaft noch als Ergänzung zahlenmäßig unzureichender Aufgebote gedient, so stellten sie im hussitischen Heer bereits die Kerntruppe. Im Gegensatz zu späteren Soldverträgen bildete die Erwartung von Sold und Beute zunächst nicht die ausschließliche Grundlage der Dienstmotivation. Gerade ihre sozial-religiöse und pränationale Motivation beförderte den inneren Zusammenhalt der Kontingente und stärkte ihre **Hussitische** Kampfmoral. Bereits 1420 entstand eine chiliastisch geprägte Kriegs- **Kriegsordnung** ordnung, deren Urheber unbekannt geblieben ist. In ihrem Mittelpunkt stand ein religiös motivierter Befehlsgehorsam und auf ihm fußend eine taktische Disziplin, die die Binnenkohäsion und damit Schlagkräftigkeit und Feldheere der Hussiten, auch als Feldbruderschaften bezeichnet, kennzeichnete. Die Subordination sollte im Idealfall durch eine in erster Linie religiös begründete Disziplin in Kombination mit rigiden Strafmaßnahmen erreicht werden. Komplementär dazu entwickelte sich die Heeresorganisation auf der Grundlage der städtischen Wehrverfassung mit ihren hierarchisch strukturierten Befehlsverhältnissen als Bestandteil einer sektoralen Verteidigungsorganisation.

3.1 Hussitisches Kriegswesen

Auf der Grundlage der hussitischen Kriegsordnung entwickelte sich eine Praxis der Kriegführung, deren Kernelement die Wagenburg bildete. In ihr verbanden sich Elemente einer städtisch geprägten Verteidigungstaktik mit dem Einsatz berittener Aufgebote. Die Wagen besaßen aber auch eine kampfpsychologische Funktion, vermittelten sie doch der Besatzung bei einem Angriff gepanzerter Reiter Schutz und Deckung. Das Zusammenwirken von Wagen, Fußknechten und Reitern im Gefecht erzwang neben einer entsprechenden Ausbildung auch eine anerkannte Hierarchie von Befehlenden. So besaß jeder Wagen einen Hauptmann, auf zehn Wagen kam ein weiterer Führer. Der Befehlshaber der Wagen war denen des Fußvolkes, der Reiterei und der Artillerie gleichgeordnet. Im Zusammenwirken mit dem Prinzip der Wagenburg erfolgte auch der Einsatz der Artillerie im offenen Gelände. Von dem Wort „Houfnice" für das „Geschütz beim Haufen" leitet sich der spätere Ausdruck „Haubitze" ab. Die Besatzung eines Wagens bestand idealtypisch aus etwa 20 Mann. Unter ihnen befanden sich ein Fuhrmann, zwei mit Setzschilden (Pavesen) ausgerüstete Knechte, acht Armbrust- und zwei Hakenbüchsenschützen sowie sieben mit Kriegsflegeln, Halmbarten und Spießen ausgerüstete Drischler. Die Zusammensetzung spiegelt anschaulich die Kombination aus städtischen und ländlichen Wehrorganisationen wider. Das Verhältnis der einzelnen Gruppen von Bewaffneten zueinander mochte sich je nach Ausrüstung zugunsten der einen oder anderen Gruppe verschieben, lässt aber erkennen, dass der Feuerwaffeneinsatz selbst unter den günstigen Verhältnissen der böhmischen Bergbauregionen mit ihren Eisenerz- und Edelmetallvorkommen auch zu Beginn des 15. Jahrhunderts noch vergleichsweise begrenzt war.

Die Wagenburg wurde als Oval oder Rechteck errichtet. Da auch Fernkampfwaffen eingesetzt wurden, mussten ihre Gegner in der Regel absitzen und gegen die erhöht postierte Wagenburg anrennen. Hatten sie die Wagen, die miteinander durch Deichseln, Bretter und Pavesen verbunden und gesichert waren, erreicht, brachen die Drischler aus der

Wagenburg

Wagenburg aus, vereinigten sich mit der als Reserve eingesetzten Reiterei und konnten die bereits ermüdeten Gegner zurückdrängen und niedermachen.

Während der ersten defensiven Phase der Hussitenkriege gelang es, die Disziplin durch rigide, gegen eigenmächtiges Plündern und Beutemachen gerichtete Strafordnungen aufrechtzuerhalten. Später, vor allem im Zuge einer offensiven Kriegführung außerhalb Böhmens, lockerte sie sich und führte zusammen mit einer Gewöhnung und Übernahme hussitischer Kampfformen bei ihren Gegnern schließlich zum Niedergang des hussitischen Kriegswesens.

Hussitische Feldheere — Da die Feldheere als dauerhafte Einrichtung nicht in die wirtschaftliche Struktur der hussitischen Landgemeinden integriert waren, mussten die Söldnerverbände vom Krieg leben, zumal ihre Hauptleute durch eine differenzierte Verteilung der Beute bestrebt waren, ihren sozialen Aufstieg zu finanzieren. Als dieses Ziel erreicht war, galt es, das Gewonnene durch eine Befriedung des Landes dauerhaft zu sichern. Schließlich zersprengte eine überkonfessionelle Adelskoalition in der Schlacht von Lipany 1434 die noch verbliebenen radikalen hussitischen Feldheere. Inzwischen hatten sich wesentliche Strukturelemente des hussitischen Heerwesens über die Wehrordnungen der benachbarten Territorien verbreitet und damit den Vorsprung dieser Kampfform ausgeglichen.

3.2 Machtrivalitäten zwischen Fürsten und Städten – der süddeutsche Städtekrieg 1449–1450

Das Alte Reich stellte zu Beginn des 15. Jahrhunderts „die Bühne eines weithin regellos-agonalen Wettbewerbs der Stärksten" (P. Moraw) dar.

Fehden und Landfriedensordnung — Regionale Hegemonialkriege wie auch Auseinandersetzungen entlang der Bruchzonen sozialständischer Gruppeninteressen wurden zunächst noch gemäß herkömmlicher fehdefundierter Legitimierung geführt. In diesem Zusammenhang kommt den verschiedenen Städtekriegen zwischen 1440 und 1460 als regional besonders aufgefächerten und intensiv angelegten Auseinandersetzungen in mehrfacher Hinsicht besondere Bedeutung zu. Die Konflikte zwischen den prosperierenden städtischen Zentren auf der einen und der sich festigenden Territorialherrschaft auf der anderen Seite beförderten auf der Ebene des Reiches und der größeren Territorien den Wunsch, das Fehderecht gesellschaftlich zu bannen und im Rahmen einer allgemeinen Landfriedensordnung gerichtlich einzuhegen. Gleichzeitig bildeten die kriegerischen Auseinandersetzungen in der Mitte des Jahrhunderts ein

Experimentierfeld, um die Technik und den Einsatz von Feuerwaffen zu erproben und zu erweitern. In diesem Zusammenhang wurden neuartige Formen der Heeresorganisation als wesentlicher Bestandteil zeitgenössischer Verfassungswirklichkeit und Kriegsfinanzierung zur Anwendung gebracht.

Die auf Seiten der Fürsten aufgestellte Kriegsmacht bestand neben Angehörigen der adligen Klientel und politisch sympathisierenden oder schlicht am Beutemachen orientierten Angehörigen weiterer Adelsgeschlechter aus den traditionellen Aufgeboten der Herrschaft und geworbenen Söldnerkontingenten. Der Anteil der Söldner war in den fürstlichen Truppen erheblich angewachsen und nahm bis zum Ende des Jahrhunderts immer weiter zu. Die daraus resultierenden finanziellen Verpflichtungen sollten durch zeitlich begrenzte Steuern, etwa auf Vieh, aber auch durch Verpfändungen und Kredite eingelöst werden. In der Regel blieben die Landesherren jedoch einen Teil der vereinbarten Summen schuldig, sei es, dass sie einzelne Forderungen als nicht gerechtfertigt ansahen, sei es, dass die fürstlichen Kassen die erforderlichen Summen nicht aufzubringen vermochten. Ihre Vertragspartner waren neben einzelnen Soldrittern, die sich selbst verdingten, adlige Soldunternehmer, die Gruppen von hundert bis über tausend Reitern und Fußknechten vermittelten. Das Geschäft war nicht ohne Risiko, die erhofften Gewinne ließen es aber für die jeweiligen Gewaltunternehmer durchaus attraktiv erscheinen. Eidgenössische Fußknechte, später als Reisläufer bezeichnet, wurden zunächst, durchaus vergleichbar der Praxis böhmischer Söldner, von lokalen Grundherren oder Angehörigen des städtischen Patriziats vermietet. Seit den Kriegen der Eidgenossenschaft gegen Karl den Kühnen von Burgund erfolgte die Vermittlung von Söldnern zunehmend von Seiten der Obrigkeiten der Orte (Kantone) auf der Grundlage von Soldverträgen. Die eidgenössischen Städte und Gemeinden vermochten auf diese Weise die geübte Mannschaft zwischen den Feldzügen zu beschäftigen und dabei noch zusätzlich finanzielle Vorteile zu erwirtschaften.

Die eidgenössischen und die böhmischen Söldner wurden von ihren Auftraggebern wegen ihrer regelmäßig unter Beweis gestellten kriegerischen Leistungsfähigkeit und Erfahrung geschätzt. In Böhmen wie in der Eidgenossenschaft wurde das Soldgeschäft von denjenigen ausgeübt, die aufgrund ihres Namens, ihrer Klientel- oder Verwandtschaftsbeziehungen in der Lage waren, Söldner an sich zu ziehen und sie über ihre auswärtigen Kontakte an zahlungskräftige Dienstherren zu vermitteln.

Schriftlich fixierte vertragliche Vereinbarungen bildeten die

Heeresorganisation und Kriegsfinanzierung

Grundlage der Vermietungen. Die fürstlichen Kriegsherren wie auch die Soldunternehmer sahen sich gezwungen, Vertragserfüllung oder mangelnde Vertragstreue zu dokumentieren. Nicht nur die Beschaffung der notwendigen Finanzmittel, sondern auch deren Abrechnung erforderte eine Verwaltungstätigkeit, die der Verschriftlichung und damit einer Rationalität von Herrschaftsbeziehungen den Weg wies. Krieg und Geld standen so am Anfang moderner Staatstätigkeit. Parallel dazu entwickelten sich differenzierte Kommando- und Verwaltungsstrukturen, die zunächst aber nur auf Kriegsdauer angelegt waren. Die regelmäßig zwischen Kriegsherren und Soldunternehmern auftretenden Streitfälle lassen die unterschiedlichen Interessen erkennen. Während die einen sich bemühten, ihre Aufwendungen zu begrenzen, suchten die anderen ihre Gewinnmargen zu retten, was letztlich nur auf Kosten der angeworbenen Söldner erfolgen konnte. Unbeschäftigt und unbezahlt, aber im Besitz von und geübt im Umgang mit Waffen, gefährdeten sie die Sicherheit des ländlichen Raumes und gaben Anlass zu Disziplinierungs- und Sanktionsmaßnahmen.

In den folgenden zwei Jahrhunderten unternahmen Fürsten und Stände unter Rückgriff auf ältere Aufgebotsordnungen immer wieder Anstrengungen zur Entwicklung leistungsfähiger alternativer Wehrformen. Während die Fürsten auf eine Kombination von herkömmlichen Wehrformen mit dem Einsatz von Söldnern setzten, entwickelte sich auf der Grundlage städtischer Wehrorganisation auch in technischer Hinsicht ein erhebliches Innovationspotential.

"Feuerwaffen-innovation"   Die "Feuerwaffeninnovation" (H. Zinn) nahm ihren Ausgangspunkt in den Städten. Daher blieb die Artillerie in der kollektiven Wahrnehmung bis in das 20. Jahrhundert eine bürgerliche Waffe. Geschützgießer und Büchsenmacher waren zünftig organisiert und entsprechende Tätigkeitsbezeichnungen wie etwa Feuerwerker oder Stückmeister haben selbst die Umwandlung der Artillerie in eine moderne Waffengattung überlebt.

Zweifellos stimulierte die Feuerwaffeninnovation den handwerklich-gewerblichen Sektor der Städte. Hier vermochten die unterschiedlichen Handwerkszweige, arbeitsteilig zusammenzuarbeiten, zudem waren Investitionskapital und Fertigungseinrichtungen verfügbar, um größere Mengen an Rüstungsgütern zu produzieren. Der Bezug der notwendigen Rohstoffe im benachbarten Umland oder über Handelsbeziehungen, die Beschaffung von Holz für die Verhüttungsprozesse und die Bereitstellung von Wasserkraft als dem günstigsten Energieträger bestimmten den Ausbau von Rüstungsstandorten. Schließlich dominierte ausgangs des 15. Jahrhunderts der

Rüstungssektor die Wirtschaftsentwicklung in einzelnen Städten, die zu Recht als frühmoderne Rüstungszentren bezeichnet werden können. Dennoch beschränkte sich die Verwendung von Feuerwaffen bis in das 16. Jahrhundert in erster Linie auf großkalibrige Belagerungsgeschütze und stationäre Wallbüchsen als Verteidigungswaffen der Städte. Erst später folgten bewegliche Feldgeschütze unterschiedlichen Kalibers, während Handfeuerwaffen erst gegen Ende des 16. Jahrhunderts in größerer Zahl auf dem Gefechtsfeld Verwendung fanden.

In der Mitte des 15. Jahrhunderts bestanden die von den kriegführenden Parteien eingesetzten Kontingente etwa zur Hälfte aus Fußknechten. Den Massenbedarf an Stangenwaffen, Knechtsharnischen und Sturmhauben vermochte nur das städtische Handwerk zu liefern. Es lag daher im Interesse der Fürsten, das Kapital und die Produktionsstätten der Städte ihrem Machtbereich einzugliedern.

Die Städtekriege im Reich erfolgten noch in den Formen mittelalterlicher Kriegs- und Fehdepraxis. Schadenszufügung und bewusste politische Machtdemonstrationen prägten das Bild. Zwar wurden die Bewohner des flachen Landes Opfer handstreichartiger Überfälle, doch richtete sich das Interesse der Kriegsparteien in erster Linie auf die Zerstörung der materiellen Lebensgrundlagen, um den jeweiligen Gegner friedensbereit zu stimmen. Krieg und Herrschaft

Der Krieg beförderte gleichzeitig eine Rationalisierung von Herrschaft und begründete Verwaltungseinrichtungen sowie Maßnahmen zur Versorgung größerer Heereskontingente. Der herrschaftliche Zugriff auf Dienstleute und Klientelstrukturen erzwang Entscheidungen zur Parteinahme und befestigte Loyalitäten. Kriegssteuern erforderten einen geschärften Blick auf die Leistungsfähigkeit des eigenen Machtbereiches und begünstigten schriftgestütztes Verwaltungshandeln. Insofern standen im 15. Jahrhundert traditionelle Formen von Treue und Gefolgschaft neben Tendenzen zu Herrschaftsverdichtung und Verrechtlichung.

3.3 Die Burgunderkriege und das Heerwesen der Eidgenossen

Am 11. Juni 1474 schlossen die eidgenössischen Orte und Herzog Siegmund von Österreich einen Friedensvertrag ("Ewige Richtung"). Damit endete der seit einhundertfünfzig Jahren andauernde Konflikt mit dem Haus Habsburg. Zeitgleich versuchten die burgundischen Herzöge aus dem Haus Valois, zwischen dem entstehenden Flächenstaat Frankreich und den Territorien des Reiches ein burgundisches Großreich in der Tradition des lotharingischen Mittelreiches zu errichten. Die Einheit dieses "Ewige Richtung" 1474 heterogenen ererbten und zusammengeheirateten Gebildes fand ihren Bezugspunkt in der Person des Landesherrn. Herzog Karl der Kühne versuchte durch Repräsentation wettzumachen, was ihm an Legitimität fehlte.

Die Übertragung österreichischer Pfandschaften im Elsass und dem Schwarzwald sowie die zunehmende Abhängigkeit Savoyens von Burgund bewirkte bei den eidgenössischen Orten, vor allem Bern, ein wachsendes Einkreisungsempfinden. Gleichzeitig glaubte man sich in der Eidgenossenschaft in dem Augenblick, als die habsburgische Bedrohung nicht mehr bestand, in die Lage versetzt, die europäische Politik aktiv mitgestalten zu können. Angesichts der Spannungen zwischen dem Herzog von Burgund und Kaiser Friedrich III., die in einem Aufruf zum Reichskrieg gegen den Herzog gipfelten, brachen die Eidgenossen 1475 mit stillschweigender Rückendeckung des französischen Königs in die Freigrafschaft Burgund ein, während Bern unterstützt von Freiburg/Uechtland die Waadt besetzte.

Die Prachtentfaltung des burgundischen Hofes, wie sie sich dem Betrachter unserer Tage selbst noch in den Überresten der „Burgunderbeute", die die Schweizer Gewalthaufen nach ihren Erfolgen zusammenrafften, vermittelt, vermag auf den ersten Blick den Eindruck zu bestätigen, Zeugnissen eines „Herbst des Mittelalters" (J. Huizinga) gegenüberzustehen. Die ältere Kriegsgeschichtsschreibung glaubte einerseits im burgundischen Heerwesen Elemente einer neuartigen Organisationsform zu erkennen, während sie andererseits die Niederlagen Herzog Karls des Kühnen als „letztes Gefecht der mittelalterlichen Feudalordnung" (M. Jähns) oder als die „subtilsten Ausläufer des Mittelalters" (H. Delbrück) empfand. Diese Interpretation entlang einer im 19. Jahrhundert gezogenen Epochenscheide übersieht jedoch Modernisierungsbemühungen auf der Grundlage bestehender Sozialordnungen. Die Heeresorganisation Karls des Kühnen erweist sich bei näherer Betrachtung als eine fruchtbare Kombination traditioneller Organisationsformen mit neuartiger Ausrüstung, Ausbildung, Führungs- und Gliederungsprinzipien. Während einer längeren Übergangsphase vollzogen sich innerhalb der zeitgenössischen Gewaltorganisationen Ablösungsprozesse und technisch-administrative Experimente.

Karl der Kühne stützte sich zunächst auf die traditionellen Aufgebote. Durch eine zentral initiierte und verschriftlichte Regularisierung der Dienstpflicht wurde ein Überblick über die verfügbaren Kämpfer, deren Lebensalter und Tauglichkeit und damit ein bis dahin nicht erreichter Mobilisierungsgrad erreicht. Durch die Anordnung, Lehensleute zwischen kriegerischen Auseinandersetzungen auf Halb-

Heeresorganisation Burgunds

Regularisierung der Dienstpflicht

sold zu setzen und damit dauerhaft verfügbar zu halten, ließ sich die traditionelle Schwerfälligkeit bei der Mobilisierung des Lehensheeres überwinden. Der befristete unbezahlte Lehensdienst ging auf diese Weise in eine bezahlte unbefristete Dienstleistung über. Die Gliederung der Miliz erfolgte in regionalen Kompanien unter dem Kommando von Kämmerern des Herzogs, die in dieser Funktion eher als Amtsträger denn als Vasallen anzusprechen sind. Während die bevölkerungsreichen ärmeren Provinzen Burgunds die Mannschaften stellten, ermöglichten neben den Einkünften aus den herzoglichen Domänen die wirtschaftlich prosperierenden Städte der niederen Lande durch regelmäßige Zusagen der Ständevertretungen eine belastbare Finanzierung des Heeres.

Neben die Miliz traten seit 1470 durch Freiwillige gebildete Ordonnanzkompanien nach französischem Vorbild. Ständig unter Waffen gehalten und trainiert sowie einer hierarchischen Führungsstruktur unterworfen, wurden in ihnen die überlieferten Organisationsformen weiterentwickelt, während für die Heeresaufbringung die traditionelle Gliederung nach Lanzen erhalten blieb.

Ordonnanzkompanien

Die Zusammensetzung des burgundischen Heeres aus zwei Dritteln Berittener und einem Drittel Fußkämpfer entsprach der bis zum 15. Jahrhundert verbreiteten Kräftegliederung. Seit 1474 erfolgte eine Trennung in reguläre Fußtruppen und Reiterei. Notwendigerweise setzte in diesem Zusammenhang eine reglementgestützte Ausbildung sowie zunehmende Funktionalisierung und damit eine Differenzierung der Befehlshierarchie ein. Während die Reiterei das offensive Element im Gefecht darstellte, bildete das Fußvolk die defensive Komponente. Damit war es aber hinsichtlich seines Umfanges und seiner Einsatzgrundsätze den eidgenössischen Gewalthaufen unterlegen.

Die burgundische Artillerie verwendete als erste in größerem Umfang verschiedene standardisierte Kaliber. Die Rohre wurden auf Lafetten gelagert und so beweglich gemacht, so dass sie auch auf dem Schlachtfeld einsetzbar waren. Durch die Verwendung des Schildzapfens wurden die Geschützrohre höhenverstellbar, die Schussweite damit variabel. Eine rasche Richtungsänderung im Gefecht war jedoch durch ihr erhebliches Gewicht nur schwer möglich – ein Nachteil, der in der Schlacht von Grandson (1476) zum Verlust eines Großteils der burgundischen Artillerie führte.

Auf der Grundlage der spätmittelalterlichen Sozialverfassung gelang es Karl dem Kühnen ein nach den Maßstäben der Zeit neuartiges Heer aufzustellen. Eine Heeresaufbringung durch Anwerbung, die Anfänge einer geordneten Heeresfinanzierung, eine regularisierte Ausbildung des Fußvolkes und Maßnahmen zur Sicherung der Disziplin, die funktionsbezogene Hierarchisierung der Befehlsebenen und schließlich die Entwicklung der Artillerie weisen bereits in das 16. Jahrhundert. Das Übergewicht schwerer Panzerreiter, das Fehlen einer leichten Reiterei und der defensive Einsatz der Fußtruppen bezieht sich auf ältere Vorbilder, entsprach seit der zweiten Hälfte des 15. Jahrhundert aber durchaus der Heeresorganisation und Taktik der zentraleuropäischen Flächen- und italienischen Stadtstaaten.

Das Heerwesen der Eidgenossen

Der militärische Erfolg der zu Fuß kämpfenden Aufgebote der eidgenössischen Orte seit der Mitte des 14. Jahrhunderts scheint auf den ersten Blick das Bild einer wachsenden Bedeutung der Fußtruppen für die europäische Kriegführung zu bestätigen. Dennoch bildete der ausschließliche Einsatz von Fußkämpfern eine folgenlose Episode im Transformationsprozess des europäischen Heerwesens, während die Organisation der ihnen unterlegenen Burgunder in die Zukunft weisende Elemente besaß.

Der „Reislauf"

Das Wegziehen in fremde Kriegsdienste, der „Reislauf", besaß im Alpenraum auf der Grundlage der demographischen, sozialen und wirtschaftlichen Gegebenheiten eine lange Tradition. Angesichts schwindender Landreserven und eines steigenden Bevölkerungsdrucks bot sich entbehrungsgewohnten, beschäftigungslosen jungen Männern im Solddienst für fremde Herren eine attraktive Perspektive. Während die Wehrfähigkeit der bäuerlichen Bevölkerung im Zuge der Feudalisierung seit dem Hochmittelalter in den meisten Regionen Zentraleuropas als Dienstpflicht im Interesse der Herren eingehegt wurde, besaß sie bei den freien Bewohnern der Innerschweiz als Dienstrecht im Interesse der Gemeinschaft eine konstitutive Bedeutung. Das Aufgebotsheer als Miliz korrespondierte mit den antifeudalen und kommunalen Strukturen der Eidgenossenschaft. In der Verteidigung sozial-religiöser und politischer Freiheiten lassen sich Gemeinsamkeiten zwischen dem hussitischen und dem Wehrwesen der Schweizer Eidgenossenschaft erkennen. Die von ihnen errungenen kriegerischen Erfolge gegenüber den traditionellen Gewaltorganisationen ihrer Zeit beförderten eine überregionale Bekanntheit und Attraktivität. Auf dieser Grundlage bestimmte sich ihr Wert auf dem überregionalen Söldnermarkt.

Seit dem 15. und im 16. Jahrhundert suchten die Obrigkeiten der Stadt- und Landorte den Soldhandel zu kontrollieren, um ihn außenpolitisch zu instrumentalisieren und die daraus zu erzielenden finanziellen Vorteile zu monopolisieren. Durch das Reislaufen besaß die Eidgenossenschaft bereits im 15. Jahrhundert eine verfügbare waffengeübte Mannschaft. Sie stellten das Rückgrat der zu Fuß kämpfenden Gewalthaufen dar.

Die Mobilisierung der Aufgebote erfolgte bei unmittelbarer Bedrohung oder als Ergebnis einer durch die Tagsatzung beschlossenen Kriegserklärung. Der Zuzug erfolgte teils durch Aushebung wehrfähiger Mannschaft, teils durch Stellvertretung, d. h. durch die Werbung kriegserprobter Knechte. Neben dem Wunsch nach sozialem Aufstieg – so ließ sich etwa das Bürgerrecht eines Ortes durch die Ableistung unbesoldeten Kriegsdienstes erwerben – wurde der Kampf auch als Reifeprüfung junger Männer angesehen. Für viele bildete der Kriegsdienst schließlich die einzige Möglichkeit zur Existenzsicherung in wirtschaftlich unruhigen Zeiten. Auf dieser Grundlage entwickelten sich Kampfmotivation und taktischer Einsatz.

Die Bewaffnung des eidgenössischen Fußvolkes bestand in erster Linie aus Stangenwaffen. Hierzu zählten der Halbarte als Hieb- und der Langspieß als Stoßwaffe. Ein erfolgreicher Angriff mit den etwa fünf Meter messenden Langspießen war nicht allein mit brachialer Wildheit zu erreichen, sondern bedurfte einer individuellen wie kollektiven Waffenübung, um sie in der taktischen Aufstellung des „Igel", der zwischen einigen hundert und bis über eintausend Mann umfassen konnte, erfolgreich zum Einsatz zu bringen. Die ältere Auffassung, die Schweizer Fußkämpfer hätten mit der „elementaren Wildheit" einer „archaischen Hirtenkultur" (W. Schaufelberger) gekämpft, lässt sich im Lichte neuerer kulturwissenschaftlicher Forschung nicht mehr aufrechterhalten. In diesem Bild mischt sich die zeitgenössische humanistisch-intellektuelle Kritik mit der politischen Instrumentalisierung des Schweizer Wehrgedankens seit dem 19. Jahrhundert. **Bewaffnung**

Die Ursache der rasch aufeinander folgenden Siege über Karl den Kühnen ist zu einem nicht geringen Teil auf unglücklichen Konstellationen auf Seiten des burgundischen Heeres zu finden: einer Panikreaktion bei der Umgruppierung der Angriffsformationen (Murten), unzureichende Geländeausnutzung und taktische Fehler (Grandson) sowie eine qualitative und quantitative Unterlegenheit (Nancy). Diese Erfolge begründeten aber in der europäischen Öffentlichkeit die Vorstellung vom Elitecharakter der Schweizer Söldner, die an der Schwelle zum 16. Jahrhundert zum Exportschlager der eidgenössischen Orte wurden. Die Obrigkeit verband mit der Vermietung neben wirtschaftlichen auch bündnis- und sicherheitspolitische Interessen. Regelmäßig bezahlt, galten die Söldner bei ihren Dienstherren als zuverlässig, da sie anders als die italienischen Condottieri keine eigenständigen politischen Ambitionen entwickelten. Im Dienst der französischen Krone kämpften **Schweizer Söldner**

Schweizer Regimenter bis zur Französischen Revolution. Ihr letzter Einsatz bei der Verteidigung der Tuilerien 1792 ist legendär geworden. Als Ordnungs- und Repräsentationsverband dient noch heute die Schweizer Garde des Vatikanstaates.

In ihrer reichgeschlitzten, an die Kleidung des oberitalienischen Adels erinnernden Tracht dokumentierten die Schweizer Söldner das Selbstbewusstsein der Fußtruppen. Sie symbolisierte in der Qualität des Materials den ökonomischen und sozialen Status, während im Schnitt der Kleidung die kraftstrotzende Männlichkeit und kriegerischen Tugenden des Söldners werbewirksam vorgeführt wurden. Über das weiße St. Georgskreuz als gemeinsames Abzeichen wurden Gruppenkohäsion und Elitebewusstsein gestiftet. Durch das neue Medium des Buchdruckes ließ sich das Bild des Schweizer Reisläufers eindeutig identifizieren und rasch verbreiten. Kleidung und Emblem verweisen auf die zunehmende Bedeutung des Kriegswesens im frühneuzeitlichen Staatsbildungsprozess und die wachsende Bedeutung seiner medialen Repräsentation.

4. Militärstrategische Weichenstellungen und sozio-organisatorische Veränderungen im „langen" 16. Jahrhundert

Seit Leopold von Ranke gilt in diplomatiegeschichtlicher Perspektive die mit der burgundischen Erbschaft Habsburgs einhergehende Rivalität mit Frankreich als ein Markstein im Entstehungsprozess der neuzeitlichen Staatenwelt Europas. Den Beginn der kriegerischen Auseinandersetzungen, zunächst gegen Ludwig XI., der 1479 bei Guinegate von Maximilian geschlagen wurde, setzte Karl VIII. von Frankreich mit seinem Italienzug 1494 fort. Die Frontstellung zwischen Habsburg und Frankreich sollte die politische Entwicklung in Westmitteleuropa bis an die Schwelle zum 19. Jahrhundert begleiten.

Frankreich und das Osmanische Reich

Mit dem Einfall osmanischer Scharen in die Steiermark 1471 erhielt zugleich die Bedrohung des christlichen Europas durch die Türken eine reale Dimension. Seither bildete das Osmanische Reich, auch als Hohe Pforte bezeichnet, einen Bezugspunkt der europäischen Politik, zumal wenn es darum ging, den Krieg im Westen Europas durch eine zweite Front in Südosteuropa auszubalancieren (Diversionspolitik).

Mit dem 1488 geschlossenen „Kaiserlichen Bund in Schwaben" (Schwäbischer Bund) erfolgte eine genossenschaftlich angelegte ständeübergreifende Einung im Südwesten des Reiches, mit deren Hilfe es gelang, das territoriale Ausgreifen der Wittelsbacher Herzöge von München und Landshut zu vereiteln. Daneben bewirkte diese machtpolitische Interessenverbindung mit Habsburg aber auch, dass die Spannungen zum benachbarten regionalen Landfriedensbündnis, der Eidgenossenschaft, schließlich im Schwabenkrieg 1499 gewaltsam zum Ausbruch kamen.

Mit der Verkündung des „Ewigen Landfriedens" auf dem Reichstag zu Worms 1495 wurden Fehde und gewaltsame Selbsthilfe untersagt. Streitfälle sollten in Zukunft einer gerichtlichen Entscheidung unterworfen werden. Damit wurde ein sichtbarer, wenn auch nicht unmittelbar wirksamer, jedoch langfristig bedeutsamer Schritt in Richtung einer dualistischen Ausgestaltung des Verhältnisses zwischen dem Kaisertum und den Reichsständen vollzogen. Da die militärischen Anstrengungen der Habsburger im Südosten und in Reichsitalien, deren Durchführung Friedrich III. und Maximilian I. als im Reichsinteresse liegend darstellten, finanzielle Unterstützung benötigten, musste der Beitrag der Kurfürsten und Fürsten durch politische Zugeständnisse erkauft werden. Im Zuge eines „institutionalisierten Dualismus" (P. Moraw) konstituierte sich der Reichstag neben den entstehenden Verwaltungseinrichtungen des Kaisers als zweites politisches Kraftzentrum im Reich.

„Ewiger Landfrieden" 1495

Neben den zunehmend rechtlich normierten Landfriedensregelungen wurden vor allem die sich allmählich ausbildenden Voraussetzungen eines Reichsmilitärwesens militärgeschichtlich bedeutsam. Die zu Beginn des 16. Jahrhunderts geschaffenen zehn Reichskreise (1512) hatten zunächst die Aufgabe, den Landfrieden regional abzusichern. Die Beschlüsse des Reichstages von Worms 1521 eröffneten mit den „Wormser Matrikeln", in denen Umfang, Zusammensetzung und Finanzierung des Reichsaufgebotes auf der Grundlage der Kreiseinteilung festgelegt wurden, den langen Weg zu einer normierten Reichskriegsverfassung.

„Wormser Matrikel" 1521

Die Belagerung Wiens durch die Türken 1529 verdeutlichte, nachdrücklich und publikumswirksam auch in den konfliktfernen Territorien vermittelt, dass das Reich zu diesem Zeitpunkt noch keine angemessene Struktur zu seiner Verteidigung nach außen besaß. Mit der Türkenhilfe von 1530 wurde den Reichskreisen die Aufgabe übertragen, zur äußeren Sicherheit des Reiches mit eigenen militärischen Mitteln beizutragen. Jeder Kreis hatte einen Kreisfeldhauptmann als Führer des Kreiskontingentes auf der Grundlage der Wormser Matrikel zu bestellen. Die zehn Kreishauptleute unterstanden ihrerseits dem Obristfeldhauptmann des Reiches.

Reichsexekutionsordnung 1555

Der Reichstag zu Augsburg 1555, in dessen Verlauf der konfessionelle Status quo als Ergebnis der militärischen Pattsituation zwischen Kaiser und Reichsständen euphemistisch als Augsburger Religionsfrieden bezeichnet wurde, erließ als Instrument der Landfriedenssicherung die Reichsexekutionsordnung. Sie sollte mit Modifikationen bis zur Auflösung des Alten Reiches 1806 Bestand haben. Die Exekutionsordnung stärkte auf dem zentralen Gebiet der Landesverteidigung in erster Linie die begrenzte Souveränität der Reichsstände. Insofern verwundert es nicht, dass die Mitwirkung der Kreise zur Abwehr der Türkengefahr im weiteren 16. Jahrhundert nur teilweise, mitunter schleppend erfolgte, sodass der Reichstag schließlich 1566/67 sogar darauf verzichtete, Kontingente der Kreise aufzurufen. Ende des Jahrhunderts setzte sich die Auffassung durch, der Krieg im Südosten sei in erster Linie ein Konflikt des Hauses Habsburg mit einer auswärtigen Macht, durch den die Landfriedenswahrung nicht berührt werde.

Im Gegensatz dazu galten die kriegerischen Aktionen, die mit dem Aufstand der Niederlande gegen Spanien und im Gefolge der Religionskriege in Frankreich den burgundischen Kreis unmittelbar und den oberrheinischen Kreis mittelbar berührten, als eine von auswärtigen Mächten herbeigeführte Bedrohung des Reichslandfriedens.

„Spanische Straße"

Die herausragende Bedeutung der von den Niederlanden bis nach Oberitalien reichenden geostrategischen Bruchzone an der Westgrenze des Reiches verdeutlicht die „Spanische Straße". Nachdem der Seeweg von Spanien in die Niederlande spätestens nach der Niederlage der spanischen Flotte, der Armada, gegen England unterbrochen war, mussten spanische Truppenverstärkungen für den Kampf gegen die aufständischen Niederlande durch das westliche Mittelmeer in die italienischen Besitzungen Madrids geführt und von dort über die Alpenpässe in Graubünden oder Tirol ins Elsass und über Lothringen, durch Gebiete von Kurpfalz und Kurtrier in die südlichen Niederlande gelenkt werden. Diese logistische Lebensader Spaniens symbolisierte für Frankreich nachdrücklich seine unmittelbare Bedrohung und verschärfte ein „Einkreisungstrauma". Die protestantischen und reformierten Reichsstände, aber nicht nur sie, sahen sich durch die spanischen Truppenbewegungen ebenfalls politisch bedroht, während die örtlichen Obrigkeiten und die Bevölkerung die Ausschreitungen der landfremden Soldaten fürchtete. Die regionalen Verteidigungsorganisationen (Landesdefensionen) entstanden daher in den 1570er Jahren vor allem im Südosten gegen die Osmanen und in den westlichen Territorien des Reiches. Ihre

Bedeutung bestand in erster Linie darin, dass mit ihnen erstmals eine begrenzte Anzahl von Landeseinwohnern nicht mehr für einen Feldzug (Aufgebot), sondern dauerhaft in einer landesfürstlichen Institution im Rahmen einer territorialen Militär- und Sicherheitspolitik bereitgestellt wurde (Ausschuss).

4.1 Auf dem Weg in die Feldlagergesellschaft. Die Landsknechte

Wenige Jahre nach dem Tod Karls des Kühnen bewährten sich Fußknechte in der Schlacht von Guinegate 1479. Herzog Maximilian von Habsburg, der Maria, die Tochter und Erbin Karls, geheiratet hatte, sicherte mit diesem Sieg das burgundische Erbe gegenüber Ansprüchen des Königs von Frankreich. Schlacht von Guinegate 1479

Erstmals wurde hier ein Gevierthaufen von Fußkämpfern ohne Mitwirkung Schweizer Knechte eingesetzt. Die zu ihrer Sicherung vorgezogenen Trosswagen verweisen auf ein hussitisch-böhmisches Vorbild, während die eingesetzten flämischen Knechte an die städtischen Aufgebote des frühen 14. Jahrhunderts erinnern. Dagegen befanden sich zunächst nur wenige oberdeutsche Knechte im Heer Maximilians. Die Tradition der flämischen Aufgebote in Kombination mit der Organisation des burgundischen Heeres unter dem Befehl bewährter Führer Karls des Kühnen garantierten schließlich den Sieg.

Die habsburgische Hausmacht hatte sich durch die burgundische Erbschaft erheblich gesteigert. So gestärkt, machte sich Maximilian als Reichsoberhaupt daran, die Territorien, deren Bindungen an das Reich sich in den vergangenen Generationen gelockert hatten, wieder zurückzugewinnen. Angesichts des Ausgreifens Frankreichs nach Oberitalien kam den Alpenpässen und damit der Eidgenossenschaft eine erhebliche Bedeutung zu. Im Schweizer- oder Schwabenkrieg zwischen Habsburg und der Eidgenossenschaft trafen 1499 erstmals Eidgenossen und Landsknechte – Konkurrenten auf dem europäischen Söldnermarkt – aufeinander. Die Auseinandersetzung endete mit einer bitteren Niederlage der oberdeutschen Knechte. Die Eidgenossen richteten ein Massaker unter den fliehenden Feinden an. Es ging hier also offensichtlich nicht nur darum, den kriegerischen Auftrag zu erfüllen und einen Sieg zu erringen, sondern auch um einen bewussten Verdrängungskampf zwischen zwei professionellen, auf privatwirtschaftlicher Basis organisierten Gewaltorganisationen. Ihr Marktwert wuchs dabei mit ihrer Bereitschaft, den Kampf bis zum Äußersten fortzusetzen. Im Gegensatz zu ihren eidgenössischen Gegnern vermochten die Landsknechte in den folgenden Jahrzehnten den Einsatz von Hand- Schweizer- oder Schwabenkrieg 1499

feuerwaffen sowie das Zusammenwirken mit Reiterei und Artillerie erfolgreich anzuwenden. Die Schweizer, denen die Möglichkeit fehlte, sich dieses Material in ausreichendem Umfang zu verschaffen, zeigten sich ihnen in den Schlachten, die Kaiser Karl V. gegen Franz I. von Frankreich auf dem oberitalienischen Kriegsschauplatz schlug, bei Marignano (1515), Bicocca (1522) und Pavia (1525) unterlegen.

Die demographische Entwicklung in den wirtschaftlich aufstrebenden Städten Oberdeutschlands schuf den Rekrutierungsraum und die Produktionszentren zur Anwerbung und Ausrüstung größerer Kontingente von Fußtruppen. Für das gesteigerte Selbstbewusstsein der Fußknechte und die sich ausbildende Differenzierung gegenüber konkurrierenden militärischen Gruppen wurde die Namensgebung zu einem wichtigen Vehikel. Eine abgesicherte historisch-etymologische Ableitung des Begriffs Landsknecht lässt sich jedoch nicht finden. Bereits Mitte der achtziger Jahre des 15. Jahrhunderts tauchte die Bezeichnung „landtknecht/lansquenet" in burgundischen Chroniken auf, ein deutlicher Hinweis auf die burgundisch-oberdeutsche Wiege der Landsknechte. Eine bewusst eigenständig verwendete Begrifflichkeit erfolgte aber erst, als sich die oberdeutschen Knechte von ihren eidgenössischen Lehrmeistern emanzipierten. Burgundische Niederadlige dienten Maximilian in der materiell herausgehobenen Position von Doppelsöldnern. Über diese Leitfiguren fand der vielfach gebrochene Ordensbegriff des Mittelalters Eingang in die Terminologie der Haufen und verdeutlicht in bewusster Abgrenzung zu den vorangegangenen Söldnerformationen die Selbstständigkeit „freier Kriegsleute".

„Orden der Landsknechte" Der Orden der Landsknechte besaß einerseits einen städtisch-zünftig orientierten, genossenschaftlich geprägten Bündnischarakter und verfügte andererseits über eine eindeutig ständische Komponente im Sinn eines von den anderen Ständen der frühneuzeitlichen Gesellschaft geschiedenen Wehrstandes. Er bezeichnete gleichermaßen ihre soziale Außenseiterposition wie auch die Unabhängigkeit von gesellschaftlichen Normen. Das Landsknechtswesen besaß gerade in der bevölkerungsreichen Stadtlandschaft Oberdeutschlands eine soziale Ventilfunktion. Eine zeitweise Existenz als Landsknecht war selbst für die nachgeborenen Mitglieder des städtischen Patriziats durchaus attraktiv. Das Selbstwertgefühl und das Bewusstsein einer inneren Geschlossenheit der Kontingente manifestierten sich auch öffentlichkeitswirksam in der durch keine Kleiderordnung begrenzten kostspieligen Tracht. Ihre Verbreitung in der zeitgenössischen Bildpublizistik und ihre Übernahme in die Tracht des Adels lassen erkennen, dass die Landsknechte zumindest in ihrer Blütezeit in den ersten Jahrzehnten des 16. Jahrhunderts durchaus keine gesellschaftlich stigmatisierten Außenseiter gewesen sind.

Besonders zwei Elemente haben das unverwechselbare Erscheinungsbild des Landsknechtswesens geprägt. Dazu gehörte einerseits die Einübung bestimmter taktischer Evolutionen wie des Gevierthaufens, des „Spitz" als offensive Keilformation und des „Igels" als sein defensives Gegenstück. Diese Formen bedurften einer erheblichen Gefechtsdisziplin, die nur durch andauernde Übung erreicht werden konnte. Sie erforderte andererseits eine komplementäre Gruppenkohäsion und Binnenhierarchisierung. Ältere Formen charismatischer Herrschaft finden sich im Rollenverständnis des Obersten und dem von ihm ausgeübten Regiment, in welchem spezifische Elemente mittelalterlicher Herrschaftssymbolik wie Schutz, Schirm und Unterhalt überdauerten. Ihm gegenüber stand die genossenschaftliche Organisation des Haufens, die „Gemein". Sie umschloss die Gesamtheit der Kriegsleute, die über ihre autonome Gerichtsbarkeit, das Schultheißengericht für geringere Vergehen und das „Gericht der langen Spieße" zur Ahndung von Kapitalverbrechen durchaus Disziplin zu wahren wusste. Selbst die in der Regel bei Soldverzug eintretenden Meutereien erweisen sich bei näherer Betrachtung häufig als organisierte „Militärstreiks" mit durchaus kalkuliert und dosiert eingesetzten Gewaltschüben.

Genossenschaftliche Organisation des Haufens

An dieser Stelle wird die seit dem Soldrittertum zunehmend an Bedeutung gewinnende Verbindung zwischen dem Kriegswesen und den zu seiner Aufrechterhaltung notwendigen Verwaltungseinrichtungen, zwischen Heeresaufbringung und Steuereinnahmen deutlich. Der Aufstieg des Fußvolkes und der verstärkte Einsatz von Feuerwaffen unterlagen seit dem 16. Jahrhundert einer wechselseitigen Dynamik und erforderten auf beiden Seiten erhebliche finanzielle Aufwendungen. Der frühmoderne Staat als Finanz- und Steuerstaat ist in erster Linie Kriegsstaat gewesen. Da die Einnahmen der Territorialherren aus ihren Eigengütern (Domanialgütern), aus Finanz- und Fiskalrechten (Regalien) nicht ausreichten, um eine größere Streitmacht dauerhaft oder zeitlich begrenzt unter Waffen zu halten, mussten die Ständevertretungen überzeugt werden, zur Sicherung der Integrität des Landes Steuern auszuschreiben. Die in der Regel zeitlich begrenzten Zusagen wurden häufig nur schleppend eingelöst und reichten zumeist nicht aus, um die ständig steigenden Kriegskosten zu decken. Daher bot es sich an, das bereits bestehende Prinzip der Soldunternehmer, die sich in erster Linie nur die Vermittlung von Söldnern vergüten ließen, zu erweitern. Seit Beginn des 16. Jahrhunderts dominierte über eineinhalb

Vom Soldunternehmer zum Söldnerführer

Jahrhunderte der Typus des Söldnerführers und Kriegsunternehmers die Heeresorganisation im Reich und seinen Territorien.

Der Kriegsherr übertrug für eine begrenzte Zeit einem prominenten und kriegserfahrenen Söldnerführer das Recht zur Anwerbung und Führung eines zahlenmäßig festgelegten Kontingentes an Fußknechten. Der Bestellbrief regelte die Vorauszahlungen für Lauf- und Antrittsgelder, das heißt die Summen, die zur Anwerbung und gegebenenfalls Ausrüstung der Söldner erforderlich waren, und bestimmte Höhe und Zeitpunkt der ratenweisen Folgezahlungen. Indem er aus seinem eigenen Vermögen, durch die Bildung eines finanzkräftigen Konsortiums aus Verwandten, Freunden und Klienten oder durch die Aufnahme von Kapital gegenüber seinem Dienstherrn in Vorlage trat, wurde der Söldnerführer zum Kriegsunternehmer. Die Söldner ihrerseits traten ihm gegenüber in ein Dienstverhältnis, in dem sich Züge mittelalterlicher Herrschaftssymbolik mit neuzeitlichen Kontraktvorstellungen verbanden. Kriegsbrauchbarkeit, Körperkraft und Gesundheit, bisweilen auch die notwendigen Waffen als Handwerkszeug wurden von ihnen als Vertragsleistung eingebracht, während ihr Vertragspartner den festgelegten Sold versprach. Je größer das Renommee des Söldnerführers, desto sicherer erschien den Söldnern ein zusätzlicher Gewinn durch Aussicht auf Beute.

Niedergang des Landsknechtswesens Der Niedergang des Landsknechtswesens seit der Mitte des 16. Jahrhunderts hing damit zusammen, dass zahlreiche Söldner sich der Reformation zuwandten. Manche ihrer Hauptleute vertraten auch antirömisch orientierte Reichsreformvorstellungen, was berechtigte Meutereien wegen rückständigen Soldes zu Massakern ausarten ließ, unter denen der Sacco di Roma 1527, die Plünderung der Heiligen Stadt durch in kaiserlichem Dienst stehende Söldnerverbände, europaweit Abscheu hervorrief. Wenige Jahre zuvor hatten sich im Bauernkrieg ehemalige Söldner als Anführer aufständischer Haufen hervorgetan, während sich gleichzeitig auf der Gegenseite Söldner im Heer des Schwäbischen Bundes weigerten, gegen die Bauern zu Felde zu ziehen.

Konfessionelle Parteinahme und damit die latente Gefahr einer militärischen Unzuverlässigkeit bildeten die Wurzel des Niedergangs des Landsknechtswesens, ebenso der wirtschaftliche und damit soziale Abstieg der Söldner.

Während der ökonomischen Krise seit der zweiten Hälfte des langen 16. Jahrhunderts vollzog sich eine schleichende Geldentwertung bei steigenden Preisen. Der Sold des einfachen Knechts blieb dagegen unverändert. Daraus ergab sich, dass die Söldner immer weniger in der Lage waren, sich mit dem Lebensnotwendigen zu versorgen, während

der Bevölkerungsdruck dafür sorgte, dass es ein Überangebot an kriegs-
bereiten Männern gab, während die Nachfrage nicht wuchs. Auf diese
Weise beschleunigte sich der soziale Abstieg. Schließlich ließen sich
nur noch diejenigen anwerben, die ihren Lebensunterhalt nicht ander-
weitig zu sichern vermochten. Die zunächst positiv bewertete soziale
Unabhängigkeit des Landsknechtes wurde zunehmend mit dem Stig-
ma des Nichtsesshaften, des Vagierenden belegt und seine Angehörigen
damit sozial ausgegrenzt. Unter diesen Voraussetzungen gerieten die
Landsknechte zunehmend ins Visier sozialregulierender Maßnahmen
des frühmodernen Staates.

4.2 Landesdefensionen

Mit dem Verfall des Landsknechtswesens gewann die Diskussion über
alternative Wehrformen an Dynamik. In dem Maße, in dem die Landesherrschaft sich des administrativen und fiskalischen Instrumentari-
ums der Aushebung und Heeresfinanzierung einigermaßen zu bedienen
wusste, gewannen Überlegungen zum Kriegsdienst der Landeseinwoh-
ner seit der zweiten Hälfte des 16. Jahrhunderts im Reich an Boden.
So war man überzeugt, die Bevölkerung sei bereit, ihre engere Heimat
zu verteidigen, und hoffte, auf diese Weise der „Landplage" beschäfti-
gungsloser, „gartender" Kriegsknechte Herr zu werden.

Landfriedensbemühungen und die Einführung von Kriegssteuern
auf der Grundlage von Matrikularbeiträgen verfestigten den Dualismus zwischen Kaiser und Reich und ermöglichten seit Beginn des
16. Jahrhunderts, die Verpflichtungen der Stände gegenüber der durch
den Kaiser zu gewährleistenden Reichsverteidigung pauschal zu be-
gleichen. Die auf der Basis der Wormser Matrikel von 1521 immer
häufiger erhobenen Beiträge beförderten den Verstaatlichungsprozess
in den Territorien und bildeten somit auch eine Voraussetzung für die
Entstehung territorialer Landesdefensionalordnungen.

Ausgangspunkt bildete das seit dem Ende des 15. Jahrhunderts immer bedrohlicher werdende Vordringen osmanischer Heere nach Wes-
ten. Die erste Belagerung Wiens 1529 wirkte in dieser Hinsicht als   Belagerung Wiens
aufrüttelndes Schlüsselereignis, das dazu beitrug, einen Teil der immen-   1529
sen Kosten der Türkenkriege auf der Grundlage der Matrikularbeiträge
auf die Reichsstände abzuwälzen und damit einigermaßen zu bewälti-
gen.

Auch für die militärtheoretische Diskussion bildeten die Türkenkriege einen wesentlichen Anstoß, da die angstbesetzte Faszination, mit
der man die Erfolge der osmanischen Armeen verfolgte, eine Perspek-

tive auf die vorgeblichen Vorzüge ihrer inneren Verfassung eröffnete. Die Janitscharen, die Elitetruppe des Sultans, wurden in Unkenntnis ihrer eigentlichen Herkunft zu einem Aufgebot von Landeseinwohnern stilisiert, deren Genügsamkeit, Disziplin und Loyalität die zeitgenössischen Beobachter nicht genug zu rühmen wussten. Die Theoretiker der sich bildenden Militärgrenze im Südosten des Reiches, wie etwa der kaiserliche „Obristveldthauptmann" Lazarus von Schwendi, und später Reformer wie Herzog Johann VII. von Nassau-Siegen propagierten zunehmend das Idealbild eines stehenden Söldnerheeres in Kombination mit einem Defensionalwerk aus Landeseinwohnern. Die beginnende Konsolidierung des frühmodernen Territorialstaates verbunden mit einer zunehmenden sozialen Reglementierung führte so zwangsläufig zu einer Ausgrenzung der weitgehend freien Kriegsleute, die sich nach ihrer Organisation und ihrem Selbstverständnis nicht in eine immer stärker differenzierte und damit sich wechselseitig disziplinierende Gesellschaft integrieren ließen. Die territorial organisierten Defensional- oder Landrettungswerke vermochten einen gewissen Schutz der Landesgrenzen zu gewährleisten; als nur sporadisch trainierte Landmiliz blieben sie aber berufsmäßigen Söldnertruppen unterlegen und waren daher als Instrument einer aggressiven Außenpolitik unbrauchbar. Nachdem es den europäischen Mächten bis zur Mitte des 17. Jahrhunderts zunächst weitgehend gelungen war, die innere Befriedung ihrer Territorien voranzutreiben, waren sie nun bestrebt, ihre Position im Kräftespiel der Mächte mit militärischen Mitteln zu bestimmen. Weder der genossenschaftlich organisierte freie Kriegsknecht noch der ausschließlich zu zeitlich und räumlich begrenztem Dienst bereite Defensioner, sondern nur der berufsmäßige Söldner war hierzu geeignet.

Die zunehmende Feuerkraft der Heere erforderte immer kompliziertere taktische Formationen. Nicht mehr die geballte Stoßkraft massierter Gewalthaufen, sondern der flexible Einsatz kleiner Karrees und schmale Linien von zu wenigen Gliedern formierten Infanterieverbänden sicherten letztlich den Erfolg auf dem Schlachtfeld.

Söldnerverbände blieben also auch für die Kriege des 17. Jahrhunderts ohne Alternative. Für sie wurde aber, im Gegensatz zu den inzwischen sozial deklassierten Landsknechten, eine neue Bezeichnung gewählt, die sich allmählich durchsetzen sollte. Nicht der Vertrag, die „condotta", sondern der zumindest vom Anspruch her regelmäßige Sold durch den Kriegsherrn, der damit zum direkten Vertragspartner des Söldners wurde, sollte von nun an das Selbstverständnis des Kriegsknechtes, des Soldaten, bestimmen. Der zunächst noch nicht abwertend

Marginalien:
- Lazarus von Schwendi
- Landrettungswerke
- Soldaten und „soldatesca"

verwendete Begriff der „soldatesca" als Bezeichnung der Kriegsmacht eines Fürsten weist in diese Richtung.

Auf dem Reichstag zu Speyer 1570 wurden 74 „Articul auf die teutschen Knechte" verabschiedet, die die Vereinheitlichung der Heeresorganisation, Reglementierung und Ausrüstung festlegten. Der Soldunternehmer wie auch die „Gemein" der Knechte verloren damit einen Großteil ihrer Selbstständigkeit. Der Kriegsherr trat als Dienstherr auf, er delegierte im Rahmen eines Verrechtlichungsprozesses bestimmte Bereiche des Kriegswesens, über deren Durchführung er sich eine Kontrolle durch mit zeitlich begrenztem Auftrag (Kommission) bestellte Kommissare vorbehielt.

Damit war gegen Ende des 16. Jahrhunderts im Bereich der Söldnerwerbung wie auch des Aufgebotes von Landeseinwohnern zumindest theoretisch der Weg zu einer Verstaatlichung der Wehrorganisation im Reich gebahnt. Doch noch mangelte es dem frühmodernen Staat in seiner Eigenschaft als Kriegsstaat an den wesentlichen Instrumenten zur Ressourcenmobilisierung für die Kriegführung. Erst allmählich eröffnete eine leistungsfähigere Finanz- und Steuerverwaltung den Fürsten die Möglichkeit, sich über Steuereinnahmen oder Kredite vom Einfluss selbstständig agierender Söldnerführer zu befreien. Deren Möglichkeiten wiederum schwanden in dem Umfang, in dem die Armeen größer und durch die Verwendung von Reiterei und Artillerie komplexer wurden. Der Einsatz der Söldnerverbände blieb auch nicht mehr auf einen Feldzug beschränkt, sondern wurde für mehrere Jahre benötigt und damit verwaltungstechnisch aufwendiger und kostspieliger. Die Kontrolle durch ein allmählich dauerhaft eingerichtetes Kommissariat des Landesherrn erstreckte sich schließlich auch auf die Gefechtsdisziplin der Truppen. Die häufig beklagte Zuchtlosigkeit der Landsknechtshaufen sollte durch eine „disciplina militaris" ersetzt werden. Durch sie wurden nicht nur soziale Ordnungs- und Regulierungsinstrumente auf das Kriegsvolk übertragen, sondern schrittweise die Reservatrechte der frei geworbenen Knechte und die wirtschaftliche Unabhängigkeit der Obristen und Hauptleute zurückgedrängt. Auf diese Weise entwickelte sich in einem langfristigen Prozess der Landesherr vom fürstlichen Vertragspartner zum Obersten Kriegsherrn.

„disciplina militaris"

4.3 Die oranische Heeresreform

Der Einsatz zahlenmäßig immer umfangreicherer Truppenkörper, eine ständig steigende Feuerkraft und das Zusammenwirken von Pikenieren und Arkebusieren/Musketieren auf dem Gefechtsfeld ließen Körperbeherrschung, Waffentraining, Disziplin und das Bewusstsein, nicht in erster Linie Einzelkämpfer, sondern Glied eines Kämpferverbandes zu sein, unverzichtbar werden. Die Gedankenwelt des Späthumanismus lieferte die antiken Vorbilder, die die Theoretiker der Kriegskunst des 16. Jahrhunderts inspirierten.

Neostoizistisches Tugendideal

Aber erst der niederländische Staatsrechtslehrer Justus Lipsius stellte die kriegerische Macht des Staates in den Mittelpunkt seiner von einem neostoizistischen Tugendideal geprägten Staatslehre. Im Abwehrkampf gegen die spanische Militärmaschinerie, die „Supermacht" des 16. Jahrhunderts, mussten die niederländischen Provinzen in ihrem Freiheitskampf die militärischen Machtmittel mit einer Pflichtenlehre verbinden, die geeignet war, den neuen taktischen Gliederungen eine innere Geschlossenheit und Standfestigkeit gegen einen übermächtig erscheinenden Gegner zu vermitteln.

„Vis" und „virtus", kriegerische Gewalt und sittlich begründete Leistungsbereitschaft, bilden die Säulen, auf denen die lipsianische Staatsvorstellung beruht. Mit dem dem stoischen Pflichtenkatalog entlehnten Begriff der „constantia", Beständigkeit, verbinden sich für die militärische Gesellschaft relevante Werte, etwa ein aus Einsicht und Verantwortung erwachsener Gehorsam oder Enthaltsamkeit und Mäßigung als Voraussetzungen jeder Disziplin, die die idealtypische Vorstellung vom Soldaten in den folgenden Jahrhunderten prägen sollten. Diese neuartige Wehrordnung ließ sich jedoch nur unter den Bedingungen eines funktionierenden Finanz- und Steuersystems realisieren, das es einem kleinen Heer berufsmäßiger Söldner ermöglichte, nach diesem Tugendkatalog zu leben. Die Wirtschaftskraft der niederländischen Städte und ihre Handelsgewinne schufen die Voraussetzungen, dass dieses Experiment zeitweise gelingen konnte. Auf der Grundlage von Lipsius' Vorstellungen entwickelten die niederländischen Statthalter aus dem Haus Oranien und ihre nassauischen Vettern taktische Grundformen kleiner, schachbrettartig aufgestellter beweglicher Einheiten aus Schützen und Pikenträgern. Diese Formationen wurden durch hugenottische Führer während der Religionskriege in Frankreich eingeführt. Später fanden sie über Offiziere reformierten Glaubens in der schwedischen Armee und den brandenburgischen

Der spanische „Tercio"

Truppen Verwendung. Während die niederländischen Reformen unter den Angehörigen der protestantischen und reformierten militärischen Elite ihre Anhänger fand, blieb auf der spanisch-habsburgisch katholischen Seite der massive, aus bis zu zweitausendfünfhundert Mann gebildete spanische „tercio" bis in das letzte Drittel des Dreißigjährigen Krieges stilbildend, wurde aber an die taktischen Formationen des Gegners angepasst.

Letztlich ordnete sich die oranische Heeresreform in einen gesamteuropäischen Trend der zweiten Hälfte des 16. Jahrhunderts ein, als allenthalben versucht wurde, die immer größer werdenden und mit wachsender Feuerkraft ausgestatteten Truppenkörper in gleichmäßigem Waffendienst zu exerzieren, ihre Gefechtsdisziplin zu erhöhen und zu geschlossener Kampfleistung zu motivieren. Während der kaiserliche Feldherr Lazarus von Schwendi versuchte, den Söldnerheeren durch Hinweis auf die Disziplin und den Kampfesmut der türkischen Janitscharen Geschlossenheit und Standfestigkeit zu vermitteln, standen an der Wiege der spanischen *tercios* in Süditalien die Ideen der florentinischen Miliz des Niccolò Machiavelli Pate. Beschränkten sich Letztere auf die taktisch-operative Verbesserung der Leistungsfähigkeit der Söldnerverbände, vermochte Lipsius dem Heer seinen Platz innerhalb einer neostoizistisch orientierten Staatstheorie anzuweisen.

Justus Lipsius und Niccolò Machiavelli

Ein entscheidender Aspekt seiner Staatstheorie, in der durchaus eine gewisse Nähe zu den Vorstellungen Machiavellis aufscheint, stellt die Ablehnung des Söldnerheeres zugunsten einer Aushebung und regelmäßigen Ausbildung von Landeskindern dar. Damit unterwarf Lipsius das Militärwesen dem herrschaftlichen Machtanspruch. Der Unterhalt der Truppen, aber mehr noch der ihnen vermittelte Tugendkatalog, sollte zur Aufgabe und zum Allgemeingut der Gesellschaft werden. Die im Rahmen der militärischen Ausbildung verwirklichten allgemein sittlichen Verhaltensanweisungen und Ordnungsvorstellungen wurden zwar in einigen Defensionsordnungen vor allem protestantischer Fürsten im Reich aufgenommen, doch bereits in ihrem Ursprungsland, den Niederlanden, reichte die Macht der Oranier gegenüber der ständischen Vertretung, den Generalstaaten, zu keinem Zeitpunkt aus, um diese Form einer allgemeinen Dienstpflicht durchzusetzen. Auch hier setzte man auf ein regelmäßig besoldetes, trainiertes und damit in Disziplin gehaltenes Söldnerheer.

Die Landesdefensionen führten im Reich zwar zu einer Verdichtung von Herrschaft, doch scheiterten sie an einer unzureichenden Finanzierung durch die mangelnde Bereitschaft der Stände, insbesondere des Adels, sich an ihr zu beteiligen. Als sie in Konfrontation mit den Söldnerheeren des Dreißigjährigen Krieges untergingen, war der entstehende frühmoderne Machtstaat davon nur wenig berührt, definierte sich doch seine Vorstellung vom Militärwesen durch eine nur an die Person des Herrschers gebundene, von unmittelbarer ständischer Mitwirkung weitgehend unabhängige Kriegsmacht. Auf der anderen Seite wurden einzelne Aspekte der oranischen Reform wie auch der Landesdefensionsvorstellungen, aus ihren staatsphilosophischen Rahmen herausgelöst, zu Grundbestandteilen binnenmilitärischer Disziplinierungsbemühungen und Rekrutierungsmaßnahmen einer regulierten Miliz.

4.4 Der Dreißigjährige Krieg

Die im 16. Jahrhundert eingeleiteten Maßnahmen zur Verbesserung der Sicherheitslage im Reich führten zwar zu einem Machtzuwachs der Stände, belasteten aber, da wirkungsvolle Instrumente zur Durchsetzung und Einhaltung des Landfriedens fehlten und angesichts der konfessionellen Gegensätze keine grundlegende Änderung der Verhältnisse zu erwarten war, zunehmend die Funktionsfähigkeit der Reichsinstitutionen. Daher suchte man im „Augsburger Religionsfrieden" von 1555 die Konfessionen dauerhaft in die Landfriedensordnung des Reiches einzubinden. Religiös motivierte militärische Gewalt sollte, bezogen auf Auseinandersetzungen zwischen Katholiken und Lutheranern, zukünftig ausgeschlossen sein. Die Reformierten blieben dagegen weiterhin ausgegrenzt.

Durch diese Sicherung des konfessionellen Besitzstandes konnte zunächst ein religiös-politisch motivierter Bürgerkrieg wie in Frankreich oder den Niederlanden vermieden werden. Dreißig Jahre und eine Generation später jedoch suchten die Vertreter eines gefestigten und selbstbewussten Katholizismus und die um ihre konfessionelle Gleichberechtigung kämpfenden Reformierten durch ein zunehmend militanteres und immer weniger kompromissbereites Handeln ihre Positionen durchzusetzen, wobei sie die Interessen benachbarter Mächte, vor allem Spaniens und Frankreichs, für ihre Zwecke zu nutzen suchten.

Die Institutionen des Reiches, die eine schiedliche und friedliche Beilegung der Konflikte zwischen seinen Gliedern bewirken sollten, waren angesichts einer wachsenden konfessionellen Polarisierung blockiert und zunehmend handlungsunfähig. Daher griffen die Kontrahenten schließlich mit der Gründung der protestantischen Union 1608 und der katholischen Liga 1609 zu militärisch angelegten Selbsthilfeorganisationen.

Union (1608) und Liga (1609)

Ökonomisch-soziale Verwerfungen flankierten die politisch-konfessionellen Spannungen und schufen eine brisante Gemengelage, die zu einer gewaltsamen Entladung drängte. Eine dynamische Entwicklung hatte im langen 16. Jahrhundert zu einem Bevölkerungsanstieg geführt, der in Verbindung mit einer seit den 1580er Jahren zu beobachtenden wirtschaftlichen Depression mit sinkenden Reallöhnen dazu führte, dass der Solddienst für eine große Zahl junger Männer attraktiv erschien. Gleichzeitig hatten die Jahrzehnte des Friedens einen Kapitalstock aufwachsen lassen, der die Anwerbung und Ausrüstung größerer Truppenkörper erleichterte.

Der wachsenden Kriegsbereitschaft stand durch den Zusammenschluss verschiedener Reichsstände eine strukturelle Kriegführungsfähigkeit zur Seite. Diese fand ihre Begrenzung weniger in der Anzahl potentieller Kämpfer als vielmehr in ausreichenden Finanzmitteln, um sie über einen längeren Zeitraum zu besolden.

Die wachsende Feuerkraft der frühneuzeitlichen Heere erzwang eine stetige Vermehrung der Truppen, was wiederum die Ausrüstungsbedürfnisse und den Umfang des Trosses erhöhte. Angesichts der territorialen Zerklüftung und damit wechselnder bündnispolitischer Optionen, einer vielfach begrenzten Kreditfähigkeit der Landesherren, mangelnder Steuerleistung und einer wachsenden Verelendung weiter Landstriche war eine jahrzehntelange, gleichmäßig intensive, flächendeckende Kriegführung in der ersten Hälfte des 17. Jahrhunderts nicht möglich. Der Dreißigjährige Krieg (1618–1648) bestand daher aus verschiedenen Teilkriegen, die räumlich getrennt abliefen und durch Waffenstillstände und Friedenschlüsse unterbrochen wurden. Traditionellen Mustern folgend, wurden von den Kriegsherren Werbepatente ausgestellt, die kapitalkräftigen Militärunternehmern, die in der Regel über ausreichend kreditwürdigen Besitz verfügen mussten, die Anmusterung einer größeren Truppenmacht für eine begrenzte Zeit erlaubten. Diese Militärunternehmer wiederum verpflichteten ihnen vertraute oder von ihnen abhängige Subunternehmer mit der Aufstellung einzelner Regimenter. Deren Bestallung setzte voraus, dass sie das Kapital zur Ausrüstung von durchschnittlich 1000 bis 1500 Knechten aufbrachten. Die unmittelbare Werbung der Mannschaften blieb Hauptleuten überlassen, die häufig in einem Klientelverhältnis zum jeweiligen Inhaber ihres Regiments standen. Während des 16. Jahrhunderts hatten sich die Kriegsherren darauf beschränkt, nur eine Anschubfinanzierung zu ermöglichen, was dazu führte, dass sich die Militärunternehmer ihre Vorleistungen und ihr Risiko verzinsen ließen. Diese Praxis setzte sich während des Dreißigjährigen Krieges fort.

Militärunternehmer

Die Truppen sollten sich im Feindesland versorgen, Soldzahlungen durch militärische Gewalt von der gegnerischen Bevölkerung erpressen und während der Winterquartiere, sofern sie nicht abgemustert wurden, in verbündeten, aber politisch schwächeren Territorien untergebracht werden.

Heeresversorgung

Die von den Ständen nur nach zähen Verhandlungen bewilligten zeitlich begrenzten Kriegssteuern wurden in der Regel nur mit Verzögerung aufgebracht und reichten angesichts der steigenden Mannschaftsstärken nie aus, um die Forderungen der Militärunternehmer zu befriedigen. Betrügerische Machenschaften auf allen Ebenen der militärischen Hierarchie waren die Folge, deren Opfer einerseits der Kriegsherr selbst wurde, dessen Verwaltungs- und Kontrollapparat sich erst allmählich ausbildete. Andererseits und mit katastrophalen Folgen traf diese Praxis die Soldaten, die unzureichend besoldet, ernährt und bekleidet sich ihren Lebensunterhalt mit Gewalt aus der Bevölkerung der von ihnen besetzten Gebiete verschafften. Eine begrenzt leistungsfähige Steuer-, Finanz- und Militärverwaltung und ein extrem profitorientiertes Verhalten von Offizieren aller Dienstgrade, Heereslieferanten und korrupter Vertreter der lokalen Obrigkeit begünstigten Disziplinlosigkeit und Verrohung der Söldner, sodass der zeitgenössische Verwaltungsbegriff „soldatesca" bis in die Gegenwart zur Bezeichnung verwilderter, irregulärer, militärähnlicher bewaffneter Gruppen verwendet wird.

Kontributionen und Brandschatzung

Hinzu trat eine extensive Auslegung des zeitgenössischen Kriegsrechtes (ius in bello), die Gewaltakte gegenüber der gegnerischen Bevölkerung zur Beschaffung von Geld (Kontributionen, Brandschatzungen), Lebensmitteln und Unterkünften zuließ.

Angesichts einer Internationalisierung der auf dem Boden des Reiches operierenden Armeen erfolgten nicht selten atavistisch anmutende xenophobische (fremdenfeindliche) Reaktionen, die durch konfessionelle Gegensätze und Feindbilder noch verstärkt wurden. Blutrauschtaten ebenso wie Vergewaltigungen als männlich dominierte Verfügungsgewalt über die biologische Zukunft der Unterlegenen markieren Formen exzessiver Gewalt in einem Umfang, wie er erst wieder in den europäischen Kriegen des 20. Jahrhunderts erreicht werden sollte.

Schließlich spiegelt die Gewaltgeschichte des Dreißigjährigen Krieges auch die Gewöhnung einer im Krieg aufgewachsenen Generation an erlebter, vermittelter und ausgeübter Gewaltsamkeit wider.

Geographische Mobilität der Söldner

Im Verlauf des Krieges wurde auch eine bis dahin nicht gekannte geographische Mobilität erreicht. Bei den auf dem Boden des Reiches geworbenen Regimentern stammten etwa zwanzig Prozent der Soldaten aus dem nichtdeutschen Sprach- und Kulturraum. Klientel- und Verwandtschaftsbeziehungen begünstigten auch in den Regimentern der anderen kriegführenden Parteien eine gewisse landsmannschaftliche Abgrenzung. Kulturelle und sprachliche, weniger konfessionelle Gemeinsamkeiten bestimmten die Gruppenkohärenz innerhalb der Regimenter. In den Feldlagern mussten oftmals Truppenteile unterschiedlicher Nationen räumlich getrennt voneinander untergebracht werden, denn Verständigungsschwierigkeiten gepaart mit tiefverwurzelten Vorurteilsstereotypen provozierten nicht selten gewaltsame Auseinandersetzungen innerhalb der Armeen.

Das Aufeinandertreffen von Soldaten aus den unterschiedlichsten Regionen Europas beförderte zusätzlich die Verbreitung von Krankheiten, gegen die die übertragenden Soldaten zwar immun waren, denen jedoch ihre Kameraden, aber mehr noch die Bevölkerung ihrer Quartierorte, nichts entgegenzusetzen hatten. Unterernährung und mangelnde Hygiene schwächten die Abwehrkräfte, erhöhten die Infektanfälligkeit und führten in dieser Kombination zu Mortalitätsschüben. Hunger und Obdachlosigkeit beförderten Seuchen und sind in weitaus größerem Umfang als Schlachten und Gewalttaten für die Bevölkerungsverluste während des Krieges verantwortlich. Insgesamt kamen etwa vierzig Prozent der ländlichen und etwa dreiunddreißig Prozent der städtischen Bevölkerung während der Kriegsjahre um. Zeitlich begrenzte oder auch dauerhafte Bevölkerungsverschiebungen ergaben sich aus Fluchtbewegungen, mit denen sich die Menschen der besonders verheerten Gebiete, vor allem entlang der großen Heerstraßen, dem Kriegsgeschehen zu entziehen suchten. Die lange Kriegszeit entwurzelte die Menschen und ließ sie nach dem Ende der Kampfhandlungen an anderer Stelle wieder eine Heimstätte finden. *Hunger und Seuchen*

Ein besonders anschauliches Beispiel ungefestigter Lebensverhältnisse stellt die Feldlagergesellschaft des Dreißigjährigen Krieges dar. Seit der zweiten Hälfte des Krieges, als die Anwerbung Freiwilliger nur schleppend vorankam, wurden Rekrutierungen zunehmend in den vom Krieg besonders verheerten Gebieten durchgeführt. Die Menschen, denen die „Kriegsfurie" ihre materielle Lebensgrundlage zerstört hatte, suchten zusammen mit ihren Familien im Schutz der Armeen zu überleben. Während sich der Ernährer als Fußknecht anwerben ließ, sicherte seine Gefährtin den Anteil an Beute und garantierte die Versorgung und Pflege bei Verwundung und Krankheit. Die Kinder verdingten sich als Pferdeknechte oder Trossbuben, bis sie das Alter erreicht hatten, um selbst als Soldat angenommen zu werden. Das Feldlager symbolisierte bereits in seinem Aufbau, ausgehend von seinem Zentrum, in dem sich das Quartier des Befehlshabers befand und die wertvolle Artillerie untergebracht war, bis zu seiner Peripherie die soziale Hierarchie *Die Feldlagergesellschaft*

einer ambulanten Gemeinschaft. Die Kompanie (hergeleitet aus „con pane", der Brotgemeinschaft) bildete nicht nur die kleinste administrative Einheit des Heeres, sondern auch den Mikrokosmos der militärischen Überlebensgemeinschaft. Ihren Mittelpunkt bildeten die altgedienten, die „beschossenen" Knechte. Ihr Überleben im Krieg galt den Jüngeren als Garant dafür, dass auch sie in ihrem Schatten am Leben bleiben konnten. Vielfach wurden den alten Knechten magische Fähigkeiten, wie etwa Schussfestigkeit („Gefrorensein") zugeschrieben.

Ohne Grund wechselte kein Soldat seine Kompanie, die ihm Schutz- und Lebensraum bot. Erst der Verlust der Kampffähigkeit, das einzige Kapital des Soldaten, Krankheit oder Invalidität lösten das Kontraktverhältnis, das ihn mit der Kompanie verband. Die nicht mehr ohne weiteres einsatzfähigen Soldaten suchten jedoch so lange wie möglich im bergenden Schutz der Feldlagergesellschaft zu überleben. Diese Gruppe bildete den bis in die Gesellschaft der Fahrenden hinein aus-

Marodeure fransenden Saum der Lagergesellschaft. Aus ihnen rekrutierten sich die Marodeurbanden (marode = krank). Da sie eine zusätzliche Bedrohung für die sich immer schwieriger gestaltende Versorgungslage der Heere darstellten, wurden sie von den Profossen – der „Militärpolizei" – ebenso gnadenlos gejagt wie von den zur Selbstverteidigung bewaffneten und von der Landesherrschaft aufgebotenen Landbevölkerung.

Während des Dreißigjährigen Krieges existierten die beiden traditionellen Wehrformen, das Aufgebotswesen im Rahmen der Landesdefensionen und die geworbenen Söldnerarmeen, nebeneinander, wobei die Aufgebote gegenüber den langdienenden Söldnern in der Regel im Nachteil waren. Dennoch bildete die Organisation der Landesverteidigung, ihr Aushebungsverfahren ebenso wie ihre Finanzierung und Kontrolle, den Ausgangspunkt für die nach Beendigung des Krieges allmählich dauerhaft unter Waffen gehaltenen „stehenden" Kontingente der Kreistruppen und der größeren („armierten") Reichsstände.

5. Kein „stehengebliebenes" Heer. Die Sattelzeit 1650–1700

5.1 Heeresaufbringung und Heeresfinanzierung in der zweiten Hälfte des 17. Jahrhunderts

Zu Beginn des Dreißigjährigen Krieges hatte keine der kriegführenden Parteien auf eigene Truppen zurückgreifen können. Daher nutzte man bewährte Mobilisierungsformen und beauftragte erfahrene und als Kriegsunternehmer bewährte Befehlshaber. Unter den selbstständig operierenden Heerführern des Dreißigjährigen Krieges finden sich vielfach Söhne reichsfürstlicher Familien, deren Herkunft als ausreichend kreditwürdig angesehen wurde. Auch das Verhältnis eines Heerführers zu seinem Kriegsherrn konnte eine ausreichende Bonität gewährleisten. Insofern agierte der kaiserliche Generalissimus Albrecht von Wallenstein zunächst als Söldnerführer mit eigener territorialer Machtbasis und während seines zweiten Generalates als Reichsfürst. Die eigentliche Macht lag jedoch, was Wallenstein zum Verhängnis wurde, in den Händen der Obristen als Regimentsinhaber und Subunternehmer. Angesichts der gravierenden Versorgungsengpässe während der zweiten Kriegshälfte setzten sie ihre Hoffnung zunehmend auf den jeweiligen Landesherrn, dem gegenüber sie zum Teil mit massiven Drohungen ihre Ansprüche anmeldeten. Indem die Söldnerführer als vermittelnde Vertragspartner zwischen Kriegsherrn und Obristen ausgeschaltet wurden, gelang es den Kriegsherren allmählich in Verbindung mit Gnadenerweisen, Pensionen und Anwartschaften auf Regimenter, den Übergang von einem privatrechtlichen Vertragsverhältnis zu einem Dienstverhältnis zu bewerkstelligen. Als Zwischenstufe in der Entwicklung zu den nach dem Dreißigjährigen Krieg formierten Stehenden Heeren ist die Indienstnahme von Offizieren im Frieden (Wartgeld/ Dienstgeld) anzusehen. Daraus erwuchsen langfristige Bindungen gegenüber den Kriegsherren.

Vom Vertrags- zum Dienstverhältnis

Auch wenn die Offiziere nun unmittelbar durch den Landesherrn bestallt wurden, blieb eine innere Autonomie der Regimenter und eine weitgehende Selbstständigkeit der Regimentsökonomie bis weit ins 18. Jahrhundert erhalten. In Preußen verschwand die Kompaniewirtschaft, das heißt die Eigenverantwortung des Kompaniechefs hinsichtlich der Ausstattung ihrer Truppe mit bestimmten Ausrüstungsstücken, erst mit den Militärreformen zu Beginn des 19. Jahrhunderts.

Kompaniewirtschaft

Waren die Heere zu Beginn des Dreißigjährigen Krieges noch mit umfangreichen, weitgehend starren Formationen Fußvolk angetreten, als deren Exponenten und Vollender die mehrere tausend Mann umfassenden, in spanischem Sold stehenden *tercios* angesehen wurden, so änderte sich das Bild mit dem Erscheinen des schwedischen Heeres unter Gustav Adolf seit 1630. Der vermehrte Einsatz von Schützen und die Verwendung beweglicher Feldgeschütze kleineren Kalibers vor der Front erzwangen geradezu den Übergang von den tiefgestaffelten Infanteriemassen zu einer flacheren, in der Regel sechs bis neun Glieder tiefen Aufstellung. Mit dem Bedeutungsgewinn der Musketiere korrespondierte der sich verringernde Einfluss der Pikeniere. Eine kleinteiligere taktische Aufstellung erhöhte außerdem notwendigerweise die Zahl der militärischen Führer auf der Ebene der Kompanien und Regimenter. Damit setzte eine aufgabenbezogene Hierarchisierung ein, die zur Ausbildung differenzierter Offizier- und Unteroffizierränge führte, wobei der Begriff des Ranges auch eine entsprechende soziale Differenzierung zum Ausdruck bringt.

Während die spanischen *tercios* und damit die letzte Verbindung zu den Gewalthaufen des 15. Jahrhunderts in der Schlacht von Rocroi 1643 untergingen, erfolgte mit der schwedischen Aufstellung, deren Grundprinzipien in der oranischen Heeresreform angelegt worden waren, der Übergang zur Lineartaktik des späten 17. und des 18. Jahrhunderts.

Angesichts der Dauer des Dreißigjährigen Krieges, der massiven Bevölkerungsverluste und der immer prekärer werdenden Versorgungssituation der Heere reichte in der letzten Phase des Krieges der Bewegungsradius der Fußsoldaten nicht mehr aus, um ihre Ernährung sicherzustellen. Gegen Ende des Dreißigjährigen Krieges bestanden daher die Heere zu zwei Dritteln aus Kavalleristen und berittener Infanterie (Dragoner).

Nürnberger Exekutionstag   Auf dem Nürnberger Exekutionstag (1649–1651) verständigten sich die ehemals kriegführenden Parteien auf eine wechselseitige nahezu vollständige Abdankung ihrer Armeen. Damit trat auch eine für die Militärorganisation der beteiligten Mächte insofern bedeutsame Zäsur ein, als die Masse der Söldnerverbände bewusst abgedankt und nur Kadertruppen von geringer Stärke im Dienst gehalten wurden.

Gleichzeitig forderten auch die Landstände der betroffenen Territorien eine Rückkehr zu der traditionellen Praxis, Truppen jeweils nur für die Dauer eines Feldzuges anzuwerben. Nur zu diesem Zweck waren sie bereit, die nötigen Mittel zu bewilligen. Letztlich verfügten die Landesherren über wenige tausend Mann umfassende Haustruppen. Nur dem Kaiser gelang es, „die Essenz einer guten Armada", einen Grundstock aus Offizieren und altgedienten Mannschaften, zu erhalten.

Der sich konsolidierende frühmoderne Staat hatte an einem „stehengebliebenen Heer" (J. Burkhardt) des Dreißigjährigen Krieges kein Interesse. Die Masse der Geworbenen, für die der Kriegsdienst nur eine begrenzte Phase ihres Lebens ausgefüllt hatte, in der sie mangels anderer Erwerbsmöglichkeiten Soldat geworden waren, kehrten in ihre Heimat zurück oder ließen sich in den Regionen ansiedeln, die erhebliche Bevölkerungsverluste zu beklagen hatten.

Die Bestimmungen des Friedensschlusses von Münster und Osnabrück hatten den Landesherren das „ius armorum" zugestanden, das der

Kaiser im Prager Frieden von 1635 noch exklusiv für sich reklamiert hatte. Darunter wurde zunächst die Rückkehr zu Einrichtungen einer Landesdefension verstanden, der angesichts fortdauernder kriegerischer Auseinandersetzungen an den Grenzen des Reiches eine gewisse Dauerhaftigkeit zugebilligt wurde. In diesem Sinn ist auch der Artikel 180 des „Jüngsten Reichstagsabschiedes" von 1654 zu verstehen, der die Landesherren berechtigte und ihre Stände verpflichtete, zur Sicherung des Territoriums dauerhafte Verteidigungseinrichtungen zu unterhalten, also eine bestimmte Anzahl von Untertanen für den Kriegsdienst zur Verfügung zu stellen.

„Jüngster Reichstagsabschied" von 1654

Auf der anderen Seite argumentierten die Landesherren, dass sie in Wahrnehmung ihrer durch die Bestimmungen des Westfälischen Friedens zugesprochenen begrenzten Souveränität durch stehende Truppen in den Stand versetzt werden müssten, im Interesse der Integrität und Sicherheit ihres Territoriums außenpolitisch handlungsfähig zu bleiben. Mit Blick auf die kriegerischen Verwicklungen an den Grenzen seines Territoriums riet etwa Kurfürst Friedrich Wilhelm von Brandenburg seinem Nachfolger: „stehet alzeit in gutter postur" (Politisches Testament 1667).

Die Sicherung des Landfriedens durch eine ständisch kontrollierte Verteidigungsorganisation oder im Rahmen einer aktiven militärisch gestützten Außenpolitik des Landesherrn – zwischen diesen beiden Polen formierte sich ein jahrzehntelanger Konflikt, der erst allmählich ein von ständischer Mitwirkung unabhängiges fürstliches Söldnerheer entstehen ließ. Dabei wirkten die fortdauernden kriegerischen Verwicklungen vom Ostseeraum über die gesamte Westgrenze des Reiches bis zur Verschärfung der Auseinandersetzung im Südosten gegen die osmanische Bedrohung als Katalysator. Nach immer wieder erfolgten Abdankungen und Neuaufstellungen entwickelte sich in der zweiten Hälfte des 17. Jahrhunderts in den größeren und finanziell leistungsstarken Territorien (armierten Reichsständen) allmählich ein stehendes, teilweise verstaatlichtes Heer.

Armierte Reichsstände und Stehendes Heer

Ebenso zäh und langwierig verlief der Prozess der Zurückdrängung des privaten Kriegsunternehmertums. Zwar endete mit dem Dreißigjährigen Krieg die Epoche selbstständiger, auch politisch einflussreicher militärischer Großunternehmer. Eine weitgehende Eigenständigkeit der Regimentskommandeure hinsichtlich der Zusammensetzung ihres Offizierkorps und damit ihr Einfluss auf die innere Kohärenz ihrer Verbände blieben aber, wenn auch mit unterschiedlicher Intensität, in den einzelnen Armeen bis zum Ende des

Reservatrechte des Regimentschefs

18. Jahrhunderts erhalten. Begrenzte Reservatrechte, wie etwa ihr Gewicht bei der Auswahl des Offiziernachwuchses, die Kooptation von Offizieren durch eine Wahlhandlung des gesamten Offizierkorps eines Regiments (Offizierwahl) oder der Heiratskonsens, also die Zustimmung zur Eheschließung eines Offiziers, blieben sogar bis zur Mitte des 20. Jahrhunderts erhalten. Die Bedeutung von Klientel- und Patronagebeziehungen als Instrumente einer personellen Homogenität und Voraussetzung der inneren Kohärenz der Verbände äußerte sich in der Aufnahme von Verwandten und Freunden in das Offizierkorps. Bis über das 18. Jahrhundert hinaus bildete etwa der Freitisch des Regimentschefs für seine Offiziere, also kostenlose gemeinsame Mahlzeiten, das sichtbare Symbol der Tischgemeinschaft sozial Gleicher. Er verdeutlichte die bis dahin wenig sichtbare Scheidelinie zwischen den Ober- und Unteroffizieren und wurde zum Repräsentationsinstrument sozialer Netzwerke und Abhängigkeiten. Mit diesem Ritual wurde nicht nur an traditionelle Formen der Regimentsinhaberschaft angeknüpft, sondern weit darüber hinaus mit dem Symbol des gemeinsamen Mahles das biblisch konnotierte Bild des Brotbrechens aufgenommen.

Auch als die Landesherren im Zuge eines Verstaatlichungsprozesses die Uniformierung der Truppen anordneten, suchten die Regimentschefs ihre Verfügungsgewalt über das Regiment sichtbar zu dokumentieren, indem sie etwa bei den Ärmelaufschlägen ihre Hausfarben oder Uniformknöpfe mit ihrem Wappen verwendeten. Es ist in diesem Zusammenhang bezeichnend, dass der Einkleidung des Soldaten und seinem damit sichtbaren Übergang in die jeweilige Militärgesellschaft als Initiationsritus eine weitaus höhere Bedeu-

Von der Livree zur Uniform

tung zukam als dem Fahneneid auf den Landesherrn. Erst allmählich verwandelte sich das Verständnis der Uniform von dem einer herrschaftlichen Livree, also eines auf den Regimentschef als Arbeitgeber bezogenen Dienstkleides, in das des „Königs Rock". Dieser Begriff, der in Preußen während der Regierungszeit König Friedrich Wilhelm I. aufkam, wirft in doppelter Hinsicht ein Schlaglicht auf die Beziehung zwischen Monarch, Staat und Heer. Indem sich der König im Detail die Gestaltung der Uniform vorbehielt, manifestierte er seine ausschließliche Verfügungsgewalt über die Armee. Indem er selbst die Uniform anlegte, markierte er sichtbar und medial vermittelt das besondere und persönliche Treueverhältnis zwischen Offizier, Truppe und Monarchen.

Die Armee wurde also nur insofern verstaatlicht, als Monarch und Staat als unteilbare Einheit wahrgenommen wurden. Sie wurde dabei in erster Linie als Königsheer, als eine nur auf den Herrscher verpflichtete und nur in dieser Hinsicht den Staat repräsentierende autonome Einrichtung wahrgenommen. Im Gegensatz zu den Landesdefensionen, die durch die Einbindung der Landstände eine Einrichtung des Landes repräsentierten, blieb das Heer ein „Instrument des Monarchen und nicht eine Institution des Landes" (O. Hintze).

Da den Landesherren von den Landständen nur begrenzte Finanzmittel zugestanden wurden, gestaltete es sich für sie sehr schwierig, das privatrechtliche Vertragsverhältnis zu den Regimentsinhabern in ein regelrechtes Dienstverhältnis umzuwandeln, sie also zu fürstlichen Amtsträgern, zu Regimentskommandeuren werden zu lassen. Diese Abhängigkeit ließ sich nur schrittweise abbauen, wie auch die Kriegskommissare als Kontrollinstanzen sich erst mit der Zeit durchzusetzen vermochten. Der Prozess einer allmählichen Loyalitätsbindung an den Landesherrn war in den siebziger Jahren des 17. Jahrhunderts erst in Ansätzen realisiert, als die Generation der Offiziere, die während des Dreißigjährigen Krieges militärisch sozialisiert worden war, von der Bühne des Krieges abtrat.

Der Offizier als Amtsträger

Mit ihnen verschwand auch die aus der Not des Dreißigjährigen Krieges geborene Bevorzugung berittener Truppen. Noch bis Ende des 17. Jahrhunderts dominierten auf den Schlachtfeldern Westeuropas berittene Verbände das operative Geschehen. Auch im Kampf gegen die Osmanen im bevölkerungsarmen Südosteuropa war der Einsatz berittener Truppen, sieht man einmal von der ortsfesten Sicherung der Militärgrenze ab, die geeignete Form, sich gegen die beweglichen Reiterformationen des osmanischen Heeres (*Sipahi* oder auch Pfortenkavallerie) erfolgreich zur Wehr zu setzen.

Bewegungskrieg

Das Prinzip eines nach den Möglichkeiten des späten 17. Jahrhunderts geführten Bewegungskrieges, ein weitgehender Verzicht auf kräftebindende Belagerungen als operatives Ziel und stattdessen die Form eines durch verhältnismäßig kleine Abteilungen geführten Abnutzungskrieges kennzeichneten die Kriegführung.

Erst mit dem erneuten Bedeutungsgewinn der Fußtruppen, die nicht mehr ohne weiteres durch improvisierte Versorgungsmaßnahmen oder aus dem Land versorgt werden konnten, wurde der Kampf gegen die Versorgungslinien des Gegners wichtig. Der Verlust der Versorgungsbasen zwang in der Regel auch zur Räumung eines besetzen Gebietes. Auf dieser Grundlage entwickelten sich zwei Grundprinzipien der Operationsführung, die bis zum Ende des 18. Jahrhunderts Bestand haben sollten. Sie bestanden einerseits in einer zunehmend verfeinerten Methode des wechselseitigen Ausmanövrierens und dem damit eng verbundenen Prinzip, Operationen nur vorwärts von gesicherten rückwärtigen Versorgungslinien zu führen. Der Ausbau von

Belagerungskrieg

Festungsgürteln diente andererseits dem Schutz der Grenzräume gegen feindliche Invasionen, da aus Festungen heraus die rückwärtigen Verbindungslinien des Gegners unterbrochen werden konnten. Die sich daraus ergebende Notwendigkeit, diese Bedrohung durch ihre Einnahme auszuschalten, verringerte die Beweglichkeit des Gegners und schuf einen Zeitgewinn, um Gegenaktionen vorzubereiten. Daher dienten Festungen dazu, im Schutz ihrer Mauern die eigenen Truppen zum Angriff auf gegnerisches Territorium zu versammeln. In ihren Magazinen wurde der benötigte Nachschub zusammengetragen, um ihn aus dem gesicherten Raum den eigenen Truppen auf feindliches Gebiet nachzuführen.

Systematische Zerstörungen

Die Grenzsicherung durch Festungen konnte angesichts der eigenen numerischen Schwäche durch die systematische Zerstörung ihres auf dem Territorium des Gegners gelegenen Vorfeldes ergänzt werden. Damit wurde es einer feindlichen Armee nahezu unmöglich, sich in diesem Gebiet längere Zeit aufzuhalten und zu versorgen. Die systematische Zerstörung des Mittelrheinraumes durch französische Truppen während des Pfälzischen Erbfolgekrieges (1688–1697) hat hierin ihre Ursache. Sie unterscheidet sich angesichts ihrer systematischen Planung und Durchführung von den Wüstungen der schwedischen Armee in Polen während des Schwedisch-Polnischen Krieges (1655–1660), die als „Große Sintflut" in die nationale Erinnerung Polens eingegangen sind, wie auch von den Ausschreitungen, die französische Truppen während des Französisch-Niederländischen Krieges (1670–1678) verübten. In diesen Fällen waren die Zerstörungen unsystematisch und in erster Linie auf Versorgungsmängel, bisweilen in Kombination mit xenophobischen Reaktionen als Folge konfessioneller Gegensätze, zurückzuführen, die, wie auch die zeitgenössische Bildpropaganda nahelegt, die Erinnerung an den Dreißigjährigen Krieg wachrief.

Methodische Kriegführung

Ständig steigende Truppenstärken und damit eine zunehmende Abhängigkeit von den infrastrukturellen Gegebenheiten des Kriegsschauplatzes begünstigten zusammen mit einem Generationswechsel innerhalb der militärischen Elite eine an methodischen Grundsätzen orientierte Operationsführung. Die damit verbundene Verwissenschaftlichung der Kriegskunst beförderte im weiteren 18. Jahrhundert die Entstehung einer umfangreichen europäischen Militärtheorie. Sie erlaubte eine an festgelegten Kriterien orientierte Überprüfung operativer Entscheidungen, die im Interesse des Landesherrn die Selbstständigkeit der militärischen Befehlshaber begrenzte. Auch wenn die damit verbundene „Kriegführung aus dem Kabinett" nie so rigide gehandhabt wurde, wie kritische Beobachter des 19. Jahrhunderts es beklagten, so ist doch eine daraus resultierende Verlangsamung der Operationen nicht zu übersehen. Diese Entwicklung ebnete dem Einsatz von Infanterieverbänden den Weg, durch deren Umfang im Spanischen Erbfolgekrieg (1701–1714) die bis dahin höchsten Mannschaftsstärken der Neuzeit erreicht wurden.

6. Militär in der Gesellschaft

6.1 Die Garnisonsgesellschaft des 18. Jahrhunderts

Die Epoche zwischen dem Beginn des Dreißigjährigen Krieges und dem Ende des Siebenjährigen Krieges (1618–1762) gilt in Zentraleuropa als eine Phase ständiger Kriegshandlungen. In den dazwischenliegenden, vergleichsweise kurzen konfliktfreien Phasen stieg der Anteil dauerhaft unter Waffen gehaltener Truppen stetig an. Doch erst seit dem Beginn des Spanischen Erbfolgekrieges und des Nordischen Krieges (1701–1721) lässt sich von Stehenden Heeren zumindest der großen Mächte und der armierten Reichsstände sprechen.

Das militärische Instrument diente dabei nicht nur als Mittel der Kriegführung, sondern wurde auch in Friedenszeiten als selbstverständlicher Faktor außenpolitischer Positionssicherung und Symbol fürstlicher Souveränität nach innen verwendet.

Aus der Erfahrung der europäischen Bürgerkriege überließen die intermediären Gewalten ihren Landesherren in der Hoffnung auf eine dauerhafte Sicherung des inneren Friedens das Gewaltmonopol. Aus der älteren, zunächst privatrechtlich orientierten Bindung zwischen dem Kriegsherrn und seinen Soldaten entstand allmählich ein öffentlich-rechtlich akzentuiertes Dienstverhältnis als Bestandteil eines sich herausbildenden Untertanenverbandes.

Angesichts fortdauernder kriegerischer Auseinandersetzungen erwuchs die Einsicht, dass letztlich nur eine starke Zentralgewalt Schutz vor und Kontrolle von Gewalt ermöglichen könne. Das Staatensystem, das sich am Ende des Dreißigjährigen Krieges herausgebildet hatte, litt von Anfang an unter einem Egalitätsdefizit, in dem sich an der Forderung nach Machterweiterung, Machtsicherung und im Kampf gegen Machtverlust fortgesetzt Kriege um Rangpositionen im europäischen Mächtesystem entzündeten. Ging es bis zum Ende des Dreißigjährigen Krieges noch um die Ausbildung eines gleichgeordneten europäischen Staatensystems (Staatsbildungskriege), so spiegelten die anschließenden Auseinandersetzungen in erster Linie Rangordnungsdifferenzen

Gewaltmonopol

Staatsbildungskriege/ Staatenpositionskriege

innerhalb des Staatensystems wider (Staatenpositionskriege), die sich auch in den zeitgenössischen Begriffen „Hegemonie" und „Gleichgewicht" abbildeten.

Die Teilnahme an diesen Auseinandersetzungen legitimierte sich aus der dem Herrscher übertragenen Pflicht, althergebrachte Rechte und territoriale und dynastische Ansprüche einzufordern sowie zu verteidigen und gestörte Mächtebeziehungen wiederherzustellen, um so die Wohlfahrt der Untertanen zu gewährleisten. Der innere Frieden des Gemeinwesens wurde durch die unbeschränkte außenpolitische Handlungsfreiheit des Monarchen gewährleistet, der die Erfüllung dieser Aufgabe nur durch eine angemessene, auf Dauer unterhaltene militärische Macht sicherstellen konnte.

Der Wunsch nach territorialer Integrität auf der einen und bündnispolitischer Attraktivität auf der anderen Seite führte dazu, dass kontinuierlich ein Großteil des Staatshaushaltes für den Unterhalt der Armeen auch in Friedenszeiten verwendet wurde. Das tatsächliche Gewaltmonopol gewann der frühmoderne Staat erst, als es den Herrschern gelang, die außerordentliche Steuerbewilligungen zur Aufstellung von in ihrem Einsatz zeitlich begrenzten Heeren in eine in ihrem Grundsatz unwidersprochene, wenngleich in ihrer Höhe aushandlungsbedürftige kontinuierliche Steuererhebung umzuwandeln. Der Staat garantierte nun den Schutz seiner Untertanen vor unkontrollierter Gewalt, indem er eine staatlich kontrollierte Militärorganisation errichtete, die ihrerseits durch regelmäßig erhobene Steuern finanziert wurde. Der „fiscal-military state" entstand als System staatlich gelenkter Ressourcenextraktion auf der Grundlage von Aushandlungskompromissen zwischen den intermediären Gewalten und dem Landesherrn. Hierarchisch organisierte, komplexe Organisationen, die ihren Führungskadern materielle Vorteile und soziale Aufstiegschancen eröffneten, waren nötig, um ständig unter Waffen gehaltene Formationen, Festungen, Kriegsflotten und Nachschubeinrichtungen zu errichten und zu erhalten. Der Staat des 18. Jahrhunderts erwartete von seinen Amtsträgern auftragsbezogene Fähigkeiten und forderte eine auf die Dynastie bezogene Loyalität ein. Im Gegenzug eröffnete er den kooperationswilligen lokalen Eliten erweiterte Möglichkeiten für Patronage und Klientelbeziehungen, sei es in der Verwaltung, dem Militär oder in wirtschaftlichen Unternehmungen zur Versorgung und Ausrüstung der Armeen.

Für die europäische Gesellschaft des 18. Jahrhunderts bildeten die Steuerforderungen des Staates, die Aufwendungen, aber auch die Perspektiven im Militärdienst ebenso wie in der Verwaltung berechenbare Elemente ihrer individuellen Lebensgestaltung. Diese begrenzte

„Fiscal-military state" *(Marginalie)*

Planbarkeit der eigenen Existenz und die in ihr eingeschlossenen Lebenschancen integrierten das Militär und die zu seinem Unterhalt notwendige Ressourcenextraktion in die gesellschaftliche Realität der Epoche. Erst als die Angehörigen der aufsteigenden nichtadligen Eliten seit der Jahrhundertmitte feststellen mussten, dass ihnen kein adäquater Platz in diesem Gesellschaftskompromiss zugeteilt war, wurden der Staat und sein Militär im bürgerlich-intellektuellen Diskurs der Zeit zum eigentlichen Exponenten der Friedensverweigerung und fortdauernden Kriegsbereitschaft stilisiert.

Vor diesem Hintergrund bildet die Militärkritik der Spätauf-klärung als Ergebnis des Siebenjährigen Krieges, an dessen Ende in Zentraleuropa keinerlei territoriale Veränderungen stattgefunden hatten, den Beginn einer gesellschaftlichen Fundamentalauseinander-setzung über die Rolle von Staat und Militär in der zeitgenössischen Gesellschaft. Eine aufgeklärt-intellektuelle Kritik am Militärwesen und ihren vorgeblich aus den städtischen und ländlichen Unterschichten stammenden Angehörigen bildete die düstere Hintergrundfolie, auf der im 19. Jahrhundert das partizipatorisch angelegte Gegenbild von Volksbewaffnung und Wehrpflicht, von Bürgerheer und Volk in Waffen propagiert wurde. Bis zum Ende des 20. Jahrhunderts bestimmte dieses Zerrbild gewaltsam zum Dienst gepresster geknechteter und malträtier-ter Kreaturen, fürstlicher Paradesoldaten und einer in Regeln erstarrten Kriegführung die populäre, bisweilen auch die gelehrte Beschäftigung mit dem Militärwesen des 18. Jahrhunderts.

Militärkritik der Spätaufklärung

An dieser Vorstellung hat die neuere militärgeschichtliche For-schung in den vergangenen zwanzig Jahren deutliche Korrekturen anzubringen vermocht, die sich an drei zentralen Feldern des zeit-genössischen Militärwesens festmachen lassen: der Rekrutierung, den sozialen und materiellen Lebensbedingungen und schließlich der Kriegführungsfähigkeit und Kriegspraxis der Epoche.

6.2 Menschen, Mittel und Material

Mit „Men, money, material" überschrieb der amerikanische Wirt-schaftshistoriker Charles Tilly die grundlegenden Bedingungen der neuzeitlichen Kriegführungsfähigkeit, und diese Einschätzung bleibt weiterhin gültig. Finanzielle Mittel, eine Organisation zu ihrer Beitrei-bung und ordnungsgemäßen Verwendung sowie potentielle Soldaten, rekrutiert aus Freiwilligen und zunehmend ausgehobenen Landesein-wohnern, bildeten die Grundvoraussetzungen der Kriegführung im 18. Jahrhundert. Sie wurden ergänzt durch eine militärische Verwal-

Heeresfinanzierung

tung, der die Beschaffung von Bekleidung, Waffen, Munition und Gerät übertragen war. Schließlich waren Unterkünfte und Lebensmittel sowie Zug- und Reittiere zur Verfügung zu halten. In allen diesen Bereichen schuf der frühmoderne Staat zentrale Einrichtungen, die jedoch auf die Mitwirkung regionaler, lokaler Amtsträger angewiesen waren, die ihrerseits ihre Unterstützung von den Vorteilen abhängig machten, die ihnen und den von ihnen vertretenen Gruppen daraus erwuchsen.

Auf der Ebene des Reiches erwies sich die Reichskriegsverfassung in erster Linie als eine Verteidigungseinrichtung der Reichskreise. Sie bildeten den Handlungsrahmen für die mindermächtigen Reichsstände, während die armierten Reichsstände eine Militärpolitik betrieben, die sich an ihrem angestrebten oder bereits erreichten Status im „Konzert der Mächte" orientierte. Insofern bestand ein latenter Interessenkonflikt zwischen der grundsätzlich defensiven Strategie der mindermächtigen Reichsstände und einer unter Umständen offensiven Strategie der armierten Territorien, soweit diese in die jeweilige Kreisverfassung integriert waren. Angesichts des sich anbahnenden Dualismus zwischen Österreich und Preußen erhielt dieses konstitutive Spannungsverhältnis noch eine zusätzliche politische Dynamik. Während die Kreisstände ihre Militärausgaben an ihren Bedürfnissen zur Verteidigung ihres Kreisgebietes maßen und somit alle Kosten für Offensivhandlungen vermieden, suchten die armierten Stände durch steigende Steuereinnahmen aus direkten Abgaben (Kontributionen) und Verbrauchssteuern (Akzise) ihr ständig unter Waffen gehaltenes Militärpotential und damit ihren außenpolitischen Marktwert zu steigern.

Subsidien   Erst ab einer gewissen numerischen Größe wurden ihre Heere als Auxiliarkräfte der großen Mächte relevant. Durch die Zahlung von regelmäßigen oder auf die Teilnahme an Feldzügen begrenzten Hilfsgeldern (Subsidien) ließ sich eine größere Armee unterhalten, als es die Wirtschaftskraft des Territoriums erlaubte. Subsidien wurden bisweilen durch politische Zugeständnisse flankiert, deren Einlösung nach Friedensschluss ebenso wie die Zahlung rückständiger Summen immer wieder zu erbitterten diplomatischen Auseinandersetzungen führten, die mitunter auch zu bündnispolitischen Frontwechseln Anlass gaben.

Während die Einhebung der Steuern in der Regel ständischen Vertretern überlassen blieb, wurde ihre Kontrolle ebenso wie die Überwachung der an die wirtschaftlich weitgehend selbstständig handelnden Kompaniechefs ausgegebenen Gelder landesherrlichen Kommissaren übertragen. In der Formationsphase des Stehenden Heeres während der zweiten Hälfte des 17. Jahrhunderts haben auch hier sozial, familiär oder regional bestimmte Netzwerke zwischen Kommissaren, ständischen Steuereinnehmern und Offizieren betrügerische Manipulationen zu Lasten der betroffenen Steuerpflichtigen wie der Soldaten ermöglicht.

Mit der Einrichtung dauerhafter Garnisonen wurden die Soldaten zu einem gewichtigen Faktor der lokalen Ökonomie. Die ihnen zugebilligten Soldzahlungen und unbaren Leistungen kamen der Wirtschaft ihres Quartierortes zu Gute: Dabei waren die lokalen und regionalen Obrigkeiten bestrebt, dass diese Leistungen unmittelbar an die Quartierwirte oder mittelbar durch die Soldaten als Konsumenten in den Wirtschaftskreislauf der Gemeinden flossen. Unbeschadet aller Klagen, zu denen Fremde immer Anlass gaben und Anlass boten, bestand somit im 18. Jahrhundert eine ökonomisch definierte Interessengemeinschaft zwischen Bevölkerung und Militär. *Garnison und lokale Ökonomie*

Der erneute Aufstieg der Fußtruppen führte zu ständig steigenden Truppenstärken, die im Spanischen Erbfolgekrieg im europäischen Maßstab ihren Höhepunkt erreichten und die sich bei einzelnen armierten Reichsständen, wie etwa Preußen, aus machtpolitischen Erwägungen während des 18. Jahrhunderts sogar noch fortsetzten. Vor diesem Hintergrund suchten die armierten Reichsstände seit den letzten Jahrzehnten des 17. Jahrhunderts nach Möglichkeiten, über die Aushebung von Landeseinwohnern die Präsenzstärken ihrer stehenden Kontingente zu vergrößern. *Aushebung von Landeseinwohnern*

Angesichts wirtschaftlicher Prosperität in den Territorien des Reiches erwies sich die freiwillige Werbung als traditionelle Ergänzung der Söldnerheere zunehmend schwieriger. Der Militärdienst mit seiner geringen, aber regelmäßig geleisteten Besoldung und Versorgung erschien nur denjenigen attraktiv, deren Einkommen aufgrund unregelmäßiger Beschäftigung und der Abhängigkeit von konjunkturellen Schwankungen am unteren Rand angesiedelt war. Für sie wurde ein zeitlich begrenzter Militärdienst zu einem selbstverständlichen und sozial akzeptierten Bestandteil ihrer Lebensplanung. Sobald aus diesem Bevölkerungssegment nicht mehr genügend Freiwillige gewonnen werden konnten, griffen die Regimenter zur Auffüllung ihrer Mannschaftsstärken zu gewaltsamen Werbungen. Für das bevölkerungsarme Preußen, das unter der Regierung Friedrich Wilhelms I. seine Armee auf 80 000 Mann verdoppelte, führte diese Praxis zu erheblichen innenpolitischen Spannungen und Störungen der Wirtschaftstätigkeit. Während andere armierte Reichsstände auf die Aushebung von Landeseinwohnern als Ergänzung des Söldnerheeres in der Regel nur in Kriegszeiten zurückgriffen, entwickelte sich in Preußen in einem evolutionären Prozess der Streitschlichtung zwischen Regimentern und lokalen Amtsträgern

Kantonsystem in Brandenburg-Preußen

Garnison und Bevölkerung

schließlich ein systematisiertes Verfahren der begrenzten Aushebung von Landeseinwohnern zum Militärdienst. Das „Kantonsystem" wies den Regimentern zur Ergänzung ihrer Mannschaft Regimentskantone zu, aus denen sie in Absprache mit den lokalen Autoritäten nach bestimmten Kriterien wie etwa Größe, Lebensalter, Familienstand sowie sozialer und wirtschaftlicher Entbehrlichkeit Wehrfähige für die Truppe reklamieren und in die Stammrolle einer Kompanie des Regiments „enrollieren" konnten. Die Soldaten wurden zunächst einige Monate ausgebildet, um später in Friedenszeiten, außerhalb der Saat- und Erntezeit, jährlich zu mehrwöchigen Übungen und Truppenappellen einberufen zu werden. Zwar war die unmittelbare Dienstzeit nur kurz, doch blieb der Soldat als beurlaubter Kantonist während seiner gesamten Dienstpflicht der Militärjustiz unterworfen und damit ein Stück weit der grundherrlichen Gerichtsbarkeit entzogen. Aus der Perspektive des Kantonisten, für den die militärischen Vorgesetzten für zehn Monate eines Jahres fern, die grundherrliche Obrigkeit aber umso näher war, besaß diese Regelung unbestreitbare Vorteile, zumal die Krone, um Interessenkollisionen zu vermeiden, darauf bedacht war, dass die Kompaniechefs nicht in dem Kanton begütert waren, aus denen ihr Mannschaftsersatz stammte. Während die dienstpflichtigen Kantonisten in Friedenszeiten nur etwa ein Drittel des Stehenden Heeres ausmachten, konnte ihr Anteil in Kriegszeiten, wenn die auswärtigen Werbeplätze in den größeren Städten des Reiches durch die Kriegshandlungen oder bündnispolitisch motivierte Verbote der jeweiligen Landesherren verschlossen waren, auf zwei Drittel ansteigen. Etwa zehn Prozent der kantonpflichtigen Bevölkerung hat während der Kriege Friedrichs II., vor allem während des verlustreichen Siebenjährigen Krieges, in der preußischen Armee gestanden – eine Quote, die erst mit den Massenheeren des 20. Jahrhunderts wieder erreicht und übertroffen werden sollte.

Mit der Institutionalisierung des Stehenden Heeres wurde auch die Anwesenheit von Truppenteilen in ihren Garnisonen zu einer dauerhaften Einrichtung. In der Regel blieb ein Regiment über mehrere Jahre, bisweilen auch Jahrzehnte, an einem Ort. Angesichts einer begrenzten geographischen Mobilität der frühneuzeitlichen Gesellschaft mussten aus der dauerhaften Anwesenheit als fremd empfundener Soldaten und ihrer Angehörigen in der räumlichen Enge einer Stadt soziale Spannungen zwischen Truppe und Einwohnerschaft entstehen. Sie wurden durch erhebliche Einschränkungen der rechtlichen Befugnisse des Magistrates und zusätzliche finanzielle Aufwendungen insgesamt noch verschärft.

Zunächst wurde die Truppe nur in Festungsstädten in eigens für sie errichteten Unterkünften beherbergt, während „beweibte" Soldaten im späteren 18. Jahrhundert darauf hoffen konnten, in kasernenartigen Gebäuden untergebracht zu werden. Der spätere Begriff der „Mietskaserne" besitzt hier seinen Ausgangspunkt. Die Masse der Soldaten   Einquartierung wurde hingegen bei Bürgern einquartiert, die gemäß ihrer fiskalischen Leistungsfähigkeit je eine Stube für zwei Soldaten, deren Einrichtung sowie Feuerholz, Licht, Salz und landesübliche Gewürze zur Verfügung stellen mussten. Dieser „Servis" konnte als Sach- oder Geldleistung erbracht werden. Die ständige Präsenz eines Fremden, seine Anwesenheit im Wohnraum des Wirtes und vor allem die Mitbenutzung der Küche und ihrer Gerätschaften mussten Konflikte provozieren. Daher suchten sich wohlhabende Bürger dieser Belastung durch Geldzahlungen zu entledigen, damit Angehörige der ärmeren Bevölkerungsgruppen für dieses Zusatzeinkommen entsprechende Unannehmlichkeiten in Kauf nahmen. Es ist daher davon auszugehen, dass in der Regel Soldat und Wirt vergleichbaren unterbürgerlichen Verhältnissen entstammten, wodurch auch das Zusammenleben erleichtert wurde. Außerhalb des zeit   „Freiwächter" lich begrenzten Wach- und Garnisonsdienstes durfte sich der Soldat als „Freiwächter" zusätzliche Verdienstmöglichkeiten erschließen, die er bisweilen bei oder in Zusammenwirken mit seinem Wirt ausübte. Aus dieser Form der wirtschaftlichen Kooperation und sozialen Koexistenz erwuchsen zunehmend familiäre Bindungen, etwa Eheschließungen und Patenschaften. Obwohl in den meisten europäischen Staaten nur ein Drittel der Soldaten einer Kompanie verheiratet sein durfte, stieg im Verlauf des 18. Jahrhunderts, angesichts des dauerhaften Zusammenlebens von Bevölkerung und Militär, der geduldete Umfang verheirateter Soldaten auf bis über sechzig Prozent an. Einerseits befürchteten die Regierungen eine Zunahme unversorgter Familienangehöriger, andererseits glaubte man in einer Eheschließung von Soldaten ein Mittel gegen Desertionen gefunden zu haben. Indem sie sich die Gewährung eines Heiratskonsenses finanziell vergüten ließen, waren auch die Kompaniechefs an einer Begrenzung dieser Praxis nicht unbedingt interessiert. Die Beurlaubung der Kantonisten und die Freistellung der unterschiedslos als Ausländer bezeichneten, nicht kantonspflichtigen, geworbenen Soldaten (Freiwächter) ersparte den Kompaniechefs nicht unbeträchtliche Summen aus den ihnen zugewiesenen Pauschalbeträgen für Sold und Verpflegung der Soldaten. Mit diesem Geld ließen sich auswärtige Werbungen finanzieren, die Ausstattung und Instandhaltung der Ausrüstung gewährleisten, aber auch private Gewinne erwirtschaften.

Um nicht nur elternlosen, sondern generell Kindern aus unbemittelten Soldatenfamilien einen christlichen Lebenswandel und eine

„Großes Potsdamer Militärwaisenhaus"

berufliche Perspektive zu eröffnen, hatte in Preußen bereits Friedrich Wilhelm I. ein Militärwaisenhaus errichtet. Was zunächst einer paternalistischen Fürsorge und Disziplinierungsabsicht entsprang, wurde unter der Regierung Friedrichs II. zu einer Anstalt, die in Anwendung aufgeklärter Nützlichkeitsvorstellungen diese Zöglinge einer extensiven Kinderarbeit unterwarf. Die beeindruckende Architektur des Großen Potsdamer Militärwaisenhauses entsprach dabei dem fürstlichen Repräsentationswillen und symbolisierte öffentlichkeitswirksam die Fürsorge des Herrschers für seine Militärbevölkerung, wie sie in Frankreich mit dem Hôtel Royal des Invalides bereits im ausgehenden 17. Jahrhundert beispielhaft vorgeführt worden war.

Invaliden-
versorgung

Nur ein Bruchteil der in den Kriegen des 18. Jahrhunderts verstümmelten ehemaligen Soldaten wurde im Rahmen einer Gnadengewährung in ein Invalidenhaus aufgenommen. Die Masse der nicht mehr diensttauglichen Soldaten wurde, sofern sie die begrenzte medizinische Behandlung der „Feldschere" und „Regimentschirurgi" wie auch die Versorgung in den zumeist privat geführten Lazaretten überlebt hatten und nicht in ihren Familien versorgt werden oder eine der wenigen öffentlichen Posten für invalide Soldaten ergattern konnten, der privaten und kirchlichen Mildtätigkeit überlassen. Am Beispiel der Behandlung invalider Soldaten werden Restbestände des älteren privatrechtlichen Kontraktverständnisses erkennbar. Der Soldat hatte seine Körperkraft gegen Sold vermietet; ging ihm diese verloren, so galt der Vertrag als gelöst und der Dienstherr war somit nicht mehr verpflichtet, für den weiteren Lebensunterhalt des ehemaligen Soldaten zu sorgen.

Desertion

Dieses ungewisse Schicksal in Kriegszeiten vor Augen, suchten viele Soldaten, zumal familiär ungebundene und landfremde Soldaten, sich ihm durch Desertion zu entziehen. Im Gegensatz zu den Verhältnissen im 19. Jahrhundert, als der Militärdienst zum Ehrendienst an der Nation erhoben und Desertion als schimpfliches Verbrechen galt, löste der Soldat im 18. Jahrhundert damit nur einseitig den Dienstkontrakt mit seinem Kriegsherrn auf. Die Motive, die ihn dabei leiteten, waren vielfältig: Sei es, dass er gewaltsam und betrügerisch geworben worden war, die Härte der Ausbildung nicht ertragen konnte und die beste Gelegenheit zur Flucht nutzte, sei es, dass ihm die Verabschiedung nach Ablauf der vereinbarten Dienstzeit nicht gewährt oder eine Heirat verweigert worden war. Bisweilen hatte der Soldat unter konjunkturell günstigeren Verhältnissen ein attraktiveres Angebot in seinem angestammten Beruf erhalten oder sich schlicht nicht den Risiken von Verwundung und Verstümmelung aussetzen wollen. Die immer wieder erneuerten Amnestieverfügungen und die Wiedereingliederung

verurteilter, aber dienstfähiger Deserteure lässt erkennen, dass es sich in
den Augen der Obrigkeit keineswegs um ein ehrenrühriges Verbrechen
handelte, sondern eher um einen Bruch des Dienstvertrages, was zwar
einen Gesetzesverstoß darstellte, der aber durch entsprechende Strafmaßnahmen gesühnt werden konnte, zumal es immer darum ging, die
Dienstfähigkeit des Soldaten zu erhalten.

Die Kombination von Miliz und Stehendem Heer in der ersten
Hälfte des 18. Jahrhunderts, besonders ausgeprägt in Brandenburg-
Preußen, sah mehrjährige Dienstverpflichtungen mit Verlängerungs-
möglichkeit für die geworbenen und eine theoretisch lebenslange
Dienstpflicht für die ausgehobenen Kantonisten vor. Die effektive
Dauer des militärischen Dienstes, das heißt, die Zeit, in der der Soldat
unmittelbar Wach- und Exerzierdienst leistete, war in Friedenszeiten
in beiden Gruppen jedoch so gering, dass von einer die Gesamtper-
sönlichkeit prägenden Militarisierung nicht die Rede sein kann. Der
Militärdienst stellte vielmehr eine sozial akzeptierte zeitlich begrenzte Tätigkeit dar, die ihren Träger zumindest in seiner unmittelbaren
sozialen Lebenswelt keineswegs stigmatisierte. Dem ausgehobenen
Kantonisten eröffnete sie über das Militärrecht, dem er auch außerhalb
des Dienstes unterworfen blieb, sogar die Möglichkeit, in Konfliktfällen
die Jurisdiktion von Gutsherrschaft und Kompanie zu seinem Vorteil
gegeneinander auszuspielen. Weiterhin ist die Berechenbarkeit der
Daseinsgestaltung, der der Kantonist unterworfen war, nicht zu gering
zu veranschlagen. So galt in Frankreich etwa der „tirage au sort", die
Auslosung der dörflichen Untertanen für den Dienst in der Miliz, als
verabscheuungswürdiges Beispiel fürstlicher Despotie. Schließlich darf
nicht übersehen werden, dass in Friedenszeiten nur ein vergleichsweise
geringer Prozentsatz der Wehrfähigen zur Kantonspflicht herangezogen
wurde. Die Festlegung einer Mindestgröße diente dabei nicht nur
den Erfordernissen der militärischen Ausbildung, sondern hinderte
die Regimenter auch daran, eine übergroße Anzahl von zusätzlichen
Mannschaften (Überkomplette) einzuziehen.

Die Notwendigkeit, Ressourcenmobilisierung für ein überdi-
mensioniertes Heer mit der wirtschaftlichen Leistungsfähigkeit des
Landes in Übereinstimmung zu bringen, zwang die Landesherrschaft
zu ständigen Aushandlungskompromissen mit den lokalen Autoritäten,
wobei die herrschaftlichen Amtsträger, selbst verwurzelt in einem viel-
schichtigen regionalen Beziehungsgeflecht, den Regimentern weniger
Erfüllungsgehilfen als Mediatoren, bisweilen sogar Widerpart gewesen
sind. Eine soziale Militarisierung dieser zerklüfteten frühmodernen Le-

Form und Dauer der militärischen Dienstpflicht

benswelt und ihrer Angehörigen war unter diesen Bedingungen weder möglich, noch bildete sie für die Herrscher eine Handlungsoption.

Der Offizier als Inhaber eines Amtes (officium)

In der Tradition der Ämter (*officia*) innerhalb der Söldnerheere des 16. Jahrhunderts wurde auch im 17. Jahrhundert daran festgehalten, alle Funktionsträger eines Regiments oder einer Kompanie gemeinsam auf der ersten Seite der Musterrolle (*prima plana*) einzurangieren. Innerhalb der militärischen Generation des Dreißigjährigen Krieges dominierten Kriegserfahrung, finanzielle Leistungsfähigkeit und familiäre Vernetzung die militärische Rangposition. Erst von der Ebene der Regimentsinhaber aufwärts überwog der Anteil adliger Stelleninhaber. Im Verlauf eines jahrzehntelangen mit unterschiedlicher Intensität geführten Integrationsprozesses gelang es den Landesherren, Angehörige ihrer Adelsgesellschaft zumindest zeitweise als Offiziere in den Militärdienst einzubinden. Zweifellos hat das Militär als eine Sozialisationsagentur unter anderen für die Adelsgesellschaften im Reich eine besondere Rolle gespielt. Dabei ging es weniger um das Ausleben atavistisch-aggressiver Grundmuster adligen Selbstverständnisses als vielmehr um die Durchsetzung von Familieninteressen auf der Grundlage ökonomischer, sozialer und regional ständischer Orientierungen. Der Dienst als Offizier war damit eine unter mehreren Optionen sozialer Statussicherung und Instrument zur Positionsverbesserung. Zweifellos lag es im Interesse der Landesherren, seinen landsässigen Adel über eine Tätigkeit, die mit dem Selbstverständnis seiner Angehörigen in besonderer Weise harmonierte, stärker an sich zu binden. Dabei stand diese Verwendung unter Umständen in Konkurrenz zu gleichzeitigen

Die Rolle des „Kompaniechefs"

Aufstiegschancen im Hof- oder seltener im Kirchendienst. Während nachgeborene Söhne häufig zunächst im Heer dienten, kamen sie als Subalternoffiziere um ihren Abschied ein, wenn sich ihnen die Übernahme eines Gutes bot oder sie erkennen mussten, dass sich ihnen die wirtschaftlich auskömmliche Position eines Kompaniechefs nicht eröffnen würde. Auf der anderen Seite erforderte die Übernahme einer Kompanie das Vorhandensein eines gewissen Kapitals, um die vom Vorgänger beschaffte Ausrüstung der Einheit finanziell ablösen zu können. In einzelnen, häufig kleineren Reichsterritorien scheint der Anteil von Offizieren bürgerlicher Herkunft höher gewesen zu sein als etwa in Preußen, wo in der zweiten Hälfte des 18. Jahrhunderts etwa fünfundachtzig Prozent des Offizierkorps zum Adel zählten. Damit bestätigt sich ein Befund, der bereits für die Angehörigen des Mannschaftsstandes konstatiert werden konnte: der Dienst als Offizier war für die Mehrzahl eine transitorische Phase ihrer Lebensgestaltung und wurde in der Regel unterhalb der Ebene des Kompaniechefs beendet.

Zu den Inhabern der Kompanien fühlten sich nur die berufen, die es sich wirtschaftlich leisten konnten und hofften, auf diese Weise ihre materielle Situation zu verbessern. Erst ab der Ebene der Hauptleute findet sich eine Gruppe von Offizieren, die als Berufssoldaten bezeichnet werden können. Sie ist vom Umfang der zur Verfügung stehenden Stellen her begrenzt gewesen.

Bereits unmittelbar nach seinem Regierungsantritt hatte der preußische König Friedrich Wilhelm I. 1713 die bis dahin gültige dienstrechtliche Einheit von Ober- und Unteroffizieren aufgehoben. Für Offiziere galt seither eine Standesordnung, die sich am adligen Ehrenstandpunkt (*point d'honneur*) orientierte, diesen aber in eine funktionsspezifische Reputation einband. Das Instrument der Anciennität, das die Beförderung der Offiziere von einer bestimmten Verweildauer im bisherigen Dienstgrad abhängig machte, ging vom Grundsatz einer Gemeinschaft sozial gleicher Funktionsträger aus und entsprach damit der Struktur der in Preußen weitgehend homogenen Adelsgesellschaft ebenso wie den Anforderungen einer auf Erfahrung gegründeten militärischen Professionalität. Dagegen bildete sich innerhalb der militärischen Hierarchie etwa des habsburgischen Gesamtstaates, ähnlich wie in Frankreich, die Struktur einer binnendifferenzierten Adelsgesellschaft ab, in der die Angehörigen des Hochadels, ihrem sozialen Rang entsprechend, die Spitzenpositionen einnahmen.

Anciennität

Verabschiedete oder invalide Unteroffiziere und Offiziere wurden nur in begrenztem Umfang in nichtmilitärische Verwaltungsfunktionen eingewiesen. So fanden Unteroffiziere in der Regel eine Betätigung in untergeordneten Verwaltungstätigkeiten, etwa als Torschreiber, bisweilen auch als Lotterieeinnehmer. Der verabschiedete oder invalide preußische Unteroffizier als Dorfschullehrer gehört hingegen zu den zählebigen Legenden des 19. Jahrhunderts. Ehemalige Offiziere scheiterten zunehmend an den für höhere Tätigkeiten in der Verwaltung geforderten professionellen Kenntnissen, etwa dem sich im späteren 18. Jahrhundert durchsetzenden Juristenprivileg. Militärisch bestimmte Normen ließen sich also auch nicht auf diese Weise der Gesellschaft außerhalb des Militärs vermitteln.

Versorgung verabschiedeter Offiziere und Unteroffiziere

Abweichende in sozio-kulturellen Traditionen rückgebundene Wertvorstellungen der europäischen Adelsgesellschaft fanden auch einen unterschiedlichen Ausdruck innerhalb der verschiedenen militärischen Gesellschaften. Daraus ergibt sich, dass angesichts differenzierter Versorgungsmöglichkeiten der unterschiedlichen Bedeutung regionaler ständischer und landesherrlicher Institutionen für die Repräsentation adligen Standesbewusstseins oder einer begrenzten infrastrukturellen Durchdringung der Territorien, der integrative Symbolwert des Militärs eine unterschiedlich intensive Bedeutung erlangte.

Bedeutung
der Uniform

Die Uniform als transzendentes Element erwünschter politischer Geschlossenheit besaß in Preußen ebenso wie in Schweden und Russland, im späten 18. Jahrhundert auch in Österreich, eine gesteigerte Bedeutung, auf die etwa in Frankreich angesichts kulturell intensiver verankerter Symbole territorialer Geschlossenheit und monarchischer Herrschaft verzichtet werden konnte. Insofern galt die Uniform als des „Königs Rock" in Preußen unter Friedrich Wilhelm I. noch keineswegs als Ausdruck einer sozialen Militarisierung. Als defensives Instrument bündnispolitischer Einflussnahme erschien das preußische Heer den auswärtigen Beobachtern eher als „Potsdamer Wachtparade", als Spielzeug eines skurrilen, aber friedfertigen Herrschers.

König Friedrich II.
als
„roi connetable"

Erst die unerwarteten militärischen Erfolge der preußischen Armee seit den vierziger Jahren des 18. Jahrhunderts veränderten die Wahrnehmung, in deren Rahmen der massenwirksam propagierte Nimbus des auf dem Schlachtfeld präsenten „roi-connetable", des jugendlich aufgeklärten „roi-philosophe" Friedrich II. die begrenzten strukturellen Voraussetzungen der preußischen Kriegführungsfähigkeit überstrahlte. Die damit einhergehende Selbstständigkeit in operativen Entscheidungen bot dem preußischen König einen nicht einholbaren Vorteil gegenüber seinen in der Regel von den Machtverhältnissen und Entscheidungsprozessen ihrer Höfe abhängigen Gegnern.

Eine in ihrem Umfang vergleichsweise bescheidene und weitgehend reibungslos verlaufende Ressourcenmobilisierung von Menschen, Finanzmitteln und Material und eine rigide Ressourcenextraktion in den besetzten Gebieten verfehlten ihre Wirkung ebenso wenig wie Gefechtsdisziplin und Standhaftigkeit der preußischen Infanterie.

Im Vergleich zu den anderen armierten Reichsständen und dem habsburgischen Kaiserhaus war Preußen in der Mitte des 18. Jahrhunderts eine im Rahmen der europäischen Verhältnisse angesiedelte Militärmonarchie. Eine von sozialer Militarisierung getränkte Gesellschaft war sie gleichwohl nicht und konnte es nach den zeitgenössischen Möglichkeiten herrschaftlicher Durchdringung auch nicht sein.

II. Grundprobleme und Tendenzen der Forschung

1. Strukturveränderungen in der Kriegführung des Spätmittelalters

Die Wissenschaftsorganisation der Geschichtswissenschaft orientiert sich zumindest in Deutschland noch immer, wenngleich mit abnehmender Tendenz, an den gewohnten epochenbezogenen Trennungslinien seiner Teildisziplinen und Lehrstühle. Bei der Beschäftigung mit Erscheinungsbild und Formen von Krieg und Kriegführung fällt es jedoch schwer, Spätmittelalter und frühe Moderne plausibel voneinander abzugrenzen.

Sie werden daher in diesem Forschungsüberblick entwicklungsgeschichtlich als Einheit betrachtet, womit sich die Möglichkeit eröffnet, die von der modernen Militärgeschichtsschreibung vorgeschlagenen deutlich abweichenden chronologischen Zäsuren in methodischer und inhaltlicher Perspektive zu diskutieren [39: H. BRUNNER, Der Krieg, VII–XIX; dagegen zutreffend 199: H.-H. KORTÜM, Kriegstypus, 73].

Die angelsächsische Militärgeschichtsschreibung, die im Gegensatz zur deutschsprachigen Forschung ein besonderes Interesse an Entwicklungsprozessen im technisch-taktischen Bereich der unmittelbaren Kriegführung besitzt, beschäftigt sich seit einiger Zeit im Kontext des theoretischen Konzeptes der Militärischen Revolution mit einer Erweiterung des bisherigen zeitlichen Rahmens. Angesichts der technischen Innovationen seit der Mitte des 15. Jahrhunderts, die als Bestandteil einer „Artillerierevolution" angesehen werden, erfolgte notwendigerweise die Entwicklung neuartiger taktischer Bewegungen, ein Prozess, der in der oranischen Heeresreform seinen sichtbaren Ausdruck fand.

Artillerierevolution des 15. Jahrhunderts

Dieser Interpretation liegt die aus unserer Gegenwart vertraute Vorstellung einer ständigen Rüstungsspirale zugrunde. In einem sich wechselseitig stimulierenden Verhältnis greifen demographische, ökonomische und soziale Faktoren ineinander. Dabei wollen sich soziale Gruppen, die gewaltsam um die Erweiterung politischer Einflusssphären konkurrieren, durch die Entwicklung immer effizienterer

Gewaltmittel wechselseitig überbieten [227: C. ROGERS, The Military Revolution, dagegen 197: M. KNOX/W. MURRAY, The Dynamics].

Nach diesem Verständnis reagierte bereits die Artillerierevolution auf den Einsatz immer größerer, schon im Verlauf des 14. Jahrhunderts zunehmend selbstständig operierender Fußtruppenkontingente. Der Einsatz dieser Formationen bedurfte, um erfolgreich zu sein, der Beachtung bestimmter taktischer Grundsätze, einer zunehmend vereinheitlichten Ausrüstung und der Beherrschung der verwendeten Waffen. Er setzte grundlegende Organisationsstrukturen voraus, über deren Vorhandensein und Wirkung sich die westeuropäische Forschung zunehmend bewusst geworden war [251: P. CONTAMINE, Guerre; 261: M. H. KEEN, Medieval Warfare, 3–8].

Auf dieser Grundlage entstand ein neuartiges Verständnis mittelalterlicher Militärgeschichte. Ihr lag eine erweiterte Definition von organisiertem Gewalthandeln zugrunde. Die von der älteren Forschung geradezu kanonisch vertretene Ansicht, mittelalterliche Gesellschaften wiesen keinerlei Charakterzüge von Staatlichkeit auf, orientierte sich an Vorstellungen von Staat, wie sie das 19. Jahrhundert entwickelt hatte. Folgerichtig konnte es auch keine Kriege und damit keine regulierte Kriegführung geben, die schließlich ihrerseits auf bestimmten Organisationsformen hätte beruhen müssen, die noch nicht ausgebildet gewesen seien. Vor diesem Hintergrund wurden vor allem in der deutschen Forschung gewaltsame Auseinandersetzungen innerhalb der mittelalterlichen Gesellschaft weitgehend undifferenziert als Fehden bezeichnet, in denen der individuelle und kollektive Gewaltaustrag in erster Linie als privatrechtlich angelegter Akt der Rechtsfindung angesehen wurde [82: W. JANSSEN, Krieg, 568–571; 56: P. THORAU, Krieg, 1525–1527; 94: H.-H. KORTÜM, „Wissenschaft im Doppelpass"; 99: B. R. KROENER, Krieg, 137]. Schlachten erfolgten nach dieser Vorstellung nicht als in bestimmten taktischen Regeln vollzogener Gewaltaustrag, sondern als Summe ritterlicher Einzelkämpfe, in der der Beitrag der Fußkontingente hinsichtlich des Schlachtverlaufs und seines Ergebnisses jedoch von nachgeordneter Bedeutung gewesen waren. Die neuere Forschung hat in den vergangenen Jahren zunächst die kulturellen Wurzeln, die Erfahrungen, Deutungen und Werthaltungen untersucht, die der mittelalterlichen Kriegführung zugrunde liegen. Über eine vertiefte Analyse der unterschiedlichen Kriegstypen gelangte sie zu neuen Einsichten über die Zusammensetzung, Ausrüstung und Kriegspraxis mittelalterlicher Gewaltformationen und die Wirkungen des Krieges auf die lebensweltliche Bewältigung erfahrener Gewalt

Krieg im Spätmittelalter

[271: M. Prietzel, Kriegführung; 265: H.-H. Kortüm, Kriege und Krieger; 249: M. Clauss, Ritter].

Ausgehend von den grundlegenden Forschungen J. F. Verbruggens erfolgte seit den späten 1960er Jahren zunächst in der angelsächsischen und später in der französischen Forschung ein allmählicher Paradigmenwechsel, der in der deutschen Historiographie erst mit erheblicher Verspätung seit den 1990er Jahren zum Durchbruch gelang [307: M. Mallett, Mercenaries; 243: A. Ayton/J.L. Price, The Medieval; 253: P. Contamine, La guerre; 199: H.-H. Kortüm, Kriegstypus].

In diesem Kontext wurde ausgehend von der angelsächsischen Forschung die Militärgeschichte des 14. Jahrhunderts als „Infantry Revolution" bezeichnet, die der Artillerierevolution des 15. Jahrhunderts als Reaktion auf die Befestigungsanlagen der Städte vorausgegangen sei [254: K. DeVries, Medieval Warfare]. Damit wurde einem entwicklungsgeschichtlichen Determinismus das Wort geredet, dessen zentrale Elemente in „technological change, system development, operational innovation and organizational adaptation" bestanden hätten. Die grundlegenden politischen, sozialen und ökonomischen Veränderungen der Zeit seien mithin Folgen einer so verstandenen, in erster Linie an Effizienzgesichtspunkten orientierten „Militärischen Revolution" gewesen [227: C. Rogers, The Military Revolution, 61f.]. *„Infantry Revolution" des 14. Jahrhunderts*

Dagegen ist zu Recht eingewandt worden, dass die zeitgenössischen Heere noch bis zum Ende des 15. Jahrhunderts über umfangreiche berittene Kontingente verfügten, der Siegeszug der Infanterie sei erst im 16. Jahrhundert eingetreten [280: J. Stone, Technology, 364].

Eine Militärgeschichte, die militärische Innovationen, seien sie nun technischer, taktischer oder organisatorischer Art, als Motor soziopolitischer Veränderungen begreift, verwechselt jedoch Ursache mit Wirkung. Es waren in erster Linie externe strukturelle Bedingungen, Welt- und Gesellschaftsbilder, die zu Veränderungen in der zeitgenössischen Kriegführung führten und deren Effizienz zu steigern vermochten.

Zu den strukturellen Voraussetzungen des selbstständigen Einsatzes von Fußtruppen zählt zweifellos die demographische Situation, vor allem und zunächst in den regionalen Verdichtungsräumen der flandrischen und oberitalienischen Stadtlandschaften. Als genereller Beleg für diese Interdependenz, darauf hat K. DeVries [254: Medieval Warfare] hingewiesen, mag auch gelten, dass die Verwendung größerer Kontingente von Fußtruppen in den Schlachten seit der Mitte des 14. Jahrhunderts zunächst rückläufig war, was auf den durch die Pestschübe verursachten Bevölkerungsrückgang in Europa zurückgeführt werden *Demographische Veränderungen* kann. Erst mit der Bevölkerungszunahme, die im 16. Jahrhundert ihren Höhepunkt erreichte, begann der erneute Anstieg der Fußtruppen, der erst durch die enormen Menschenverluste während des Dreißigjährigen Krieges gebremst und seit Beginn des 18. Jahrhunderts wieder zu einem Kontinuum europäischer Massenheere wurde.

Wehrverfassung der Städte In einer Zeit, in der sich erst allmählich ein protostaatliches Gewaltmonopol etablierte, besaßen die Städte aufgrund ihrer Bevölkerungsdichte, Verwaltungsstrukturen, finanziellen Leistungsfähigkeit und nicht zuletzt den Möglichkeiten zur Herstellung der zur Ausrüstung von Fußtruppen notwendigen Waffen erhebliche Vorteile. Ausgehend von einer im Schutz der Stadtbefestigungen entwickelten Verteidigungsorganisation, die sich auf der Grundlage kleinteiliger sozialer Zusammenhänge und Abhängigkeiten entwickelte, entstand eine Kleingruppenkohäsion, die darüber hinaus keines übergeordneten kämpferischen Ethos bedurfte. Dies gilt neben den städtischen Aufgeboten auch für die in Clanverbänden kämpfenden Schotten, die Angehörigen der Schweizer Gewalthaufen oder die konfessionell, sozial und lokal verbundenen hussitischen Kämpfer. Ihr Selbstbewusstsein überwand schließlich ihre Furcht vor dem Angriff schwer gerüsteter Panzerreiter. Eine unterstützende Funktion besaßen in diesem Zusammenhang die sich zu Fuß am Kampf beteiligenden Angehörigen der städtischen Eliten und die in Dienst genommenen Söldnerkontingente. Seit dem 13. Jahrhundert auch in Städten des Reiches nachweisbar, waren sie zunächst beritten und wurden erst gegen Ende des 15. Jahrhunderts durch geworbene Fußknechte ergänzt. [284: B. M. WÜBBEKE, Das Militärwesen, 71; 275: B. SAUERBREY, Braunschweig, 124f.]. Neuere Forschungen zur Wehrverfassung der Städte im ausgehenden Mittelalter sind noch immer Ausnahmeerscheinungen. Häufig stellen die Bearbeiter der entsprechenden Abschnitte einzelner Stadtgeschichten bedauernd fest, dass die Geschichte des städtischen Wehrwesens, zumal im Mittelalter, noch nicht geschrieben sei, und beschränken sich dementsprechend auf wenige kursorische Bemerkungen.

Im Verlauf des 15. Jahrhunderts, ein Jahrhundert später als ihre italienischen Vorläufer, entstanden vor allem in der oberdeutschen Stadtlandschaft kombinierte Wehrformen, die die Verteidigungspflicht der Bürger mit dem Einsatz zunächst vornehmlich berittener Söldner kombinierte, welche die Stadt in Spannungszeiten in Dienst nahm, um Geleitschutz, Botendienste und die Sicherung des städtischen Umlandes zu garantieren. In den folgenden Jahrzehnten setzte sich innerhalb der städtischen Verteidigungseinrichtungen, aber auch bei ihren fürstlichen Gegnern, die Verwendung geworbener Fußknechte durch. Professionelle Kriegsknechte erwiesen sich, aller gegenteiligen zeitgenössischen Polemik zum Trotz, in der Regel den gut bewaffneten und motivierten Kontingenten der städtischen Aufgebote als überlegen. Eine Gefahr ging dann von ihnen aus, wenn sie, unbeschäftigt in bandenmäßigen Zusammenschlüssen organisiert, sich ihren Lebensunterhalt gewaltsam suchten oder sich im Konflikt über die Erfüllung ihrer vertraglichen Vereinbarungen mit ihren Führern verselbstständigten und Krieg auf eigene Rechnung führten.

In dem Maße, in dem diese Kontingente zahlenmäßig umfangreicher wurden, entwickelten sie sich zu Wirtschaftsunternehmen, deren Inhaber unter Vertragsbedingungen auf einem „Gewaltmarkt" agierten, auf dem ökonomische Zielstellungen nicht selten die politischen überlagerten [57: G. ELWERT, Gewaltmärkte, 86–101; 117: H. MÜNKLER, Die neuen Kriege, 33–43; 265: H.-H. KORTÜM, Kriege, 127]. „Gewaltunternehmer"

Nicht eine persönliche Loyalität zu seinem Auftraggeber, der ihn in ein Dienstverhältnis übernahm und ihm ein entsprechend ausgestattetes Amt (*officium*) verlieh, wie es sich im späteren Begriff des Offiziers widerspiegelt, sondern ein privatrechtliches Vertragsverhältnis (*condotta*), das detailliert Soldzahlungen, Dienstzeit und Schadensersatz regelte, bildete die Grundlage der wechselseitigen Beziehungen.

Daher hat die ältere Forschung, geprägt durch das Vorbild des Stehenden Heeres und der allgemeinen Wehrpflicht, das Söldnerwesen des Spätmittelalters und seine Ausläufer während des Dreißigjährigen Krieges als Entartung empfunden und demzufolge den Beginn der Militärgeschichte mit der Entstehung des modernen Staates und seines Gewaltmonopols verbunden [119: G. OESTREICH, Geist; 5: E. V. FRAUENHOLZ, Entwicklungsgeschichte; 206: K. LINNEBACH, Die Wehrwissenschaften; 195: E. KESSEL, Militärgeschichte].

Angesichts gewaltsamer Auseinandersetzungen nach dem Zusammenbruch der bipolaren Welt Anfang der 1990er Jahre, dem Erscheinungsbild von „low intensity conflicts", „asymmetrischen Kriegen" und von den durch gewaltsame Aktivitäten regionaler und lokaler „warlords" zerrissenen „failed states" hat sich das wissenschaftliche Interesse zunehmend den Gewaltverhältnissen im europäischen Spätmittelalter und zu Beginn der Frühen Neuzeit zugewandt [60: S. FÖRSTER/C. JANSEN/G. KRONENBITTER, Rückkehr; 49: M. L. V. CREVELDT, The Transformation; 117: H. MÜNKLER, Die neuen Kriege]. „Low intensity conflicts" und asymmetrische Kriegführung

Dabei erwies sich, dass die Figur des „condottiere" oder „warlord", abhängig von Zeit und Raum nach Herkunft, Einfluss, gesellschaftlicher Bedeutung und militärischer Leistungsfähigkeit höchst unterschiedliche

Ausprägungen erfahren hat. So entwickelten sich Söldnerkontingente aus Klientel- und Patronagebeziehungen lokal vernetzter adliger
Gewaltunternehmer. Ihr Erfolg veranlasste wiederum weitere Subunternehmer sich ihnen mit ihrem Anhang anzuschließen [282: U. TRESP,
Die „Quelle der Kriegsmacht", 56f.]. Seit dem ausgehenden 15. Jahrhundert agierten führende Söldnerführer im Reich fast immer im
Rahmen eines Treueverhältnisses zu Kaiser und Reich. Dies galt
vor allem im regionalen Rahmen des süddeutschen Söldnermarktes
[244: R. BAUMANN, Georg von Frundsberg; 290: R. BAUMANN, Die
deutschen Condottieri, 117; 292: T. A. BRADY, Turning Swiss, 224].

Ähnlich wie in Bezug auf die Träger und Organisationsformen gewaltsamer Auseinandersetzungen versuchte die ältere Forschung auch
in Bezug auf die Formen organisierter Gewaltsamkeit im Spätmittelalter
den Begriff „Krieg" auf Auseinandersetzungen zwischen Völkerrechts-
subjekten zu begrenzen. Unter dieser Prämisse konnte es Kriege im
modernen Verständnis während des Mittelalters nicht gegeben haben.
Dagegen folgt die neuere Forschung einer erweiterten Kriegsdefinition,
die Krieg als einen Konflikt begreift, „bei dem erstens eine Konfliktaus-
tragung in organisierten Kampfgruppen stattfindet, zweitens das Töten
nicht den gesellschaftlichen Sanktionen unterliegt, die dafür gewöhnlich
innerhalb der jeweiligen Gruppe gelten, drittens die Krieger grundsätzlich zum Töten und zum Sterben bereit sind, viertens die genannten
Charakteristika bei beiden gegnerischen Parteien vorhanden und jeweils
beide von der Legitimität ihres Handelns überzeugt sind" [199: H.-H.
KORTÜM, Kriegstypus, 72].

Krieg und Fehde   Im Gegensatz zur angelsächsischen und westeuropäischen Forschung, die auch den in den Quellen anzutreffenden Unterschied
zwischen „bella publica" und „bella privata" durchaus kennt, hat die
deutsche Forschung über lange Zeit, in der Tradition der schon kanonisch gewordenen Feststellung von O. BRUNNER [248: Land, 39f.], an
der Vorstellung festgehalten, dass Krieg und Fehde nicht qualitativ,
sondern allenfalls quantitativ in Bezug auf die „Größe der militärischen
Aktion" zu unterscheiden seien. In diesem Verständnis wird Krieg im
Mittelalter als große Fehde und die Fehde als kleiner Krieg verstanden
[82: W. JANSSEN, Krieg, 568–576]. Beide entspringen der legitimen
Berechtigung zu gewaltsamer Selbsthilfe. Mit der Vorstellung von der
Fehde als gesellschaftlich anerkanntem Institut der Rechtsfindung verbindet sich affirmativ die Auffassung vom ritterlichen Krieg als einer
von Regeln bestimmten und damit einer begrenzten Gewaltsamkeit
unterworfenen Auseinandersetzung [240: G. ALTHOFF, Mittelalterliche
Kriegsgeschichte; 263: H.-H. KORTÜM, Krieg, 34].

Angesichts der Freisetzung erheblicher weitgehend ungeregelter Gewaltschübe in den Kriegen des Spätmittelalters richtet sich der Blick in jüngster Zeit auf grundlegende Veränderungen der Kriegführung. Während sich im Früh- und Hochmittelalter die ritterliche Elite im Sinn einer vertikalen Distinktion von den nichtritterlichen Fußkämpfern abgrenzte, die nicht als Kombattanten, sondern als bewegliche Sache angesehen wurden, ließ sich diese Unterscheidung hinsichtlich einer taktischen Regeln unterworfenen Gewaltanwendung im Rahmen der „Infantry Revolution" des 14. Jahrhunderts nicht mehr aufrecht erhalten. Der abgesessen kämpfende Ritter wurde zum Fußkämpfer und vermochte sich in dieser Funktion zwar sozial, aber nicht mehr funktional von den nichtritterlichen Fußknechten abzugrenzen. Eine Trennung erfolgte nun nach ethnizistisch-protonationalen Distinktionen, die die eigenen Kämpfer vom Gegner auf der anderen Seite des Schlachtfeldes unterschied. Vergleichbar dem Handeln der militärischen Eliten der Frühen Neuzeit erfolgte eine durch die spezifischen Verhaltensmuster der europäischen Adelsideologie geprägte abweichende Behandlung des Gegners nicht mehr im Gefecht, sondern erst im Status der Gefangenschaft [265: H.-H. KORTÜM, Kriege, 246–256; 287: H. ZUG TUCCI, Kriegsgefangenschaft].

Damit wird die übergreifende, mit dem methodischen Instrumentarium der modernen Kulturwissenschaft zu behandelnde Frage nach der Verschärfung von Konflikten durch die Konstruktion gegensätzlicher Identitäten und daraus resultierender Feindbilder aufgeworfen.

Konstruktion von Feindbildern

Am Beispiel der unterschiedlichen Formen und Intensivierungen von Konflikten wird deutlich, dass zumindest das Spätmittelalter und die so genannte Moderne viel mehr verbindet, als das traditionelle und populäre Bild vom Krieg im Mittelalter glauben machen will. So stellt die Fehde hinsichtlich des von ihr erfassten Raumes und der zum Einsatz gebrachten Kriegsmittel eine begrenzt gewaltsame Form privater Rechtsfindung dar. Sie ist unter der Kategorie der „bella privata" zu fassen, da die Konfliktparteien kein übergreifendes öffentliches Interesse geltend machen konnten. Ihnen gegenüber stehen die „bella publica". Hinsichtlich der zugrunde liegenden politisch-gesellschaftlichen Intention sowie der praktizierten räumlichen, zeitlichen und bezogen auf die eingesetzten Kriegsmittel zu erkennenden Extension muss ihnen dagegen die Qualität einer Kriegshandlung zugemessen werden.

2. Militärische Revolution – militärische Evolution

Mit dem Terminus „Military Revolution" verbindet sich seit mehr als einem halben Jahrhundert die Ausdeutung der entscheidenden Veränderungsprozesse innerhalb der europäischen Militärgeschichte zwischen dem 14. und dem 18. Jahrhundert.

Seine Anwendung erstreckt sich damit auf nahezu ein halbes Jahrtausend historischer Entwicklung und verdeutlicht, dass plakative und damit bewusst diffus gehaltene Begriffe häufig in einem umgekehrten Verhältnis zu ihrer inhaltlichen Eindeutigkeit stehen. Es war aber gerade diese terminologische Unschärfe, die es einerseits ermöglichte, das diachrone Bezugsfeld des Begriffes zu erweitern, und die andererseits eine erhebliche Anschlussfähigkeit für eine ganze Reihe von Schlüsselbegriffen zur Beschreibung unterschiedlicher Entwicklungsprozesse der Frühen Neuzeit vermittelte.

Angesichts der umfangreichen in den vergangenen fünfzig Jahren publizierten Forschungen fällt auf, dass die Diskussion zur „Military Revolution" fast ausschließlich von angelsächsischen Historikern bestritten wird. Daher sind auch Übersetzungen wie „Militärische Revolution" und „La Révolution Militaire" oder „La Revolución militar moderna" erst spät entstanden und haben sich bisher kaum in den jeweiligen nationalen historiographisch-methodologischen Forschungstraditionen verankern lassen. Dafür sind weniger sprachliche Barrieren verantwortlich zu machen als vielmehr die jeweils langfristig wirkenden geistesgeschichtlichen Grundströmungen, die unmittelbaren politisch-historischen Erfahrungen und ihre Rückwirkungen auf das in der öffentlichen Wahrnehmung sensible Feld der modernen Militärgeschichte. Daher erscheint es angemessen, die begriffsgeschichtliche Einordnung der „Military Revolution" in den Entwicklungskontext einer Militärgeschichtsschreibung der Frühen Neuzeit im deutschen Sprachraum einzubinden.

„Military Revolution" Begriffsgeschichte Ein Jahrzehnt nach dem Ende des Zweiten Weltkrieges wandte sich der britische Historiker Michael ROBERTS in seiner 1955 an der Queen's University Belfast gehaltenen Antrittsvorlesung dem politischen, sozialen und vor allem dem technologischen Wandel zu, der zwischen der Mitte des 16. und der zweiten Hälfte des 17. Jahrhunderts zu einer tiefgreifenden, die Staatenbeziehungen grundlegend verändernden Form der kriegerischen Auseinandersetzungen geführt habe. Seinen Ausgangspunkt bildete die in der Tradition der älteren Kriegsgeschichtsschreibung wurzelnde und in der angelsächsischen

Forschung bis heute gepflegte Beschäftigung mit dem historischen Erscheinungsbild von „War", „Warfare" und „Art of War".

ROBERTS, Experte für die schwedische Geschichte der Frühen Neuzeit, unter anderem ist er der Verfasser einer magistralen Biographie über König Gustav II. Adolf, suchte, ausgehend von diesem ihn über Jahrzehnte begleitenden Forschungsinteresse, den Ausgangspunkt und die Interdependenz von vier miteinander verschränkten Aspekten der Kriegführung zwischen 1560 und 1660 herauszuarbeiten. *Michael Roberts*

An erster Stelle stand für ihn eine Revolution der Bewaffnung, Ausbildung und Einsatzgrundsätze der Infanterie seit der zweiten Hälfte des 16. Jahrhunderts; die durch einen verstärkten Einsatz von Handfeuerwaffen, aber auch von Artilleriegeschützen hervorgerufenen Verluste erforderten immer größere Truppenkörper. Eine höhere Feuerkraft, ein verstärkter Waffeneinsatz und eine entsprechende Waffenwirkung machten ihnen angepasste taktische und operative Konzepte und eine entsprechende Ausbildung des einzelnen Soldaten notwendig. Aus diesen Prozessen erwuchsen schließlich dramatische Veränderungen für die kriegführenden Parteien hinsichtlich der Finanzierung, Ausrüstung, Versorgung und damit der Kontrolle der Truppen sowie entsprechende Auswirkungen auf die vom Krieg betroffenen Gesellschaften [313: M. ROBERTS, Military Revolution].

ROBERTS' auf den ersten Blick bestechende Beweisführung führte in einer Zeit, in der eine breite Auswertung zeitgenössischer Quellen zur Lebensrealität frühneuzeitlicher Söldner noch nicht erfolgt war, zu einer weitgehend unkritischen Übernahme der von ihm vertretenen Positionen [334: G. CLARK, War, 73ff.; 218: G. PARKER, The Military Revolution, 2]. ROBERTS übertrug die normativen Handlungsanweisungen, die die Oranier auf der Grundlage der neostoizistischen Vorstellungen des Leidener Gelehrten Justus Lipsius erarbeitet hatten, ungeprüft auf die zeitgenössische Kriegspraxis. Als Kronzeugen seiner Argumentation dienten ihm die Habilitationsschriften zweier deutscher Kriegshistoriker, die nach 1945 in der Geschichte der westdeutschen Geschichtswissenschaft noch eine Rolle spielen sollten: Werner HAHLWEG und Gerhard OESTREICH. Hahlweg, der bei dem Delbrück-Schüler und Lehrer für Kriegsgeschichte Walter Elze promoviert hatte, wurde 1939 mit der Arbeit „Die Heeresreform der Oranier und die Antike" habilitiert [298: W. HAHLWEG, Die Heeresreform]. Gerhard Oestreich, ein Schüler des Verfassungshistorikers Fritz Hartung, hatte sich bereits in den späten 1930er Jahren dezidiert zum Primat der „Wehrgeschichte" bekannt. 1954 legte er an der Freien Universität Berlin seine Habilitationsschrift unter dem Titel „Antiker Geist und moderner Staat bei Justus *Werner Hahlweg/ Gerhard Oestreich*

Lipsius (1546–1606). Der Neustoizismus als politische Bewegung" vor.

Da Roberts seine Argumentationskette ausgehend von der Heeresorganisation und den Einsatzgrundsätzen Gustav II. Adolfs von Schweden auf ihre Wurzeln in der oranischen Heeresreform rückprojizierte, glaubte er in einer protestantisch-reformierten Ethik die eigentliche geistig-moralische Antriebskraft dieses Prozesses zu erkennen. Damit rückte neben Schweden die sich nach dem Dreißigjährigen Krieg allmählich formierende brandenburgisch-preußische Armee ebenso in den Blick wie die kurzlebige „New Model Army" Oliver Cromwells. Unter dieser Perspektive glaubte er davon ausgehen zu können, dass der Fundamentalprozess einer „Military Revolution" zwischen 1560 und 1660 europaweit stattgefunden habe, an deren Ende das „Stehende Heer", der „miles perpetuus", in den europäischen Staaten fest verankert gewesen sei.

„Protestantische Ethik" (Max Weber)

Damit schlägt die „Military Revolution" zumindest in ihrer ursprünglichen Definition eine Brücke zu Max WEBERS Konzept einer protestantischen Ethik und seiner vielfach zitierten Feststellung: „Die Disziplin des Heeres ist aber der Mutterschoß der Disziplin überhaupt" [37: U. BRÖCKLING, Disziplin, 12]. Über diesen Weg ergibt sich schließlich eine nicht unbeträchtliche Schnittmenge mit dem nicht nur für die deutsche Frühneuzeitforschung einflussreichen, von Gerhard OESTREICH entwickelten Sozialdisziplinierungsparadigma, das jedoch erstaunlicherweise diesen militärischen Bereich der Disziplinierung

„Sozialdisziplinierung" (Gerhard Oestreich)

weitgehend ausblendet. Erst Ende der siebziger Jahre des vergangenen Jahrhunderts wies unter anderem Geoffrey PARKER vor dem Hintergrund seiner Forschungen zum Einsatz der spanischen Armeen während des niederländischen Aufstandes darauf hin, dass wesentliche Elemente des von ROBERTS vertretenen Ansatzes bereits in der Organisation der spanischen *tercios* zu beobachten seien. Weiterhin bemängelte er, ROBERTS habe Entwicklungen im Kriegsschiffbau und in der Seekriegstaktik der Frühen Neuzeit nicht berücksichtigt. Auch die Bedeutung des Belagerungskrieges sei ihm entgangen. Angesichts seiner Orientierung am schwedischen Vorbild habe er gleichzeitige Veränderungen innerhalb der anderen skandinavischen Staaten, den Niederlanden und vor allem in Frankreich ausgeblendet [217: G. PARKER, The Military Revolution – a Myth?, 86–103].

Damit wurde eine intensive Debatte über Gegenstand und Reichweite der Military Revolution ausgelöst, die, wie es scheint, erst jetzt nach drei Jahrzehnten allmählich zur Ruhe kommt.

Geoffrey PARKER hatte den von ROBERTS gewählten Ansatz einer fundamentalen Veränderung des europäischen Kriegswesens zwar nicht in Frage gestellt, wohl aber den von ihm gewählten Zeitraum und seine einseitige Orientierung am schwedischen Modell. Für PARKER lag der technologisch-taktische Take-off der militärischen Revolution im Italien des ausgehenden 15. und frühen 16. Jahrhunderts. Dies galt für die Befestigungskunst, die „trace italienne", mit der auf die Waffenwirkung einer beweglich gewordenen Belagerungsartillerie geantwortet wurde, und für den Siegeszug der Handfeuerwaffen auf dem Gefechtsfeld ebenso wie für die Entstehung der *tercios* in den spanischen Besitzungen Süditaliens. Es betraf schließlich auch die ersten Ansätze einer Verwissenschaftlichung des Kriegswesens und seine politische Operationalisierung. Damit hatte PARKER den Beginn der Military Revolution auf die Jahrzehnte um 1500 vorverlegt und ein deutliches Übergewicht der rüstungstechnischen Veränderungen konstatiert. Was in diesem Zusammenhang als wechselseitige Reaktion beschrieben wird, kennzeichnet, so scheint es, einzelne Aspekte eines frühneuzeitlichen Rüstungswettlaufes. Es könnte anregend sein zu untersuchen, in welchem Umfang Erkenntnisinteresse und Deutungsansätze bei ROBERTS von Schlüsselthemen der Bewältigung des Zweiten Weltkrieges, wie etwa der Bedeutung der geistigen Rüstung und des Durchhaltewillens, von Disziplin und Gruppenkohäsion oder Kampfkraft und militärischer Effizienz geprägt waren, während PARKER als Zeitgenosse der Rüstungsspirale des Kalten Krieges und Beobachter des wissenschaftlichen Diskurses über Erscheinungsformen und Wirkungen des militärisch-industriellen Komplexes im 20. Jahrhundert seinen Blick in besonderer Weise auf vergleichbare Phänomene in der Frühen Neuzeit gerichtet hat.

Gegenstand und Reichweite der „Military Revolution"

Die besondere Betonung des technologischen Wandels als eines zentralen Elements der „Military Revolution" richtete innerhalb der angelsächsischen Forschung das Interesse auf einen als grundlegend angesehenen Aspekt im Entstehungsprozess des modernen Staates. Aufstieg und Niedergang der europäischen Mächte und die Dominanz des Westens im Rahmen der außereuropäischen Expansion wurden als Ergebnis eines sich wechselseitig bedingenden und verstärkenden Konkurrenzdrucks gesehen, der seinerseits eine militärische, politisch-soziale und ökonomische Ressourcenmobilisierung zugunsten des staatlichen Gewaltmonopols beförderte [109: W. H. McNEILL, Krieg; 232: C. TILLY, War Making; 89: P. KENNEDY, Aufstieg und Fall]. Analog zum Konzept des „militärisch-industriellen Komplexes" entwickelter Industrienationen postulierte McNEILL für die Frühe Neuzeit das Vorhandensein eines „militärisch-kommerziellen Komplexes" [109: W. H. McNEILL, Krieg,

Staatsbildung und technologischer Wandel

111ff.]. Auf dieser Grundlage konnte die militärische Revolution als Gründungslegende des modernen Machtstaates als eines in erster Linie Kriegs- und Militärstaates weiterleben [51: B. M. DOWNING, The Military Revolution; 96: E. KRIPPENDORFF, Staat und Krieg].

Mit seinem 1988 erschienenen Werk griff Geoffrey PARKER noch einmal die Positionen Michael ROBERTS' auf und verknüpfte sie mit seiner zehn Jahre zuvor geäußerten inhaltlichen wie auch zeitlichen Erweiterung. Indem er, anknüpfend an die Forschungen von MCNEILL, der Seekriegführung der Frühen Neuzeit und damit den Erfolgen der außereuropäischen Expansion einen prominenten Platz in seiner Argumentation einräumte, lenkte er den Blick auf die neben dem Befestigungswesen kostenintensivsten militärtechnischen Entwicklungen der Epoche. Durch den umfangreichen Einsatz von schiffsgestützten Geschützen wurde die Abkehr von dem seit der Antike praktizierten taktischen Prinzip des Rammens und Enterns ermöglicht. Auf dieser Grundlage entstand das Konzept einer in Kiellinie (Dwarslinie) operierenden Schiffsformation, bei der der Gegner durch den Einsatz von Breitseiten der auf mehreren Decks übereinander angeordneten beweglich lafettierten Schiffsgeschütze auf Entfernung niedergerungen werden konnte. Die Entwicklung entsprechender als „Linienschiffe" bezeichneter Einheiten markiert, stärker noch als die zeitgleichen Veränderungen in der Landkriegführung, einen sich über 150 Jahre hinziehenden Prozess. Es erscheint allerdings fraglich, ob eine derartige, über mehrere Generationen sich erstreckende, von Innovationsschüben und Experimenten gekennzeichnete Entwicklung mit der Bezeichnung „Military Revolution at Sea" [55: M. DUFFY, The Military Revolution; 218: G. PARKER, The Military Revolution] zutreffend beschrieben werden kann.

Damit bestätigt, so scheint es, auch die Seekriegführung des späten 16. und vor allem des 17. Jahrhunderts den traditionellen zeitlichen Rahmen der militärischen Revolution. Einzelne spätere Detailstudien, wie etwa David ELTIS' Untersuchung über die „Military Revolution" im 16. Jahrhundert am Beispiel vor allem der zeitgenössischen englischen Militärtheorie, vermochten im Detail einzelne Aspekte der von ROBERTS und PARKER vorgetragenen Argumentation, etwa hinsichtlich der Anzahl und Bedeutung moderner Befestigungsanlagen oder des Einsatzes der Kavallerie im Gefecht, zu modifizieren und zu ergänzen [185: D. ELTIS, Military Revolution]. Die zentrale These, dass sich in der zeitgenössischen Militärtheorie der Oranier in der Mitte des 16. Jahrhunderts die Kriegführungspraxis der Epoche gespiegelt habe, wurde dabei nicht in Frage gestellt. Angesichts der begrenzten praktischen Auswirkungen dieses Konzeptes auf die Kriegführung der Niederlande bleibt jedoch zu fragen, ob das neue, aus neostoizistischem Geist erwachsene militärtheoretische Wissen, tatsächlich den Weg über Schweden nach Brandenburg und in manche kleinere protestantische und reformierte Reichsterritorien genommen hat. Es könnte auch sein, dass vielmehr ihre zentralen, an der Funktionsdisziplin orientierten Aspekte auf Forderungen reagierten, die sich notwendigerweise aus dem Einsatz immer größerer, mit Handfeuerwaffen ausgerüsteter Verbände ergaben. Am Beispiel etwa der hugenottischen Militärtheorie in Frankreich und ihrer Weiterentwicklung innerhalb der französischen Armee während und nach dem Dreißigjährigen Krieg wäre dies noch eingehender zu überprüfen [124: D. PARROTT, Business; 377: J. A. LYNN, Giant].

Bei allen Unterschieden im Detail, die Existenz einer „Military Revolution" wurde von keinem der an der Debatte beteiligten Autoren in Frage gestellt. Die Einschätzung, dass die europäischen Staaten seit 1660 nach der allgemeinen Krise des 17. Jahrhunderts und vor dem Epochenwechsel durch die Französische Revolution eine Periode relativer innenpolitischer Stabilität erlebt hätten, ließ auch die Vorstellung von einem dynamischen Veränderungsprozess innerhalb der Militärorganisation und der Einsatzgrundsätze der europäischen Armeen innerhalb dieses Zeitraumes wenig wahrscheinlich erscheinen.

Mit seiner 1991 veröffentlichten Abhandlung „A Military Revolution?" stellte Jeremy BLACK die Ergebnisse der bisherigen Forschung bewusst provozierend in Frage. Zunächst trug er den berechtigten Einwand vor, eine rasante Erhöhung der Truppenstärken sei in den europäischen Armeen erst nach 1660 eingetreten und habe in den folgenden Jahrzehnten grundlegende administrative Innovationen befördert. Eine zunehmende und an den Bedürfnissen von Militär und Kriegführung orientierte Rationalisierung habe zur Verdichtung von Herrschaft geführt, die zum Kennzeichen des modernen Staates geworden sei. Überdies könne man angesichts der aus der Not des Mangels geborenen taktisch-operativen Maßnahmen in der zweiten Hälfte des Dreißigjährigen Krieges nicht wirklich davon sprechen, dass sie das Ergebnis einer militärischen Revolution gewesen seien. Schließlich hätten ROBERTS wie auch PARKER keinen Blick auf die Verhältnisse in Ostmitteleuropa geworfen, wo keineswegs eine an den Prinzipien der oranischen Heeresreform orientierte Infanterietaktik und dementsprechend kein Rückgang in der Verwendung berittener Verbände zu beobachten gewesen sei. Andererseits habe gerade die Modernisierung der Infanteriewaffen nach 1660 (Dillenbajonett, Steinschlossgewehr, eiserner Ladestock) eine erhebliche Dynamik entwickelt. Auch der

Erweiterung der „Military Revolution" bis 1760

weltumspannende Einfluss der europäischen Mächte sei schließlich erst
ein Ergebnis des 19. Jahrhunderts gewesen.

Die Annahme, es habe eine unmittelbar wirksame Wechselbeziehung zwischen der zahlenmäßigen Vergrößerung der stehenden Truppen und einer effektiveren Verwaltungsorganisation, einer verbesserten
Logistik oder einer durch die Aufwendungen für das Militär intensi-
vierten Steuerpolitik bestanden, sei nicht flächendeckend zu belegen.
Alle entsprechenden Entwicklungen hätten sich zeitlich wie regional
unterschiedlich intensiv ausgeprägt. „However, the intangible effects of
military activity, in terms of the role of the army as a model for social
organization and the relationship between government and military development, are harder to gauge" [170: J. BLACK, Military Revolution,
95].

Auf der einen Seite trat BLACK, durchaus schlüssig, für eine stärkere Akzentuierung der Epoche zwischen 1660 und 1760 ein, auf der
anderen Seite stellte er das dem Begriff der „Military Revolution" zugrunde liegende Konzept, wie das pointierte Fragezeichen im Titel bereits erkennen lässt, insgesamt in Frage. Stattdessen rückte er mit der
Betonung des „military change" den prozessualen gegenüber einem re-
volutionären Charakter in den Vordergrund.

Sozial- und mentalitäts- geschichtliche Aspekte der „Military Revolution"

Neben der Erforschung militärtechnischer und -theoretischer
Aspekte der „Militärischen Revolution" erfuhr angesichts der seit
den 1970er Jahren stärkeren Gewichtung sozial- und mentalitätsge-
schichtlich orientierter methodischer Ansätze die Beschäftigung mit
dem Verhältnis von Militär und Gesellschaft in der Frühen Neuzeit
nicht nur in der angelsächsischen Forschung eine stärkere Beachtung
[333: J. CHILDS, Armies; 20: M. S. ANDERSON, War; 148: F. TALLETT,
War and Society; 47: A. CORVISIER, Armées; 385: G. PAPKE, Von
der Miliz]. Die militärische Gesellschaft erschien dabei vielfach als
Ausdruck paralleler sozialer Strukturen. Der Vorstellung vom Militär
als Neben- oder gar Gegenwelt, wie sie sich auch in den Untersuchungen zur militärischen Revolution abbildet, setzte BLACK pointiert die
Auffassung entgegen, dass Armeen Spiegel sozialer Konfigurationen
und deren Veränderungen in der jeweiligen Epoche gewesen seien
[170: J. BLACK, A Military Revolution, 96].

Die von BLACK vertretene Auffassung stützte sich auf entsprechende neuere Forschungen zu Strategie, Taktik und Logistik der
europäischen Armeen des 17. und frühen 18. Jahrhunderts [124:
D. PARROTT, Business; 377: J. A. LYNN, Giant; 325: J. BREWER, Si-
news], regte aber gleichzeitig eine intensive Auseinandersetzung mit

der Rolle des Militärs innerhalb der gesellschaftlichen, politischen und kriegerischen Veränderungsprozesse der Epoche an.

Die Diskussionen über Gegenstände und Reichweite der „Military Revolution" waren auf dem europäischen Kontinent bis in die 1980er Jahre weitgehend unbeachtet geblieben. Zwar erfolgte eine deutsche Übersetzung der Arbeit von PARKER, jedoch keine ins Französische. Dieser Befund ist erstaunlich, spielen doch Aspekte der französischen Militärgeschichte zwischen dem 16. und dem ausgehenden 18. Jahrhundert eine nicht unwesentliche Rolle im Begründungskontext der militärischen Revolution. Die kontinentaleuropäische Forschung stand angesichts abweichender nationaler Forschungstraditionen der Vorstellung von einer eindeutig zu definierenden militärischen Revolution kritisch gegenüber. Sie stützte ihre Auffassung in erster Linie auf eine abweichende Gewichtung militärischer Innovationsvorgänge und eine erkennbare zeitliche wie räumliche Phasenverschiebung im Veränderungsprozess militärischer Organisationsstrukturen. Dies betraf deren soziale Voraussetzungen ebenso wie die daraus abgeleiteten taktisch-operativen Konzepte in den Armeen West-, Zentral- und Ostmitteleuropas in der Frühen Neuzeit [169: J. BÉRENGER, La révolution; 180: J. CHAGNIOT, Critique].

Nachdem PARKER die zeitliche Einordnung der „Military Revolution" bereits auf das späte 15. Jahrhundert vorverlegt und BLACK den Zeitraum bis 1760 ausgedehnt hatte, konnte es nicht verwundern, dass schließlich auch die Mediävistik ihren Anteil an der militärischen Revolution beanspruchte. Clifford ROGERS konstatierte bereits für das 14. Jahrhundert die Anfänge einer „Infantry Revolution", mit der die bis dahin über Jahrhunderte dominierende Kampfführung ritterlich geprägter berittener Stoßheere überwunden wurde. Die wenig später folgende „Artillery Revolution" habe die Vorherrschaft der Verteidigungseinrichtungen im Belagerungskrieg gebrochen, bevor eine „Artillery-Fortress Revolution" seit dem ausgehenden 15. Jahrhundert erneut die Defensivkräfte begünstigte. Die Schießpulverrevolution sei die Ursache der spätestens seit der Mitte des 16. Jahrhunderts ständig steigenden Truppenstärken gewesen, deren Umfang sich etwa in Frankreich bis zum Beginn des 18. Jahrhunderts verzehnfacht habe. Zusammen mit waffentechnischen und ausbildungsspezifischen Anpassungen bildeten sie den traditionellen Bezugsrahmen der „Military Revolution". Um die hierfür notwendigen personellen, materiellen und finanziellen Ressourcen zu mobilisieren, hätte sich eine die militärische wie auch die allgemeine Staats- und Finanzverfassung einschließende Bürokratisierung beschleunigt. Angesichts einer durch unterschiedliche

Veränderungsschübe geprägten, ein halbes Jahrtausend umfassenden Entwicklung verabschiedete sich ROGERS endgültig von dem Revolutionsbegriff und postulierte stattdessen das an der Evolutionstheorie orientierte Konzept einer „punctuated equilibrium evolution". Ihr zufolge wechselten sich nicht nur zwischen 1300 und 1800 kurzfristige Veränderungsschübe mit längeren Phasen der Stagnation ab [227: C. ROGERS, The Military Revolution, 277]. Die darin beschlossene Vorstellung von einem Rüstungswettlauf lässt auch erkennen, in welchem Umfang die Erfahrungen einer militärisch-industriell geprägten Rüstungsspirale vor allem des 20. Jahrhunderts auf die Deutungsperspektive historischer Entwicklungen eingewirkt haben.

Allen Bemühungen zum Trotz hat sich der eingängigere Begriff der „Military Revolution" aber nicht verdrängen lassen, sodass ROGERS in dem von ihm 1995 besorgten Sammelband unter diesem Titel noch einmal die unterschiedlichen Auffassungen und den erreichten Forschungsstand präsentierte [227: C. ROGERS, Military Revolution]. In jüngster Zeit hat sich die Diskussion zwischen PARKER und BLACK noch einmal auf die grundsätzliche Auseinandersetzung zugespitzt, ob in erster Linie technologische Entwicklungsschübe den Motor der militärischen Revolution angetrieben hätten [219: G. PARKER, The „Military Revolution"] oder vielmehr ein Wandel in der gesellschaftlichen Kultur und der damit verbundenen, auf Krieg und Militär bezogenen Organisationsstrukturen [171: G. BLACK, ‚Was there a Military Revolution'; 149: F. TALLETT, European Warfare, 9].

Selbst angesichts der methodischen Herausforderungen und thematischen Erweiterung, mit denen die kulturalistische Wende in der Geschichtswissenschaft auch die Militärgeschichte erfasste und die in das Konzept der „New Military History" Eingang fanden, versiegte das Interesse an den Voraussetzungen und Bedingungen der militärischen Revolution keineswegs. Da sie ihre teleologisch angelegte Orientierung am Entstehungsprozess des modernen Staates und einer weltumspannenden Dominanz der europäischen Staatenwelt nie ganz zu verleugnen vermochte, behielt sie zumindest für die Historiker, die sich in erster Linie für die Strukturveränderungen im Rahmen der Kriegführungsfähigkeit der europäischen Mächte interessierten, weiterhin die Bedeutung eines epochenübergreifenden Fundamentalprozesses.

„Military Revolution" und „totaler Krieg"

Bereits Michael ROBERTS hatte darauf hingewiesen, dass seit der Mitte des 17. Jahrhunderts die entscheidenden Weichen für die neuzeitliche Kriegführung – Massenarmeen, militärische und soziale Disziplinierungsprozesse und zunehmende staatliche Kontrolle über Heeresetat, Rüstung und Kriegswesen – gestellt gewesen seien, die schließlich „to the abyss of the twentieth century" geführt habe [313: M. ROBERTS, Military Revolution, 217f.]. Damit eröffnete er der Betrachtung eine in die Zukunft weisende Perspektive, auf die die Vertreter der Militärgeschichte erst eingingen, als sich neben der „Military Revolution" als zweite große Meistererzählung der europäischen Gewaltgeschichte der Neuzeit die Vorstellung vom „totalen Krieg" aus der terminologischen Konzentration auf die Weltkriege des zwanzigsten Jahrhunderts und den apokalyptischen Endzeitvorstellungen eines nuklearen Vernichtungskrieges lösten [331: R. CHICKERING, War, 4f.]. In dem Maß, in dem die Wurzeln eines zunehmend ideologisierten und industrialisierten Massenkrieges aufgedeckt wurden, verlängerte sich die Entstehungsgeschichte des totalen Krieges über die technologischen, durch die Industrielle Revolution des 19. Jahrhunderts angestoßenen Veränderungen auf ihre bereits im ausgehenden 18. Jahrhundert angelegten politisch-ideologischen Voraussetzungen [404: R. F. WEIGLEY, Age of Battles, 290].

Diese Sichtweise hat die Auffassung begründet, die Military Revolution sei mit dem Ende des Siebenjährigen Krieges und der nachfolgenden Friedenszeit zu einem Abschluss gekommen, da die Kriegführungsfähigkeit der europäischen Staaten einen Entwicklungsstand erreicht habe, der mit den Instrumentarium des dynastischen Fürstenstaates nicht mehr gesteigert werden konnte. Die Zeitgenossen des Siebenjährigen Krieges erkannten in den Ergebnissen dieses Weltkrieges des 18. Jahrhunderts eine Vervollkommnung der Kriegskunst, die für die Zukunft Kriege vernunftwidrig und damit obsolet erscheinen ließ. Für die Generation der Nachgeborenen hingegen stand die Kriegspraxis der Spätaufklärung für die Vorstellung taktisch-operativer Erstarrung und die realitätsfremde Vorstellung einer dauerhaften europäischen Friedensordnung [354: D. HOHRATH, Spätbarocke Kriegskunst, 17f.; 322: T. C. W. BLANNING, Origins, 116–128; 26: G. BEST, Fontana History, 65; 99: B. R. KROENER, Krieg, 143–147]. Dem Kosmopolitismus und den Humanitätsidealen der Aufklärung wurde bewusst der Krieg als moralische Anstalt nationaler Gemeinschaftsbildung und sittlicher Festigung gegenübergestellt. Im Bellizismus entwickelten sich bereits seit den 1770er Jahren die Elemente mentaler Kriegsvorbereitung; in den Kriegen der Französischen Revolution und des napoleonischen Kaiserreiches etablierten sich die Elemente einer Entgrenzung der Kriegführung, die die Grundbestandteile des totalen Krieges bereits in sich trugen [371: J. KUNISCH, Denunzierung, 72f.; 107: J. LEONHARD, Bellizismus, 207–211].

Kriegspraxis der Spätaufklärung

Insofern verschränken sich in der zweiten Hälfte des 18. Jahrhunderts die Konzepte der „Militärischen Revolution" und des „totalen Krieges" zu einer Ereigniskette. In diesem Sinn hat sich auch die moderne Militärgeschichte von der älteren Vorstellung einer grundlegenden weltgeschichtlichen Zäsur um 1800 bewusst gelöst und stattdessen für die Jahrzehnte zwischen dem Ende des Siebenjährigen Krieges und dem Wiener Kongress das Vorhandensein einer „Sattelzeit" (Kosellek) bestätigt und argumentativ überzeugend untersetzt. [220: U. PLANERT, Wann beginnt, 25–59].

Soziologische und wirtschafts-geschichtliche Aspekte der „Military Revolution"

Während das Konzept der militärischen Revolution innerhalb der Geschichtswissenschaft auf das Feld der militärhistorischen Forschung beschränkt blieb, wurde es innerhalb der soziologischen Forschung und der Wirtschaftsgeschichte seit Längerem zu einem geradezu klassischen Erklärungsmodell ökonomischer und sozialer Strukturveränderungen moderner Gesellschaften und der internationalen Beziehungen. Charles TILLYS pointierte Behauptung: „War made the state and the state made war" [152: C. TILLY, Formation, 42], korrespondierte mit ROBERTS' Auffassung, dass qualitative Veränderungen in der Kriegführungsfähigkeit die Autorität der Staaten erhöhen und über eine zunehmende Bürokratisierung auf dem Gebiet der Wirtschafts- und Finanzpolitik einen zunehmenden Einfluss auf die Lebensgestaltung der Untertanen gewonnen haben.

Zumindest hinsichtlich der Verhältnisse im 16. und frühen 17. Jahrhundert vermochten inzwischen Einzelstudien den Nachweis zu erbringen, dass erst seit dem späten 17. Jahrhundert substantielle Verbesserungen in der Organisationsstruktur und der militärischen Logistik stattgefunden haben [65: S. GUNN/D. GRUMMITT/H. COOLS, War, 375]. Aber auch sie seien weniger die unmittelbare Folge einer bürokratischen Modernisierung im Sinne einer traditionellen Absolutismusvorstellung gewesen als vielmehr Ergebnis eines Herrschaftskompromisses zwischen den Regenten und einflussreichen sozialen Eliten, in der Regel dem Adel. Im Mittelpunkt der entsprechenden Untersuchungen stehen in vergleichender Perspektive die Formen und Instrumente einer erfolgreichen Ressourcenmobilisierung als Produkt einer belastbaren Vereinbarung zwischen Herrscher und Beherrschten zum wirksamen Schutz der Untertanen gegen Gewaltmaßnahmen von innen und außen [63: J. GLETE, War and the State].

„Fiscal military state"

In Anlehnung an die finanzgeschichtlichen Forschungen von P. G. M. DICKSON [335: Finance] prägte John BREWER 1989 den Begriff des „fiscal military state" [325: J. BREWER, The Sinews, 135, 150f.]. Er bezog ihn zunächst auf die spezifischen finanzwirtschaftlichen und fiskalischen Steuerungsinstrumente, mit deren Hilfe es Großbritannien im 18. Jahrhundert gelang seine maritime Expansion ebenso wie seine militärischen Verpflichtungen auf dem europäischen Kriegsschauplatz zu bedienen. Inzwischen ist dieses Erklärungsmodell für den Aufstieg der großen Mächte in Europa vor allem des 17. und 18. Jahrhunderts generalisiert worden. Dabei wurden ganz unterschiedliche Formen und Handlungsbereiche effektiver staatlicher Ressourcenmobilisierung für Militär und Kriegführung darunter subsumiert. Angesichts des Überwiegens nicht-fiskalischer Maßnahmen wie etwa in Preußen, wo die Rekrutenaushebung im Rahmen des Kantonsystems ein wichtigerer Faktor gewesen sei [407: P. H. WILSON, German Armies], wurde die nicht unbedingt einleuchtende Abwandlung in „military-fiscal state" vorgeschlagen.

Die Debatte, die inzwischen Fahrt aufgenommen hat [401: C. STORRS, Fiscal-Military State; 402: R. TORRES SÁNCHEZ, War], versucht zu einer Konzeptualisierung des Begriffes als gesamteuropäisches Phänomen des 18. Jahrhunderts zu gelangen. Die Erkenntnis, dass einzelne Staaten nicht durch eine in erster Linie fiskalisch orientierte Ressourcenschöpfung ihre Kriegführungsfähigkeit im Wettbewerb mit anderen Staaten erreichen, lässt erkennen, in welchem Umfang auch das Konzept des „fiscal-military state" Gefahr läuft, monokausale Erklärungen generalisierend zu verwenden.

Damit erhebt sich die Frage, ob die Vorstellung einer bipolaren Beziehung zwischen Herrschenden und Beherrschten, die gerade im Prozess der Ressourcenmobilisierung für den Krieg eine entscheidende Rolle zu spielen scheint, nicht zu einem multipolaren Bezugssystem erweitert werden sollte, in dem die bisherigen Pole, die von Aktion und Reaktion, von einem Wechselverhältnis zwischen Oben und Unten ausgehen, durch die Einbeziehung weiterer Referenzebenen ergänzt werden, etwa Medien, Ideen und kulturelle Orientierungen und die in ihnen horizontal wie vertikal agierenden Akteursgruppen. Insofern erscheint Herrschaft als dynamischer Prozess, in dem Kommunikation, das heißt die Vermittlung von Wissen und Erfahrungen, von Botschaften und Inhalten, vielfach gefiltert und gebrochen wird. An dieser Stelle wird bereits deutlich, dass das Militär zwar einen wesentlichen, aber nicht notwendigerweise den entscheidenden Faktor im Geflecht frühmoderner Herrschaftsbeziehungen gespielt hat. Eine neue, kulturwissenschaftliche Methoden und Deutungsangebote aufgreifende Militärgeschichtsforschung, gerade auch der Frühen Neuzeit, hat sich in den vergangenen fünfzehn Jahren in Deutschland etabliert, und bemüht, „die Organisationsdefizite und Eigengesetzlichkeiten dieses [d.i. des Militärs, B.K.] [...] vermeintlich erfolgreichsten ‚Agenten der Sozialdisziplinierung' aufzudecken und damit die staatzentrierten und selbsterfüllenden Interpretamente des 19. Jahrhunderts [...], gleichsam auf eigenem Territorium, empirisch in Frage zu stellen" [213: R. PRÖVE/M. MEUMANN, Faszination des Staates, 48; 65: S. GUNN/D. GRUMMITT/H. COOLS, War, 385].

Damit rückt das Militär aus seiner ihm in politischer Absicht auch durch die historische Forschung des späten 19. und frühen 20. Jahrhunderts zugewiesenen Sonderrolle neben der Gesellschaft in ein Konkurrenzverhältnis zu anderen Agenten des Staatsbildungsprozesses und wird damit ein selbstverständlicher Bestandteil der lebensweltlichen Realität frühmoderner Gesellschaften [98: B. R. KROENER, Militär, 298].

3. Entwicklung und Positionen einer Militärgeschichte der Frühen Neuzeit in Deutschland

3.1 Von der Kriegsgeschichte zur Wehrgeschichte

Die Meistererzählungen der angelsächsischen Militärgeschichte der letzten fünfzig Jahre, die Beschäftigung mit der „Military Revolution" und dem „fiscal military state", haben auf dem europäischen Kontinent nur eine vergleichsweise geringe Resonanz hervorgerufen. Dieser auf den ersten Blick erstaunliche Befund beruht, zumindest was die deutschsprachige Militärgeschichtsschreibung betrifft, auf zwei Ursachen: Zum einen erschien es nach den Erfahrungen des Dritten Reiches und des Zweiten Weltkrieges geradezu blasphemisch, den Entwicklungsprozess und damit eine teleologisch angelegte Entwicklungsgeschichte des modernen Staates in der neueren Geschichte in wesentlichen Aspekten auf das Fundament einer militärischen Modernisierung gründen zu wollen. Auf der anderen Seite erlebte die Militärgeschichtsschreibung der Frühen Neuzeit im deutschen Sprachraum erst zu dem Zeitpunkt einen nicht für möglich gehaltenen Bedeutungsgewinn, als, zumindest in den Vereinigten Staaten, Anzeichen eines Einflussverlustes konstatiert wurden [208: J. A. LYNN, Embattled Future; 30: J. BLACK, War; 223: R. PRÖVE, Schmuddelkind].

Kriegsgeschichte, Wehrgeschichte, Militärgeschichte   Über den langen Weg von der traditionellen Kriegsgeschichte über eine ideologisch aufgeladene Wehrgeschichte zu einer Militärgeschichte, die sich in erster Linie als geduldete Teildisziplin der Geschichtswissenschaft verstand, ist in den letzten Jahren breit diskutiert worden

[191: E. W. HANSEN, Zur Problematik; 200: B. R. KROENER, Vom ‚extraordinari Kriegsvolck'; 215: J. NOWOSADTKO, Krieg]. An dieser Stelle kann verständlicherweise nur auf die entsprechenden Entwicklungen bezüglich der Militärgeschichtsschreibung des Spätmittelalters und der Frühen Neuzeit eingegangen werden, zumal die Positionen der älteren Forschung bezogen auf die Geschichte des 19. und 20. Jahrhunderts in den entsprechenden Bänden der Enzyklopädie der deutschen Geschichte Eingang gefunden haben.

Geschichtsschreibung wie auch die Beschäftigung mit der Kriegsgeschichte speisen sich aus einer gemeinsamen Wurzel. Aufgeklärter Erkenntnisdrang gepaart mit einer methodischen Kritik der Überlieferung bildet das Fundament der modernen Geschichtswissenschaft. War den Aufklärern die historische Erkenntnis Mittel zur ‚Vervollkommnung des Menschengeschlechts', so sollte die Kriegsgeschichte den Regierenden zur Vervollkommnung der Kriegskunst dienen. In diesem Sinn hatte Kaiser Joseph II. am 22. November 1779 den Präsidenten des Hofkriegsrates angewiesen, alle seit 1740 von der Monarchie geführten Kriege aus den Akten darstellen zu lassen. Dieses Datum markiert die Geburtsstunde der Kriegsgeschichtsschreibung. Es war, ganz im Sinn des aufgeklärten Diskurses, die Absicht des jungen Monarchen, durch, wie er es in seinem Schreiben ausdrückte, „diese Art detaillierter Historie, die lernbegierigen mit Talent und Witz begabten Generale Offiziere Kenntnis für die Zukunft einziehen und diese auf beständige Zeiten den größten Teil der Monarchie durchwanderten Kriege sowohl Mir als allen anderen Nachfolgern zur nützlichsten Kenntnis und Aufklärung dann bei entstehenden neuerlichen Falle zur gedeihlichsten Richtschnur dienen" zu lassen [J.-C. ALLMAYER-BECK, Militärgeschichte, in 19: 188].

Geburtsstunde der Kriegsgeschichtsschreibung

Nach drei verlorenen Kriegen war bei den Habsburgern das Interesse, militärisch verwendbare Lehren aus der Vergangenheit für die Zukunft zu ziehen, zweifellos ausgeprägter als bei ihrem preußischen Gegenspieler, der, zumindest in seinem praktischen Handeln, seinen charismatischen Feldherrnfähigkeiten mindestens ebenso vertraute wie den an den Regeln der methodischen Kriegführung geschulten kriegsgeschichtlichen Analysen.

Erst nach dem Ende der Befreiungskriege ging man auch in Preußen daran, im Rahmen der Errichtung eines etatisierten Generalstabes, eine Kriegswissenschaftliche Abteilung (1816) und wenig später ein Kriegsarchiv (1817) einzurichten [233: H. UMBREIT, Von der preußisch-deutschen Militärgeschichtsschreibung, 18]. Der Entstehungskontext der Kriegsgeschichtsschreibung, nicht nur in Preußen, trug aber bereits den Keim der Loslösung von der sich entwickelnden Geschichtswissenschaft in sich. Denn nicht die Erfahrung des Gewordenen, die Aufklärung über Vergangenes, sondern die Machbarkeit des Zukünftigen wurde zur primären Aufgabe der Kriegsgeschichte.

Kriegsgeschichte als anwendungsbezogene Generalstabswissenschaft

Gerade in der heraufdämmernden Epoche des Historismus und seiner zu sakrosankter Geltung erhobenen Auffassung von der Singularität allen historischen Seins konnte die Kriegsgeschichte als eine anwendungsbezogene Generalstabswissenschaft keinen Platz finden. Zwischen dem Glaubenssatz von der Unmittelbarkeit jeder Epoche zu Gott und der Überzeugung, dass der Erfahrungsschatz der Vergangenheit Lehrsätze für die Zukunft bereithalte, klaffte im 19. Jahrhundert ein unüberbrückbarer Gegensatz. Über Jahrzehnte wurde die Geschichte des Krieges und der bewaffneten Macht aus den Hörsälen der Universitäten aus- und in die Lehrsäle der Kriegsschulen eingeschlossen.

Hans Delbrück

Als sich 1880 der junge Historiker Hans Delbrück bemühte, an der Berliner Universität im Fach Kriegsgeschichte zu habilitieren, wies der greise Leopold von Ranke diesen Versuch mit der brüsken Bemerkung zurück, dass ein solches Fach nicht an eine deutsche Universität gehöre [177: A. BUCHHOLZ, Hans Delbrück, 26–30]. Erst 1896 auf den durchaus prominenten durch den Tod Heinrich von Treitschkes vakant gewordenen Lehrstuhl für Allgemeine und Weltgeschichte an der Berliner Universität berufen, wurde Delbrück zum Begründer einer modernen Kriegs- und Militärgeschichte in Deutschland als Teildisziplin der Geschichtswissenschaft, ohne dass jedoch die ihm übertragene Professur eine entsprechende Denomination erhielt.

Die Gründung des preußisch-deutschen Reiches und das damit verbundene Interesse, Preußens „deutsche Sendung" historisch zu legitimieren, verstärkte die Position der Geschichtswissenschaft als gesellschaftlicher Leitdisziplin. Das Zeitalter Friedrichs des Großen, der Herrscher in seiner Rolle als „Roi-connétable", als charismatischer Oberster Kriegsherr, der preußische Militär- und Beamtenstaat und schließlich das siegreiche Bestehen gegen eine gegnerische Koalition wurden zu einem zentralen Forschungsgegenstand der allgemeinen Geschichtswissenschaft ebenso wie der offiziellen Kriegsgeschichte. Letztere kombinierte dabei die Forderungen der applikatorischen Methode mit dem politisch-pädagogischen Interesse, militärische Traditionspflege als Bestandteil einer aktuellen politischen Identitätsstiftung zu praktizieren. Kaiser Wilhelm II. wurde damit in teleologischer Deutung zum würdigen Nachfolger und Vollstrecker friderizianischer Macht- und Kriegspolitik stilisiert.

In dieser Situation bemühte sich Hans Delbrück die Kriegsgeschichte mit den anderen Disziplinen der Geschichtswissenschaft zu versöhnen. Ausgehend von der auch noch im 19. Jahrhundert unbestrittenen Feststellung, dass der Krieg ein legitimes Mittel der Außenpolitik sei, suchte er anknüpfend an Clausewitz der Wechselwirkung von Politik und Krieg in der Weltgeschichte nachzuspüren. *Kriegsgeschichte und Geschichtswissenschaft*

Indem er die Aktenbestände militärischer Provenienz mit dem Instrumentarium geschichtswissenschaftlicher Quellenkritik untersuchte und mit den Ergebnissen diplomatiegeschichtlicher Forschung konfrontierte, vermochte er nicht nur der Geschichtswissenschaft neue Felder zu erschließen, sondern führte auch die Kriegsgeschichte aus den engen Grenzen einer ausschließlichen Generalstabswissenschaft heraus. Damit geriet er fast zwangsläufig mit seinen Fachkollegen wie auch mit den in amtlichem Auftrag arbeitenden Offizieren der kriegsgeschichtlichen Abteilung des preußischen Generalstabes in Konflikt. Durchdrungen von der Vorstellung, dass nur der Soldat aufgrund seiner spezifischen Fachkenntnis und Erfahrung berufen sei, kompetent über militärische Fragen zu handeln, und eingedenk der Warnung des Generalstabschefs von Moltke, im Interesse von Tradition und Subordination die „Prestiges" militärischer Führer auch der Vergangenheit zu schonen, verbaten sie sich das Eindringen eines Zivilisten in ihre ureigene Domäne von Strategie und Operationsführung. Gerade weil Delbrück Kriegsgeschichte als integralen Bestandteil der Geschichtswissenschaft verstand, musste er an der ausschließlich auf eine taktisch-operative Nutzanwendung orientierten Vereinnahmung der Geschichte ebenso Kritik üben wie an ihrer politisch-pädagogischen Instrumentalisierung durch das Militär.

Aber auch die Vertreter der akademischen Geschichtswissenschaft vermochten zunächst einer „Geschichte der Kriegskunst im Rahmen der politischen Geschichte", so der Titel von Delbrücks Hauptwerk, nichts abzugewinnen.

Der Verlauf des deutsch-französischen Krieges und die im Zuge der Industriellen Revolution sich rasant verändernde Militärtechnologie hatten aber nicht nur den Militärs, sondern auch den Vertretern der akademischen und politischen Eliten vor Augen geführt, dass der Krieg der Zukunft ein industrialisierter Massenkrieg, ein durch nationale Leidenschaften befeuerter Vernichtungskrieg sein würde.

Das „Dogma der Vernichtungsschlacht", ein auch innerhalb der militärischen Führung umstrittenes strategisch-operatives Konzept, bedurfte daher in besonderer Weise dem Gütesiegel kriegsgeschichtlicher Expertise. Die Beschwörung des „friderizianischen Geistes" diente dabei als ideologischer Kitt zwischen Konservativen und Liberalen, zwi- *Die Kriege Friedrichs II. und das „Dogma der Vernichtungsschlacht"* schen einem gebildeten protestantischen Bürgertum und dem Militär. Er bestand in der gemeinsamen Überzeugung von der machtpolitischen Sendung Preußens in Deutschland als einem vermeintlichen Vermächtnis friderizianischen Staatsverständnisses. Dem kriegsgeschichtlichen Beispiel Friedrichs kam damit eine weit über die militärischen Milieus hinausreichende politische Bedeutung zu. Am Beispiel des Siebenjährigen Krieges sollte die Bewältigung des Einkreisungstraumas ebenso historisch exemplifiziert wie auch der Nachweis erbracht werden, dass die Feldherrntugenden eines Obersten Kriegsherrn gepaart mit einem Durchhaltewillen von Armee und Bevölkerung selbst in fast aussichtsloser Lage den Sieg bringen konnten. Bis in den Untergang des Dritten Reiches haben diese in politisch-propagandistischer Absicht verbreiteten Maxime ihre fatale Wirkung entfaltet.

„Strategiestreit"   Delbrück setzte sich mit einer an der historisch-kritischen Methode geschulten Argumentation gegen die Stilisierung des Preußenkönigs zum ersten Verfechter einer Vernichtungsstrategie zur Wehr und bezeichnete den Gedanken einer Vernichtung des Gegners als der methodischen Kriegführung des 18. Jahrhunderts völlig wesensfremd. Damit brach er eine erbitterte, als „Strategiestreit" bekannt gewordene, fast vierzig Jahre dauernde Auseinandersetzung vom Zaun [204: S. LANGE, Hans Delbrück]. Dabei hatte er zu Recht erkannt, dass rasche Truppenbewegungen im 18. Jahrhundert eher die Ausnahme gewesen waren, da die zeitgenössischen Armeen von einer Versorgung durch Magazine abhängig waren. Die Schlachten des 18. Jahrhunderts führten zu erheblichen Personalverlusten, die angesichts eines begrenzten Reservoirs an Menschen und den Erfordernissen der Ausbildung nur schwer zu ersetzen waren. Den Gegner durch das Abdrängen von seinen Versorgungslinien zur Aufgabe von Terrain zu zwingen, bot dagegen eine Möglichkeit, territoriale Feldzugsziele bei begrenzten Verlusten zu erreichen. Schlachtentscheidungen konnten einen Feldzug rasch beenden, die damit verbundenen Risiken waren aber ungleich höher. Die Schlachten des 18. Jahrhunderts waren im Gegensatz zur populären Auffassung einer begrenzten Kriegführung durchaus blutig, wie die hohen Verluste der kriegführenden Parteien des Siebenjährigen Krieges erkennen lassen.

Während für Friedrich II. die Schlacht eine Möglichkeit unter anderen darstellte, die genutzt wurde, wenn sie sich anbot, und angenommen werden musste, wenn es keine Alternative gab, wurde die Schlacht für Napoleon zum Instrument, das angestrebt wurde, um die Entscheidung des Feldzuges oder des Krieges herbeizuführen. Für die Vertreter der von Militärs betriebenen Kriegsgeschichte im späten Wilhelminismus, die auf das militärische Führungsdenken wie auch auf die auf der staatstragenden Rolle der Armee beruhende Traditionsstiftung bedacht waren, war es undenkbar, Friedrich den Großen als einen Ermattungsstrategen, Napoleon I. hingegen als einen Vernichtungsstrategen bezeichnen zu müssen.

Delbrücks Thesen hatten in der militärischen Welt brüske Ablehnung und kaum kritische Nachdenklichkeit hervorgerufen und bewirkten auch unter den Fachhistorikern keine Unterstützung der sich etablierenden akademischen Spezialdisziplin Kriegsgeschichte. In den Jahrzehnten vor Ausbruch des Ersten Weltkrieges erschloss sich jedoch auch die Geschichtswissenschaft auf diesem Feld neue Untersuchungsfelder und Quellenbestände. Im Zuge der großen Akteneditionen zur Geschichte des preußischen Staates, wie etwa der Acta Borussica, erkannten vor allem die Verfassungs- und Wirtschaftshistoriker die für den inneren Staatswerdungsprozess Brandenburg-Preußens konstitutive Verbindung zwischen Staats- und Heeresverfassung. Otto HINTZES grundlegender Aufsatz zu diesem Thema und seine Abhandlung zur Entstehungsgeschichte des Kommissariats in Brandenburg stellen auch heute noch beeindruckende Ergebnisse dieser neuen Aufgeschlossenheit dar. Die Rolle und Bedeutung der bewaffneten Macht als „Schwungrad an der Staatsmaschine" [72: O. HINTZE, Geist, 23] hat die historische Forschung nicht nur in Deutschland bis in das letzte Drittel des vergangenen Jahrhunderts immer wieder in seinen Bann gezogen [105: J. KUNISCH/B. STOLLBERG-RILINGER, Staatsverfassung und Heeresverfassung; 379: W. NEUGEBAUER, Staatsverfassung und Heeresverfassung].

Staats- und Heeresverfassung

Die so genannte Neue Schule der Nationalökonomie nahm sich unter ihrem herausragendsten Vertreter, Gustav SCHMOLLER, in besonderer Weise der Frage an, wie die begrenzten ökonomischen Ressourcen des preußischen Staates für eine militärisch gestützte europäische Großmachtpolitik genutzt worden waren [139: G. SCHMOLLER, Umrisse]. Vor dem Hintergrund des europäischen Rüstungswettlaufs an der Schwelle zum 20. Jahrhundert versuchte man, das Existenz-, aber auch das Erfolgsprinzip der Großmacht zu entschlüsseln.

Noch unmittelbar vor dem Ersten Weltkrieg warf Werner SOMBART, einer der anregendsten, aber auch umstrittensten Vertreter der „Kathedersozialisten", in seinem Buch „Krieg und Kapitalismus" die grundsätzliche Frage auf, ob und inwieweit die Bedürfnisse des Krieges der eigentliche Motor der kapitalistischen Entwicklung im frühmodernen Staat gewesen seien. Bezeichnenderweise stellte auch für ihn der Krieg das eigentliche Medium dar, in dem sich die militärische Macht

Werner Sombart: „Krieg und Kapitalismus"

zu bewähren hatte. Überlegungen in Bezug auf die ökonomische und soziale Bedeutung der Armee in Friedenszeiten schienen ihm demgegenüber eher zweitrangig [146: W. Sombart, Krieg].

Ähnlich verhielt es sich mit rechtshistorischen Arbeiten, die den Einfluss des Militärrechts auf die Strafrechtsentwicklung untersuchten. Dabei galt die Straffälligkeit des Soldaten im Frieden bereits als Testfall für den inneren Zusammenhalt der Truppe im Krieg [32: B. v. Bonin, Grundzüge]. Soldatische Verhaltensmuster wurden zunehmend auch für die bürgerliche Wert- und Lebensordnung verbindlich, wie etwa die Behandlung von Ehrenfällen einprägsam erkennen lässt.

Am Vorabend des Ersten Weltkrieges schien sich eine gewisse Offenheit der Fachwissenschaft gegenüber an der Wehrordnung und der Kriegspraxis orientierten Fragestellungen und ihrer an der historisch-kritischen Methode geschulten Beantwortung abzuzeichnen. Hier wäre eine Anschlussfähigkeit zur späteren Beschäftigung mit den Erscheinungsformen der „militärischen Revolution" und des „fiscal military state" gegeben gewesen, wobei eine chronologische Engführung auf das Zeitalter der Stehenden Heere nach 1648 vorherrschend blieb, die zumindest die amtliche deutsche Militärgeschichte auch noch bis zur Mitte des 20. Jahrhunderts begleiten sollte [256: W. Erben, Kriegsgeschichte].

Im Mittelpunkt stand neben der Organisations- und Formationsgeschichte [373: M. Lehmann, Werbung; 83: C. Jany, Geschichte; 28: E. Bezzel/E. v. Frauenholz/K. Staudinger, Geschichte] in erster Linie die Erforschung des Krieges und seiner Mittel als Bestandteil der europäischen Mächtebeziehungen der Neuzeit. Die Geschichte des Militärs hingegen, also der Rolle der bewaffneten Macht auch und gerade in Friedenszeiten sowie dem Verhältnis von Armee und Gesellschaft, war zu diesem Zeitpunkt noch kein Thema der gelehrten Forschung.

Der Ausgang des Ersten Weltkrieges und vielleicht noch gravierender, die Revolution in Deutschland, bedeuteten auch für die wissenschaftliche Beschäftigung mit dem Phänomen Krieg einen dramatischen Einschnitt. Die auf ewig begründet geglaubte Einheit von Thron, Armee und Volk war in den Menschen- und Materialschlachten des Ersten Weltkrieges buchstäblich zerschlagen worden. Die Wehrideologie des Hohenzollernstaates hatte sich als ein allzu brüchiger Kitt für eine Armee im Zeitalter des industrialisierten Massenkrieges erwiesen.

Wehrgeschichte   Wollte man in der Zukunft die verlorene Machtposition durch eine gewaltsame Revision der Bestimmungen des Versailler Friedensschlusses herbeiführen, dann musste zuvor eine alle Schichten der Bevölkerung umschließende „Wehrhaftmachung des deutschen Volkes" erreicht werden. Mit der Abkehr von der älteren Kriegsgeschichte und der Einführung des Begriffes „Wehrgeschichte" wurde gleichsam politisch-pädagogisch die Forderung verbunden, die Rolle von Krieg und Militär in der Geschichte als Instrument einer Steigerung der inneren Wehrkraft zu nutzen. Die deutsche Geschichtswissenschaft, auch wenn es ihr an kritischen Köpfen nicht mangelte, stimmte in ihrer Mehrzahl – wenn auch zumeist moderater eingestellt – in diesen Chor des Zeitgeistes ein [225: F. REICHHERZER, „Alles ist Front"]. Ein besonderes Interesse an diesen Gegenständen wurde von der organisierten Studierendenschaft an die Fachvertreter, die Kultusbürokratie und das Reichswehrministerium herangetragen.

In der Erkenntnis, dass der innere Zusammenbruch der Armee bereits im Verhältnis zwischen Offizieren und Mannschaften in der Vorkriegszeit seine Wurzeln hatte, richtete sich das Interesse der Forschung nicht länger in erster Linie auf die Kriegführung, sondern auf die Rolle der Streitkräfte im Frieden. So wird man in den Jahren nach dem Ersten Weltkrieg die Geburtsstunde der deutschen Militärgeschichte zu suchen haben, auch wenn der Begriff selbst von den Zeitgenossen noch nicht verwendet wurde.

Damit rückten, wenngleich in erster Linie bezogen auf die Geschichte des 19. Jahrhunderts und die Vorkriegszeit, die Geschichte der inneren Struktur der Streitkräfte sowie die Frage nach dem Verhältnis von Armee und ziviler Gesellschaft in den Mittelpunkt des Interesses. Die Entstehungsgeschichte des preußischen Offizierkorps, Heer und Staat in friderizianischer Zeit, biographische Studien zu militärischen Führern und Untersuchungen zur Vorgeschichte der Allgemeinen Wehrpflicht, deren Keimzelle ins 16. Jahrhundert vorverlegt wurde, spiegeln die von nationalkonservativem Interesse geleiteten Fragestellungen wider [51: K. DEMETER, Das deutsche Offizierkorps; 5: E. v. FRAUENHOLZ, Entwicklungsgeschichte]. Dagegen verstummte mit Beginn der nationalsozialistischen Herrschaft der kleine Chor kritisch gestimmter Militärhistoriker, die sich unter anderem den Ursprüngen der geistigen Militarisierung vor allem in Preußen zugewandt hatten. Ihre prominenten Vertreter emigrierten nach Großbritannien und in die USA. Zumindest die angelsächsische Militärgeschichtsschreibung ist von ihnen nicht unwesentlich beeinflusst worden [155: A. VAGTS, History, 135: H. ROSINSKI, Die deutsche Armee; 131: F. REDLICH, German Military Enterpriser, 45: F. L. CARSTEN, Geschichte].

Mit der Machtübertragung an die Nationalsozialisten verstärkten sich auch die Bemühungen, die universitäre Forschung auf den Prüfstein einer nationalsozialistisch inspirierten „Wehrhaftmachung" zu stellen. In diesem Verständnis sollte alle Forschung von nun an ihre Existenzberechtigung vor dem Hintergrund ihres unmittelbaren Nutzens für die innere und äußere Aufrüstung des deutschen Reiches nachweisen. Unter dem Sammelbegriff „Wehrwissenschaften" fanden sich so verschiedene Disziplinen wie Wehrmedizin, Wehrrecht, Wehrpolitik, Wehrphilosophie, Wehrphysik, Wehrpsychologie, Wehrgeographie und andere [206: K. LINNEBACH, Die Wehrwissenschaften].

Wehrwissenschaften

Bereits 1932 war im Rahmen des Historischen Seminars der Berliner Universität eine kriegsgeschichtliche Abteilung errichtet worden; weitere deutsche Universitäten folgten. Während in Berlin der DELBRÜCK-Schüler Walter Elze die entsprechende Abteilung leitete, war es in München Eugen von FRAUENHOLZ und in Heidelberg Paul Schmitthenner. In Erlangen und Jena entstanden in den 1930er Jahren weitere Zentren. Der Nationalsozialismus fand an den deutschen Hochschulen zweifellos einen gut vorbereiteten Nährboden für seine sozialdarwinistisch inspirierten Vorstellungen. So wurden die Thesen von der kämpferischen Selbstbehauptung des Reiches als geschichtliche Daseinsbestimmung oder von der gewaltsamen Ostkolonisation als genuine Kulturleistung von namhaften Historikern ernsthaft vertreten, die gleichzeitig die Vorstellung, Nationalsozialisten zu sein, von sich gewiesen hätten. Auf dem Feld der älteren Wehrgeschichte dominierten neben traditionellen Arbeiten zur Organisationsstruktur, zu militärischen Persönlichkeiten und einzelnen Feldzügen vor allem Untersuchungen, die sich mit dem Entstehungsprozess des Stehenden Heeres als Keimzelle des modernen Staates, der Ablehnung von Söldnerheer und „Soldatenhandel" und dem Versuch, die Genese des Volksheeres bis in die germanische Vorzeit zurückzuverlegen, beschäftigten. Damit ließen sich Vertreter der Geschichtswissenschaft aus Kalkül oder Überzeugung dazu verleiten, den wehrpolitischen Forderungen des Regimes eine historisch rückgebundene Legitimation zu liefern [51: K. DEMETER, Das deutsche Offizierkorps; 352: R. HÖHN, Revolution].

Wie unterschiedlich diese Positionen im Detail ausfallen konnten, in welcher Form wissenschaftliche Gegen- und Rückzugspositionen aufgebaut wurden, wie intensiv aber auch die Affinität einzelner Gelehrter dem Regime gegenüber in Erscheinung trat, verdeutlicht die vehement geführte, streckenweise in harsche Polemik ausartende Kontroverse, die zwischen Fritz HARTUNG, Gerhard OESTREICH und Paul SCHMITTHENNER von 1938 bis 1941 in der Historischen Zeitschrift ausgetragen wurde. Die Auseinandersetzung entzündete sich 1938 an einer Besprechung, in der der HINTZE-Schüler HARTUNG die von Schmitthenner vorgelegte wehrpolitisch angelegte Arbeit „Politik und Kriegführung in der neueren Geschichte" einer kritischen Bewertung unterzog. HARTUNG, der noch zwei Jahre zuvor bestrebt gewesen war, die Forschungen seines Lehrers mit den Erfordernissen der „Wehrhaftmachung" in Einklang zu bringen, stellte zwei Kritikpunkte in den Mittelpunkt seiner Besprechung. Sie ließen erkennen, wo auch für die Vertreter der älteren nationalkonservativen Historiographie die Grenzen des wissenschaftlich Zumutbaren lagen. Zunächst rügte HARTUNG ganz formal die mangelhafte Quellen- und Literaturgrundlage der von Schmitthenner vorgelegten Arbeit. Außerdem ließ er keinen Zweifel daran, dass er die Zielrichtung einer wehrpolitischen Geschichte – also den Versuch, politisch-ideologischen Wertvorstellungen der Gegenwart durch eine bewusst selektive Interpretation des historischen Geschehens eine zusätzliche Legitimation zu verschaffen – erkannt hatte und ablehnte. Schmitthenner antwortete mit einer wütenden Attacke, die in dem Vorwurf gipfelte, die Ergebnisse der Geschichtswissenschaft stünden nicht auf dem Boden der nationalsozialistischen Weltanschauung.

Damit war im Kern auch die Frage nach der Daseinsberechtigung einer so verstandenen historischen Forschung im nationalsozialistischen Staat insgesamt gestellt. HARTUNG reagierte mit dem von Einzelpersönlichkeiten und Gruppen im NS-Staat erprobten Prinzip der Abwehr durch Annäherung. Da ihn Schmitthenner als rückständigen Geist bezeichnet hatte, überließ er es seinem Schüler Gerhard OESTREICH, eine vermittelnde Position zu beziehen. Dieser suchte seinerseits ausgehend von einer Definition von Wehrgeschichte, die Relevanz dieser Teildisziplin der Geschichtswissenschaft unter Beweis zu stellen, indem er den Wehrgesichtspunkt zum zentralen Erkenntnisziel der Geschichtswissenschaft erhob. Danach war Weltgeschichte in erster Linie als wehrpolitisches Geschehen zu begreifen und diene damit „als Ansporn zum Handeln und Quelle der Belehrung" [216: G. OESTREICH, Geist, 246].

Die Rolle der Wehrgeschichte im Nationalsozialismus

„Die Wehrgeschichtsschreibung", so OESTREICH, „erfasst alle Gebiete des Wehrschaffens und Wehrdenkens in historischem Ablauf. Sie betrachtet die staatliche Tätigkeit und den völkischen Existenzkampf vom *Gesichtspunkt der Wehr* [im Original gesperrt]. Sie gibt in diesem Sinn eine umfassende Geschichte der Wehrpolitik der Vergangenheit. Sie pflegt besonders die Geschichte des Wehrwesens im Frieden und im Kriege sowie die politische und militärische Geschichte der Kriege. Ihre Aufgabe ist die Darstellung der Geschichte der Staatswehr und ihrer

Probleme im Zusammenhang mit dem gesamten völkischen und staatlichen Leben. Ihr Ziel ist, durch eine unvoreingenommene Klärung der wehrpolitischen Vergangenheit einerseits dem handelnden Staatsmann, Wehrpolitiker und Soldaten eine vertiefte Erkenntnis der Gegenwart zu ermöglichen, andererseits einer Betrachtung der Wehrpolitik (Theorie im Sinn von Clausewitz) die geschichtliche Grundlage zu geben. Mit dieser Zielsetzung dient sie zugleich der notwendigen wehrpolitischen Erziehung des Volkes. Die Wehrgeschichte ist als historische Disziplin ein Teil der allgemeinen Geschichtswissenschaft. Jedoch findet sie ihren wissenschaftlichen Ort in der Wehrwissenschaft." [216: G. OESTREICH, Vom Wesen, 235].

Die Folgen dieses Sündenfalls aus Not oder Überzeugung waren fatal. Zwar hatte OESTREICH gefordert, die Wehrgeschichte müsse sich den methodischen Forderungen der Geschichtswissenschaft unterwerfen. Andererseits hatte er zugleich den Primat der Wehrgeschichte festgeschrieben und darüber hinaus wehrgeschichtliche Forschung als Beitrag zur wehrpolitischen Erziehung und damit einer am „völkischen Existenzkampf" orientierten Traditionsstiftung anerkannt – eine Forderung, die er 1939 in einem Beitrag unter dem Titel „Wehr, Volk und Staat in der deutschen Geschichte. Geschichte des Soldatentums – ein Spiegelbild des deutschen Lebens der vergangenen Jahrhunderte" in dem vom Reichsorganisationsleiter der NSDAP herausgegebenen Periodikum „Der Schulungsbrief" in kleiner Münze unter das Parteivolk gebracht hatte.

Auf der anderen Seite bemühten sich jüngere Historiker wie Eberhard KESSEL oder Werner HAHLWEG, Mitarbeiter und Schüler von Walter Elze, um eine historisch-kritische Beschäftigung mit der älteren Kriegsgeschichte, die sich bewusst und erfolgreich den ideologischen Zumutungen der Zeit entzogen [361: E. KESSEL, Der deutsche Soldat; 298: W. HAHLWEG, Die Heeresreform].

Ähnlich wie die Wehrgeschichte geriet auch die militärische Kriegsgeschichtsforschung ins Visier der nationalsozialistischen Wehrideologie. Bereits 1937 war das Reichsarchiv zur Kriegsgeschichtlichen Forschungsanstalt des Heeres geworden. Im Angesicht propagandistischer Bemühungen einer Mobilisierung der deutschen Gesellschaft für den totalen Krieg wurde sie 1942 von dem späteren Generalmajor Walter Scherff als „Beauftragter des Führers für die militärische Geschichtsschreibung" übernommen. Der Schüler Walter Elzes zeichnete sich in erster Linie durch eine groteske Gläubigkeit an den „Größten Feldherrn aller Zeiten" aus – eine Haltung, die auch in den wenigen Publikationen, die diese Dienststelle bis Kriegsende fertig stellen konnte, ihren Niederschlag fand [175: R. Brühl, Militärgeschichte, 221–378]. Die von der Kriegsgeschichtlichen Abteilung des Großen Generalstabes in den 1890er Jahren am Beispiel der friderizianischen Kriege betriebene Stilisierung des Mythos von der Macht der Persönlichkeit im Krieg fand hier in der Agonie des Dritten Reiches ihre apokalyptische Übersteigerung.

3.2 Wehrgeschichte und Militärgeschichte in der Bundesrepublik

Angesichts dieser Vorgeschichte war die Kriegsgeschichtsschreibung nach dem Zweiten Weltkrieg in Deutschland zunächst nachhaltig diskreditiert. Wie grundsätzlich die Ablehnung war, die sie gerade auch vonseiten der universitären Geschichtswissenschaft erfuhr, deren Vertreter sich möglichst rasch und vollständig vom Vorwurf wissenschaftlicher Komplizenschaft mit dem deutschen „Militarismus" zu reinigen suchten, verdeutlicht das Gerücht, das wenige Jahre nach dem Krieg ausgestreut wurde: Delbrücks „Geschichte der Kriegskunst im Rahmen der politischen Geschichte", so hieß es, sei bei den Alliierten unter Militarismusverdacht geraten und werde eingestampft.

Wehrgeschichte und Militarismusverdacht

Die Chance eines Neubeginns schien dauerhaft verloren zu sein. Die kleine Gruppe derer, die sich bereits vor 1945 in historisch-kritischer Perspektive mit Fragen zur deutschen Kriegs- und Wehrgeschichte beschäftigt hatten, setzten zum Teil unvollendet gebliebene Forschungen fort. Dies gilt für die Moltkebiographie von Eberhard Kessel ebenso wie für die Studien von Werner Hahlweg, der zunächst an seine Berliner Habilitationsschrift über die Heeresreform der Oranier und die Antike (1941) anknüpfte und in den folgenden Jahrzehnten nicht nur der bedeutendste Clausewitzforscher in Deutschland wurde, sondern sich in besonderem Maß um eine Anerkennung der Heereskunde, der Erforschung militärischer Sachzeugnisse als wissenschaftlicher Subdisziplin der Militärgeschichte, bemühte. Die grundlegende Arbeit des ehemaligen Archivars am Reichsarchiv, Karl Demeter, zur Geschichte des preußisch-deutschen Offizierkorps erfuhr bis 1962 insgesamt vier Auflagen und avancierte nicht zuletzt dank seiner aus Akten der am Ende des Krieges zerstörten Heeresarchive geschöpften Quellenbasis zu einem Standardwerk, zumindest für die Militärgeschichte des 17. und 18. Jahrhunderts.

Auch Gerhard Oestreich suchte sich dem Entstehungsprozess des neuzeitlichen Machtstaates über den römischen Stoizismus und die oranische Heeresreform zu nähern. Das Generalthema der deutschen Verfassungsgeschichte seit Otto Hintze, das Spannungsverhältnis von

Staatsverfassung und Heeresverfassung, wurde von ihm nun aber unter
anderen, negativ aufgeladenen Vorzeichen als „Bündnis im Dienste des
Militarismus des 18. Jahrhunderts" [119: G. OESTREICH, Geist, 307]
gedeutet.

In seinem ebenfalls während des Krieges begonnenen monu-
mentalen vierbändigen Alterswerk „Staatskunst und Kriegshandwerk"
untersuchte Gerhard RITTER, vor dem Hintergrund der „Deutschen
Katastrophe", das Verhältnis von Regierung und Heeresführung in
Preußen-Deutschland zwischen 1740 und 1880. Sein einseitig politisch akzentuierter Militarismusbegriff blieb nicht unwidersprochen,
klammerte er doch die soziale Seite dieses Phänomens, die geistig-
moralische Militarisierung der Gesellschaft, weitgehend aus [226:
G. RITTER, Staatskunst].

Universitäre
Forschung und
militärhistorische
Abstinenz

Zwar hat an den westdeutschen Universitäten nach 1945 kei-
ne „nahezu vollständige militärhistorische Abstinenz vorgeherrscht"
[231: B. THOSS, Militärgeschichte, 45], doch unterlag die Militärge-
schichte einerseits einer thematischen Engführung, die sich an der
Diskussion über Kontinuität und Wandel im Kontext der deutschen
Sonderwegsdebatte orientierte, andererseits fehlte es den verschiedenen
Spezialstudien an einer theoretisch fundierten Vergewisserung über
Gegenstände und Methoden einer Militärgeschichte in Abgrenzung zur
Kriegs- oder Wehrgeschichte. So wurden in den 1950er und 1960er
Jahren an deutschen Universitäten durchaus Untersuchungen durchge-
führt, die auch das Militär in die Betrachtung einbezogen, sich jedoch
keinesfalls als militärgeschichtlich orientierte Forschungen verstanden
wissen wollten. Dies betraf in besonderer Weise Untersuchungen zur
Rolle der bewaffneten Macht in der Frühen Neuzeit. Die Verknüpfung
einer kritischen Auseinandersetzung mit der Wehrgeschichtsforschung
der vergangenen Jahrzehnte mit persönlichen Erfahrungen des vergangenen Krieges bestimmte auch das Erkenntnisinteresse jüngerer
Historiker, wenngleich unterschiedlich intensiv.

Die soziale
Militarisierung im
18. Jahrhundert
(Otto Büsch)

Geradezu exemplarisch lässt sich dieser Befund an zwei Disserta-
tionen zur preußischen Geschichte des 18. Jahrhunderts festmachen,
die zu Beginn der 1950er Jahre fast zeitgleich an der Freien Universität Berlin entstanden. In ihnen stand zwar die Beschäftigung mit dem
Faktor Militär im Mittelpunkt, eine grundsätzliche theoretische Auseinandersetzung mit der Tradition der älteren Kriegs- und Wehrgeschichte
unterblieb jedoch. Während die eine in Fragestellung und methodischem Zugriff die Wiederbelebung eines traditionellen, am Wachstum
der Staatsgewalt orientierten verfassungsgeschichtlich angelegten Ansatzes vorführte [372: A. LAMPE, Der Milizgedanke], suchte die andere

am Beispiel des Militärs die sozialen Strukturveränderungen innerhalb der Agrargesellschaft Preußens herauszuarbeiten [329: O. Büsch, Militärsystem]. Bis in die 1990er Jahre galt die Arbeit als grundlegender Beitrag zur Militarismusdiskussion. Sie schien den Beweis zu erbringen, dass eine soziale Militarisierung Preußens als Bestandteil des deutschen Sonderweges bereits seit dem frühen 18. Jahrhundert nachzuweisen sei. Die von Büsch vertretene Auffassung, dass die Personalidentität von adligem Grundbesitzer und Offizier eine ebenso grundlegende soziale Konstante der preußischen Gesellschaft gewesen sei wie die Parallelexistenz des bäuerlichen Hintersassen als Kantonist und damit als langfristig beurlaubtem, aber gleichwohl dem Militärrecht unterworfenen Soldaten ist trotz seiner weitreichenden Schlussfolgerungen auf unzureichender Quellenbasis von der deutschen historischen Forschung weitgehend unkritisch rezipiert worden. Offensichtlich deckte sich das von ihm auf die sozialen Verhältnisse des 18. Jahrhunderts zurückprojizierte Bild vom preußischen Militärstaat mit der politisch-historischen Auffassung seiner Zeitgenossen.

Bezeichnenderweise wurde auch die umfangreiche und grundlegende Untersuchung des in die Vereinigten Staaten emigrierten Historikers Fritz Redlich über militärische Soldunternehmer in der Frühen Neuzeit, ihre wirtschaftliche Selbstständigkeit und militärische Handlungsfreiheit zwar in Deutschland publiziert, aber nicht ins Deutsche übersetzt [131: F. Redlich, German Military Enterpriser]. Offenbar ließ sich seine Auffassung nicht ohne weiteres in das traditionelle Bild von der Rolle des Militärs im Entstehungsprozess des modernen Staates integrieren.

Eine theorieferne, begriffsgeschichtlich unzureichend reflektierte Verwendung kennzeichnet die vielfältige Nomenklatur, mit der seit Beginn der 1950er Jahre innerhalb verschiedener Zirkel ehemaliger Offiziere und der Dienststellen der im Entstehen begriffenen neuen westdeutschen Streitkräfte über Wehrgeschichte, Wehrkunde, Wehrwissenschaft, Kriegsgeschichte oder Kriegskunst debattiert wurde [210: H. Meier-Welcker, Soldat; 238: R. Wohlfeil, Militärgeschichte; 196: F. Klein, Militärgeschichte]. *Wehrkunde/ Wehrwissenschaft*

Das Anfang der 1960er Jahre begonnene und 1979 zum Abschluss gelangte „Handbuch zur deutschen Militärgeschichte" betrachtete in herkömmlicher Perspektive Militär in erster Linie als Instrument des Staates und ließ seine Darstellung demzufolge erst mit dem Aufkommen Stehender Heere nach dem Westfälischen Frieden einsetzen – wenngleich einzelne Bearbeiter in ihren Ausführungen auch zeitlich bis in das 16. Jahrhundert zurückgriffen [114: MGFA, Handbuch].

Es ist das unbestrittene Verdienst dieses Werkes, erstmals das Militär umfassend als historischen Gegenstand behandelt und mit dem Rüstzeug der historisch-kritischen Methode analysiert zu haben. Vor allem die Beiträge von Rainer Wohlfeil, Manfred Messerschmidt und Gerhard Papke zeichnen sich durch eine am jeweiligen Stand sozialgeschichtlicher Forschung orientierte Analyse aus. Die einzelnen Abschnitte brachen bewusst und durchaus in Abgrenzung von den Auffassungen militärischer Führungsgremien mit einer traditionellen anwendungsorientierten kriegsgeschichtlichen Herangehensweise.

Doch erst 1967 vermochte Rainer Wohlfeil eine inzwischen verbindlich gewordene Definition von Militärgeschichte in Abgrenzung zur älteren Kriegs- und Wehrgeschichte vorzulegen:

Definition von
Militärgeschichte
(Rainer
Wohlfeil 1967)

„Militärgeschichte ist also die Geschichte der bewaffneten Macht eines Staates, die in der Breite ihrer historischen Erscheinung behandelt wird. Sie fragt nach der bewaffneten Macht als Instrument und Mittel der Politik und befasst sich mit dem Problem ihrer Führung, in Frieden und Krieg. Im Krieg sieht sie jedoch nicht nur eine rein militärische Angelegenheit, sondern stellt ihn hinein in die allgemeine Geschichte, sodaß der Krieg als historisches Phänomen gefasst, erfasst, erschlossen und durchdrungen wird. Die Militärgeschichte untersucht weiterhin das Militär nicht nur als Institution, sondern auch als Faktor des wirtschaftlichen, gesellschaftlichen und gesamten öffentlichen Wesens. Nicht zuletzt beschäftigt sie sich mit der bewaffneten Macht als politischer Kraft. Im Mittelpunkt der Militärgeschichte aber steht – analog zum Ziel der allgemeinen historischen Wissenschaft, den Menschen und seinen Wirkungskreis zu erfassen – der Soldat in allen seinen Lebensbereichen [237: R. Wohlfeil, Wehr-, Kriegs- oder Militärgeschichte, 28f.].

Die von Wohlfeil vorgenommene Einordnung des Begriffes „Militärgeschichte" nahm die seit Längerem eingeführten entsprechenden englischen, französischen und spanischen Benennungen auf. Sie vermochte es aber nicht, ihre defensive Abgrenzung gegenüber dem Postulat einer von ihrem ideologischen Ballast gereinigten, jedoch als militärische Ausbildungshilfe verstandenen Wehrgeschichte zu verleugnen, und befreite sich ebenfalls nicht von dem zeitimmanenten Primat eines politik-, verfassungs- und institutionsgeschichtlich verstandenen Forschungsverständnisses. Gleichwohl öffnete sie sich mit dem Verweis auf die Trägerschichten des Militärs, denen Wohlfeil mit Untersuchungen zur Entstehungsgeschichte des Offizierkorps vorgearbeitet hatte, sozialgeschichtlichen Fragestellungen [283: R. Wohlfeil, Ritter; 163: Ders., Adel und Heerwesen; 164: Ders., Adel und neues Heerwesen].

In Bezug auf die Erforschung der deutschen Militärgeschichte der Frühen Neuzeit fand seit den späten 1970er Jahren eine bemerkenswerte forschungspraktische Schwerpunktverlagerung statt. Während man im Militärgeschichtlichen Forschungsamt angesichts einer quellengestützten umfassenden Erforschung der Geschichte des Zweiten Weltkrieges der „älteren Militärgeschichte" lediglich eine materiell und personell unzureichend ausgestattete Hilfsfunktion zubilligte, mit deren Unterstützung „der Militärhistoriker Einsichten in alternative militärische und nichtmilitärische Aspekte und Bedingungen menschlichen Daseins" gewänne [193: H. HÜRTEN/D. BANGERT, Zielsetzung], begannen innerhalb der Geschichtswissenschaft erste tastende Versuche, sich zunächst noch im Rahmen traditioneller methodischer Ansätze auch militärgeschichtlichen Fragestellungen zu widmen [391: H. SCHMIDT, Militärverwaltung; 367: J. KUNISCH, Der Kleine Krieg; 317: W. SCHULZE, Landesdefension].

Seit den 1960er Jahren standen sich angelsächsische und deutsche Erklärungsmodelle frühneuzeitlicher Staatsbildungsvorstellungen gegenüber: dort das Konzept der „militärischen Revolution", hier das von Gerhard OESTREICH entwickelte idealtypische Konstrukt einer als frühneuzeitlicher Fundamentalvorgang bezeichneten Sozialdisziplinierung. Die Vorstellung einer militärischen Revolution hebt letztlich auf die Ausbildung innermilitärischer Disziplinierung als Bestandteil des sich ausbildenden Gewaltmonopols des frühneuzeitlichen Staates ab und konstruiert dabei einen funktionalen Zusammenhang mit der Entstehung notwendiger Verwaltungsinstitutionen im Bereich der Rekrutierung, Logistik, Militärtechnik (Festungswesen, Artillerie) und den von ihnen bestimmten Kriegführungslehren. Demgegenüber verweist das Sozialdisziplinierungsparadigma auf Rationalisierungs- und Modernisierungsprozesse, jedoch ohne zunächst explizit auf ihre im militärischen Bereich zu verortenden Antriebskräfte einzugehen. Vielleicht scheute OESTREICH in Erinnerung an den von ihm geforderten Primat der Wehrgeschichte einen zu offensichtlichen Rekurs auf das Militär als primäre Agentur sozialer Disziplinierung.

Die gesellschaftlichen Veränderungsprozesse in Richtung einer gesteigerten Rationalität politischen Handelns und gesellschaftlicher Disziplinierung sowie der Versuch, den frühneuzeitlichen Staatsbildungsprozess mit dem Anspruch auf ein herrschaftliches Gewaltmonopol zu verbinden, mündeten scheinbar zwangsläufig in den Fundamentalvorgang der „Modernisierung". Ihre unausgesprochene politisch-militärische Dynamik wies den Weg zum weltweit durchgesetzten Führungsanspruch der europäischen Kolonialmächte im 19. Jahrhundert.

Für die deutsche historische Forschung ließ sich in diesem Zusammenhang ein Befund erheben, wie ihn Ralf PRÖVE noch 1999 pointiert konstatierte: „Die funktionalen und essentiellen Zusammenhänge von Staatsbildung, Sozialdisziplinierung und ‚militärischer Revolution' hat die Forschung in Deutschland erst in den letzten Jahren wirklich angemessen erkannt (und erkennen wollen)". Die daraus resultierende Verspätung führte er in erster Linie auf den bewussten Verzicht der Geschichtswissenschaft, und hier insbesondere der Sozial- und Alltagsgeschichte, auf die Berücksichtigung des Faktors Militär zurück [222: R. PRÖVE, Dimension, 70]. In der Tat blieben Forschungen zur Militärgeschichte der Frühen Neuzeit seit den späten 1960er Jahren in erster Linie traditionellen methodischen Ansätzen, der Diplomatie-, Geistes- und Verfassungsgeschichte, verpflichtet.

Ständische Wehrorganisationen   Im Rahmen der europaweit verstärkt betriebenen Beschäftigung mit der Entstehung, Blüte und dem Niedergang der ständischen Vertretungen in der Frühen Neuzeit geriet, angestoßen durch die Forschungen Dietrich Gerhards und vorangetrieben durch Gerhard OESTREICH, Werner HAHLWEG und deren Doktoranden, die Geschichte des Landesdefensionswesens in den Territorien des Reiches in den Fokus der Betrachtung. Reichsmilitärwesen, ständische Militäreinrichtungen, Bürgermilizen und Bürgerwehren galten mit Blick auf die Söldnerarmeen als Instrumente einer aggressiven fürstlichen Politik nach außen und als Exponenten einer in der Frühen Neuzeit nicht zum Zuge gekommenen alternativen, auf Stärkung ständischer Mitgestaltung gerichteten Wehrordnung [311: H. PREUSS, Söldnerführer; 317: W. SCHULZE, Landesdefension; 396: B. SICKEN, Das Wehrwesen; 400: P.-C. STORM, Der Schwäbische Kreis; 141: H. SCHNITTER, Die überlieferte Defensionspflicht, 29–37]. In Abgrenzung zu der in der älteren Kriegsgeschichte zu beobachtenden politisch-ideologisch motivierten Engführung auf die Entstehungsgeschichte des Stehenden Heeres als Vorläufer und Geburtshelfer nationaler Massenheere seit dem 19. Jahrhundert und der damit in Verbindung gebrachten Katastrophen des 20. Jahrhunderts wurde damit der Blick auf alternative Wehrformen gerichtet, wobei in der Bundesrepublik sicherlich nicht von ungefähr eine gewisse Affinität zu protoföderalen Entwicklungstendenzen zu erkennen ist.

Lebensverhältnisse der Soldaten   Erstmals legte Ernst Willi HANSEN 1979 einen umfangreichen Forschungsbericht zu einer als Sozialgeschichte verstandenen Militärgeschichte der Frühen Neuzeit vor, wobei er neben einem Forschungskonzept „auf die Defizite der empirischen Forschung hinweisen" wollte [191: E. W. Hansen, Zur Problematik, 426]. In erster Linie beabsichtigte er dabei, die Rekonstruktion der sozialen Wirklichkeit der Soldaten anzuregen. In diesem Zusammenhang schlug er vor, eine Sozialgeschichte des Militärs in den deutschen Territorien in der Frühen Neuzeit zu untersuchen und dabei drei Aspekte zu betrachten: Ausgehend von einer sozialgeschichtlich angelegten Strukturanalyse des Militärs als Organisation sollte der Militärdienst als Beruf untersucht werden und schließlich das Verhältnis von Militär und frühneuzeitlicher Gesellschaft. Hansens abschließende Forderung, „Sozialgeschichtlich orientierte Militärhistorie muß das Militär als Teil der Gesamtgesellschaft sehen und Interdependenzen zwischen Militärsystem und Sozialordnung herausarbeiten", lässt erkennen, dass zumindest die westdeutsche Frühneuzeitforschung zu diesem Zeitpunkt noch einen erheblichen Rückstand zur angelsächsischen und französischen Militärgeschichtsschreibung aufwies [191: E. W. Hansen, Zur Problematik, 459]. Auch ein Jahrzehnt später zeigte der Blick auf den bis dahin erreichten Forschungsstand in Deutschland noch immer ein starkes Übergewicht diplomatie- und landesgeschichtlicher sowie biographisch angelegter Untersuchungen. Von einer Sozialgeschichte militärischer Unterschichten war man zu diesem Zeitpunkt noch weit entfernt [303: B. R. Kroener, Soldat; 200: Ders., Vom ‚extraordinari Kriegsvolck‘]. Vielfach bestand noch keine ausreichende Kenntnis über das in diesem Zusammenhang relevante Quellenmaterial. Auch fehlte das methodische Rüstzeug, um sich über entsprechende Fragestellungen die einschlägigen Bestände zu erschließen. Insofern überrascht auch auf dem Feld der sozialgeschichtlichen Militärgeschichtsforschung nicht, dass zunächst Ansätze weiter verfolgt wurden, die bereits in der Zwischenkriegszeit Konjunktur gehabt hatten. So wandte sich das Interesse erneut der Entstehungsgeschichte des neuzeitlichen Offizierkorps und der militärischen Elite zu. Eine differenzierte Beurteilung der sozialen Herkunft, des binnenmilitärischen Aufstieges und des gesellschaftlichen Ortes des sich formierenden Offizierkorps in den Regimentern der armierten Reichsstände begannen sich als Forschungsgegenstände durchzusetzen und führten erstmals über die Ergebnisse der bis dahin dominierenden preußenzentrischen Betrachtung hinaus [24: T. M. Barker, Army; dagegen 51: K. Demeter, Das deutsche Offizierkorps; 48: G. A. Craig, Die preußisch-deutsche Armee].

Dennoch blieb bis zum Beginn der 1990er Jahre die Feststellung gültig, die Franklin Kopitzsch bereits 1976 getroffen hatte, eine umfassende Sozialgeschichte des deutschen Heerwesens des 18. Jahrhunderts sei ein unerfülltes Desiderat der Forschung [198: F. Kopitzsch, Die

Sozialgeschichte, 27]. Nur ein Jahrzehnt später sollte sich dieses Bild grundlegend verändert haben.

3.3 Militärwissenschaft und Militärgeschichtsschreibung in der DDR

Die Anfänge einer Erforschung der deutschen Militärgeschichte erfolgten in der DDR ähnlich wie in der Bundesrepublik im Zusammenhang mit der Wiederbewaffnung des zweiten deutschen Staates und dem Versuch einer entsprechenden Legitimierung im Kontext einer sozialistischen Deutung der deutschen Geschichte. Dabei erwies sich der marxistische Ansatz, Krieg und Militär aus ihren gesamtgesellschaftlichen Verhältnissen und dem jeweiligen Klasseninteresse zu interpretieren, für die Entwicklung einer sozialistischen Militärgeschichtsschreibung als vorteilhaft. So war die Daseinsberechtigung dieses Forschungsfeldes durch die Schriften der Klassiker der Arbeiterbewegung, in erster Linie Friedrich Engels, hinreichend gesellschaftlich legitimiert. Gerade durch den Blick auf die sozialen Rahmenbedingungen, unter denen sich die militärische Gesellschaft entwickelte und die unmittelbare Auswirkungen auf die zeitgenössische Kriegspraxis besaßen, begünstigte der marxistische Ansatz entsprechende Forschungsvorhaben, wenngleich eine gewisse ideologische Engführung ihre Ergebnisse beeinträchtigte [187: E. ENGELBERG, Zu den Aufgaben; 168: J. ANGELOW, Forschung; 176: R. BRÜHL, Zum Neubeginn].

Bereits 1954 war in Dresden unter der Leitung des aus der Sowjetunion zurückgekehrten ehemaligen Generalfeldmarschalls Friedrich Paulus eine Forschungsstelle initiiert worden, die bezeichnenderweise zunächst der traditionellen Namensgebung „Kriegsgeschichtliche Forschungsanstalt" folgte. 1956 wurde am Institut für Geschichte der Universität Leipzig unter Leitung von Ernst Engelberg eine Abteilung Militärgeschichte errichtet. Beide Institutionen bildeten seit Ende der 1960er Jahre die wenig später als Militärgeschichtliches Institut der DDR (MGI) firmierende Einrichtung mit Sitz in Potsdam.

Marxistische Militärgeschichte und Militärwissenschaft

Damit wurde eine Forschungsrichtung begründet, die den „ Krieg als Produkt gesellschaftlicher Verhältnisse und Fortsetzung der Politik gesellschaftlicher Kräfte, nicht mehr nur die Streitkräfte im bewaffneten Kampf, sondern darüber hinaus ihr Platz und ihre Rolle als Teil und inmitten der Gesellschaft in den Zeiten des Krieges wie des Friedens, nicht mehr nur der Krieg als das Gegenstück zum Frieden, sondern die Wechselbeziehungen zwischen Krieg und Frieden und gesellschaftlichem Fortschritt [...] zum Gegenstand militärgeschichtswissenschaftlicher Arbeit in der DDR werden" ließen [176: R. BRÜHL, Zum Neubeginn, 307].

Bereits die Begrifflichkeit lässt erkennen, dass Militärgeschichte und Militärwissenschaft in der DDR von Anfang an eine inhaltliche Verbindung eingingen, die die Erforschung militärischer Führungslehren und militärtechnischer Fragestellungen miteinbezogen. Damit war ein weitaus umfangreicherer thematischer Rahmen militärgeschichtlicher Untersuchungen abgesteckt, der in der westdeutschen militärgeschichtlichen Forschung keine Entsprechung fand.

Angesichts der kanonisierten Überzeugung, dass die historische Entwicklung in teleologischer Deutung eine gesetzmäßige Abfolge von Klassenkämpfen sei, besaß die Beschäftigung mit gewaltsamen Veränderungsprozessen als Kennzeichen einer Entwicklung von Produktivkräften ebenso wie die mit ihrer Hilfe betriebene Klassenauseinandersetzung auf der Grundlage der bestehenden Produktionsverhältnisse ein besonderes Gewicht. Damit waren Themenfelder der Militärgeschichte selbstverständlicher Gegenstand der Geschichtswissenschaft über alle Epochen hinweg, wobei der Erforschung der Kriegsmittel als Bestandteil der Produktivkräfte eine wesentliche Bedeutung beigemessen wurde.

Auf der anderen Seite galt das Interesse in besonderer Weise den jeweils zeitgenössischen Volksbewegungen als Exponenten sich verändernder Klassenverhältnisse. Auf diesem Feld bewegten sich die Forschungen einer wenngleich wenig entwickelten militärgeschichtlich orientierten DDR-Mediävistik, deren Vertreter sich in besonderer Weise der Kriegführung und der Kriegsmittel annahmen.

Der Epoche der „frühbürgerlichen Revolution und der Geschichte des deutschen Bauernkrieges" wurde auch innerhalb der politischen Identifikationsstiftung der DDR eine herausragende Rolle zuerkannt. Im Umfeld der Gedenkveranstaltungen zur 450. Wiederkehr der Ereignisse von 1525 erschienen in größerer Zahl Darstellungen und Quelleneditionen zur militärischen Geschichte des Bauernkrieges, von denen einige als Standardwerke anzusehen sind [291: M. BENSING/S. HOYER, Der deutsche Bauernkrieg, 299: S. HOYER, Das Militärwesen]. Im Gegensatz zur älteren Forschung, wenngleich bisweilen interpretatorisch überhöht, wurden die Zusammensetzung, Führungsstruktur, militärische Leistungsfähigkeit und Erfolge der Bauernheere herausgearbeitet.

Militärgeschichte der „frühbürgerlichen Revolution"

Im Verständnis der Geschichte der Frühen Neuzeit als einer Epoche frühbürgerlicher Revolutionen wurde dem Niederländischen Aufstand und damit der oranischen Heeresreform sowie der in ihrem Gefolge entstehenden Landesdefensionen im Reich besondere

Aufmerksamkeit geschenkt. „Die Landesdefension", schrieb Helmut
Schnitter, dessen entsprechende Arbeit auch heute noch lesenswert
ist, „stellte eine echte Alternative zum Söldnerwesen dar und förderte
die Herausbildung eines neuen Verhältnisses von Staat, Volk und
Streitmacht" [140: H. SCHNITTER, Volk].

Im Zusammenhang mit der Erforschung der frühbürgerlichen
Revolutionen galt das Interesse marxistischer Historiker neben dem
amerikanischen Unabhängigkeitskrieg vor allem der Geschichte der
Französischen Revolution. Das Zeitalter des „Absolutismus" besaß
dagegen als Übergangsepoche zwischen „Feudalismus" und „Kapitalismus" zwar eine allgemeinhistorische Bedeutung, die in der DDR-
Historiographie in erster Linie in wirtschaftsgeschichtlichen Darstellungen, Untersuchungen zur Lage der unterbürgerlichen Schichten
und den unterschiedlichen Formen der Herrschaftsausübung ihren
Niederschlag fanden. Dem Militärwesen wurde allerdings nur selten
und in eingeschränkter Perspektive Aufmerksamkeit geschenkt, wenn
es darum ging, die Frühformen vor allem des preußischen Militarismus
in den Blick zu nehmen. In einer frühen Phase beschränkte sich die
DDR-Geschichtswissenschaft auf die Beschäftigung mit ausgewählten
Ereignissen und Phänomenen der deutschen Vergangenheit, die als
traditionswürdig galten, weil sie im Sinn marxistischer Teleologie
fortschrittliche Bestandteile einer sozialistischen Identitätsstiftung
in historischer Perspektive repräsentierten. Erst die im Rahmen der
Zwei-Staaten-Theorie propagierte Vorstellung von einer sozialistischen
deutschen Nation führte seit den 1970er Jahren dazu, die Aneignung
der gesamten deutschen Nationalgeschichte, also auch ihrer reaktionären Phasen, voranzutreiben. Mit der begrifflichen Unterscheidung in
„Tradition" und „Erbe" wurde versucht, die Gesamtheit des historisch
Überlieferten in der Vorstellung einer Verantwortungsgemeinschaft
anzunehmen, sie aber in ihre progressiven und reaktionären Bestandteile aufzuspalten. Dabei umfasste die „Tradition" die fortschrittlichen
Aspekte der Geschichte, die die sozialistische Gesellschaft legitimieren sollten. Nach dieser Vorstellung war es durchaus möglich, dass
selbst innerhalb der reaktionären Phasen der deutschen Geschichte
sektoral begrenzte Entwicklungen vorangetrieben wurden, die als
gesellschaftlich fortschrittlich anzusehen waren.

Damit öffnete sich der Geschichtswissenschaft der DDR die
Möglichkeit, bisher ausgeblendete Ereignisse und Persönlichkeiten zu
erforschen. Eine in Hinsicht auf die Beschäftigung mit der preußischen Geschichte der Frühen Neuzeit auch in der Bundesrepublik als
Wendepunkt wahrgenommene Veröffentlichung stellte die Biographie

„Tradition"
und „Erbe"

Friedrichs II. von Preußen aus der Feder von Ingrid MITTENZWEI (1980) dar. Nun vermochte auch die militärhistorische Forschung die Geschichte des Heerwesens im Absolutismus aus dem Prokrustesbett der Militarismusforschung zu lösen und als eigenständigen Gegenstand zu behandeln [392: H. SCHNITTER/T. SCHMIDT, Absolutismus]. Wenige Jahre später waren die DDR und ihre marxistische geprägte Aneignung der Militärgeschichte Vergangenheit.

4. Die Erforschung des frühneuzeitlichen Militärs innerhalb der „Neuen Militärgeschichte" seit den 1990er Jahren

Seit dem Beginn der 1990er Jahre hat die Erforschung der Militärgeschichte im geeinten Deutschland einen erstaunlichen und nicht erwarteten Aufschwung genommen, über dessen tiefer liegende Ursachen gegenwärtig nur Vermutungen angestellt werden können. Zu ihnen zählt das Ende des Kalten Krieges ebenso wie die Auflösung der aus dem Gleichgewicht des nuklearen Schreckens gespeisten bipolaren Weltordnung. Der Aufmerksamkeit, die die Militärgeschichte in Europa, zumal in der deutschen historischen Forschung, erfuhr, stand eine gewisse Verdrängungsangst gegenüber, mit der sich vor allem Vertreter des Faches an amerikanischen Universitäten angesichts einer zunehmenden Spezialisierung der Geschichtswissenschaft und einer öffentlich reflektierten veränderten Bedrohungslage konfrontiert sahen [208: J. A. LYNN, Embattled Future; 30: J. BLACK, War]. Die Rückkehr des konventionellen Krieges nach Europa zumal mit den Begleiterscheinungen politisch-religiöser bis hin zu ethnisch motivierter Brutalität, die sich während des Jugoslawienkonflikts teils in Formen auslebte, die die Kriege der ersten Hälfte des 20. Jahrhunderts gekennzeichnet hatten, hielt die europäischen Gesellschaften in Atem und führte schließlich zu den ersten Kampfeinsätzen deutscher Streitkräfte seit dem Ende des Zweiten Weltkrieges.

Eine Generation jüngerer Forscher, denen die aus der Ablehnung der älteren Kriegsgeschichte gespeiste Distanz ihrer akademischen Lehrer fremd geworden ist, nutzt seither, versehen mit einem neuen, attraktiven methodischen Rüstzeug, die seit Jahrzehnten leer gebliebenen thematischen Nischen der Militärgeschichte des Spätmittelalters und der Frühen Neuzeit. Ihnen kommt dabei zu Gute, dass sich die mit der Neuen Militärgeschichte verbundene perspektivische Erweiterung

„Neue Militärgeschichte"

neben der traditionellen Beschäftigung mit der Errichtung eines staatlichen Gewaltmonopols als Fundamentalvorgang des frühmodernen Staatsbildungsprozesses auch gleichberechtigt dessen retardierenden Faktoren widmet. Dazu zählen etwa die Residuen organisatorischer und mentaler Widerständigkeit und die Instrumentarien der zu ihrer Überwindung erforderlichen Aushandlungskompromisse aus dem Blickwinkel der Betroffenen.

Lange Zeit war die Militärgeschichte der Auffassung, es sei interpretatorisch zureichend und methodisch vertretbar, Militär als Lebensform mit Hilfe des Schriftgutes zentraler Verwaltungsbehörden zu untersuchen. Auf der Grundlage strukturgeschichtlich ausgedeuteter serieller Untersuchungen glaubte man den Blick „nach unten" richten zu können, da angesichts der begrenzten Schriftmächtigkeit der militärischen Unterschichten der unmittelbare Blick „von unten" nicht möglich schien. Doch seit etwa zwei Jahrzehnten eröffnen mentalitäts-, alltags- und schließlich kulturgeschichtlich orientierte Fragestellungen den Zugang zu Quellenbeständen nichtmilitärischer Provenienz, zu Zeugnissen der materiellen militärischen Kultur und schließlich zu Werthaltungen und symbolischen Handlungsformen kultureller Ordnungen der militärischen Gesellschaft.

Militärge-
schichte
als
Gewaltgeschichte

Die damit verbundene Erweiterung des Forschungsfeldes Militärgeschichte bedeutet einerseits eine allgemeine Akzeptanz des Gegenstandes Militär, verschärft aber andererseits die latente Gefahr verschwimmender disziplinärer Grenzen und damit das Aufgehen der Militärgeschichte in einer allgemeinen, kulturwissenschaftlich orientierten Gewaltgeschichte.

Zweifellos hat sich im Blick auf die Geschichte des Militärs die im Begriffspaar „Militär und Gesellschaft" angelegte Parallelität, mit der seit den 1970er Jahren der Anspruch der Militärgeschichte als einer Subdisziplin der Geschichtswissenschaft auch im Bereich der sozialgeschichtlichen Forschung begründet wurde, in den letzten zwei Jahrzehnten zu einer kulturwissenschaftlich gedeuteten Vorstellung vom historischen Ort des „Militärs in der Gesellschaft" erweitert. Damit erhebt die Militärgeschichte den Anspruch nicht länger als ein eher esoterisches Randphänomen des Faches, sondern als integraler Bestandteil der Geschichtswissenschaft wahrgenommen zu werden.

Innerhalb der Lebensform Frühe Neuzeit bildet das Militär ein komplexes Teilmilieu, das unterschiedlich große Schnittmengen mit anderen Teilmilieus aufweist. Eine vertiefte Kenntnis der durch militärische Lebensformen konstituierten sektoralen Bereiche einzelner Sozialmilieus erscheint unerlässlich, will man zu einer umfassenden und zutreffenden Beurteilung der Werthaltungen, Orientierungen und Sinndeutungen von gesellschaftlichen Realitäten der frühneuzeitlichen Gesellschaft gelangen.

Ohne Zweifel lässt sich die von Roger Chickering mit durchaus plausiblen Argumenten vorgetragene Forderung nach einer Militärgeschichte als Totalgeschichte bezogen auf die Kriege vor allem des 20. Jahrhunderts nicht ohne weiteres auf die Verhältnisse des Spätmittelalters und der Frühen Neuzeit übertragen. Wenn aber, angesichts verdichteter Bellizität in Alteuropa, viele Lebenswege auch immer von spezifisch militärisch-kriegerischen Erfahrungen geprägte Abschnitte beinhalteten, so bleibt die Darstellung von sozial- und kulturgeschichtlichen Phänomenen der europäischen Gesellschaft ohne eine vertiefte Kenntnis und den Einschluss militärgeschichtlicher Analyseraster unvollkommen.

Militärgeschichte in der Erweiterung will daher nicht in traditioneller Perspektive „den Soldaten in allen seinen Lebensbereichen", sondern den Umfang des Militärischen im Alltäglichen ausmessen und geht dazu von den nichtmilitärischen gesellschaftlichen Lebensbereichen aus. „Militär in der Gesellschaft" als Programm beruht auf der Feststellung, dass eine Sozial-, Alltags und Kulturgeschichte des Spätmittelalters und der Frühen Neuzeit ohne Rekurs auf den bewusst gewollten oder den erlittenen Einbruch militärischer Lebensformen und kriegerischer Lebenserfahrungen nicht zutreffend dargestellt werden kann [237: R. WOHLFEIL, Wehr-, Kriegs- oder Militärgeschichte, 29].

„Militär in der Gesellschaft"

In diesem Verständnis dominieren nicht, wie etwa unter dem Primat der „Wehrgeschichte" postuliert, militärgeschichtlich orientierte Fragestellungen und methodische Herangehensweisen die historische Forschung. Sie bilden gleichsam nur einen unverzichtbaren Bezugspunkt für einen multiperspektivischen Zugriff. Die komplexe Erforschung organisierter Gewaltverhältnisse bildet damit einen selbstverständlichen Bestandteil des wissenschaftlichen Erkenntnisinteresses. Unter dieser Prämisse wird im Folgenden am Beispiel verschiedener methodischer Ansätze und Teildisziplinen der historischen Forschung versucht, den jeweiligen Beitrag der Militärgeschichte auszuloten.

4.1 Staatenbildungskriege – Staatenpositionskriege

Selten ist eine Aussage häufiger zitiert, verkürzt wiedergegeben und daher ebenso oft missverstanden worden, wie die von Carl von Clausewitz 1832 in seinem Werk „Vom Kriege" getroffene Feststellung, dass der

Krieg nichts als die fortgesetzte Staatspolitik mit anderen Mitteln sei
[214: H. MÜNKLER, Über den Krieg, 75].

Krieg als Mittel
der Politik

Krieg als selbstverständliches Mittel der auswärtigen Politik der
Staaten galt in der Epoche einer bipolaren Weltordnung unter dem Dik-
tat nuklearer Bedrohung als überholt, wenn nicht gar als sinnfälliger
Ausdruck einer anachronistischen Vorstellung vom Krieg als Vater aller
Dinge, wie er gerade im preußisch-deutschen Militarismus propagiert
worden war. Das Ende des Kalten Krieges und die Rückkehr konventio-
neller Auseinandersetzungen in die Bandbreite politischen Handelns hat
auch der Militärgeschichtsschreibung als Bestandteil einer Geschichte
der politischen Verhältnisse und der Internationalen Beziehungen eine
verstärkte Aufmerksamkeit beschert.

In diesem Zusammenhang sind zwei Aktionsebenen einer als
politische Geschichte verstandenen Militärgeschichte zu unterscheiden:
Auf der einen Seite steht das organisierte Gewalthandeln gesellschaftlicher Gruppen, aus denen sich erst allmählich ein staatliches
Gewaltmonopol herausbildete. Auf der anderen Seite bedarf es einer
entsprechenden Verdichtung von Herrschaft nach innen als Voraussetzung jeder außenpolitischen Handlungsfreiheit. Sie bedeutete den
uneingeschränkten Zugriff auf kriegsrelevante materielle wie perso-
nelle Ressourcen und damit die Herausbildung von Instrumenten zu
ihrer Mobilisierung. Staatsbildung und Staatenkonkurrenz sowie das
Verhältnis von Staatsverfassung zu Heeresverfassung stellten daher
über lange Zeit die wichtigsten Pfeiler der Militärgeschichtsschreibung
dar. In der Perspektive der Historiographie des 19. Jahrhunderts, die,
als gesellschaftliche Leitwissenschaft verstanden, aus der Deutung der
Befreiungskriege und vor allem der preußisch-deutschen Einigungs-
kriege (1866–1871), Krieg und Militär als entscheidende Faktoren
staatlicher Selbstbehauptung ansah, füllte nach den Worten Heinrich
von TREITSCHKES der Frieden nur die leeren Seiten der Geschichtsbü-
cher. Für den bedeutenden Verfassungshistoriker Otto HINTZE war die
bewaffnete Macht das große Schwungrad an der Staatsmaschine, während der Soziologe Max WEBER im Heer den Mutterschoß der Disziplin
erblickte. Das Militär als kostenträchtige, schimmernde Wehr und als
Schule der Nation bestimmte das politische Handeln ebenso, wie es
mit unterschiedlicher Intensität, aber allgegenwärtig, Einfluss auf die
habituelle Kultur der deutschen Gesellschaft nahm. Im öffentlichen
Diskurs, aber auch bei der Zurschaustellung der politisch-militärischen
Macht des Kaiserreiches diente die deutsche Geschichte, vor allem
in ihrer brandenburgisch-preußischen Ausprägung seit der Mitte des
17. Jahrhunderts, als historisches Vorbild und Vergleichsmaßstab.

Geprägt durch die Gewalterfahrungen des 20. Jahrhunderts und nicht zuletzt des Vietnamkrieges, folgerte Charles TILLY, ausgehend von den Ergebnissen der älteren Forschung und im Kontext der Vorstellungen der „Military Revolution", dass der Krieg den Staat und der Staat den Krieg mache [152: C. TILLY, The Formation, 42]. Die gewaltsame Ausdehnung der eigenen Machtsphäre gegenüber konkurrierenden Gewaltorganisationen bedurfte eines Gewaltmonopols, unter dessen Einfluss eine auf Zwang beruhende Ressourcenmobilisierung praktiziert wurde (*extraction-coercion-cycle*). Eine auf militärische Macht abgestützte Fähigkeit, die zur Kriegführung nach außen notwendigen Mittel im eigenen Herrschaftsgebiet aufzubringen, schuf nach dieser Vorstellung die ausschlaggebende Voraussetzung von Staatsbildung und Machterweiterung. Das Militär bildete also das entscheidende Bindeglied zwischen äußerer und innerer politischer Praxis. Nur wenn es gelang, die zur Kriegführung notwendigen Kräfte durch eine zentrale Autorität, eine effiziente Verwaltung und Steuerschöpfung, in eine hinsichtlich ihrer Größe, Disziplin, Bewaffnung und Ausrüstung konkurrenzfähige Armee zu bündeln, konnte man hoffen, im Konkurrenzkampf des sich formierenden Staatensystems erfolgreich zu bleiben. Demzufolge verringerte sich die Zahl selbstständiger politischer Einheiten seit dem Spätmittelalter von mehreren hundert auf etwa dreißig Staaten in Europa am Ende des 19. Jahrhunderts. Angesichts der unbestreitbaren Feststellung, dass während der für die Herausbildung des modernen europäischen Staatensystems entscheidenden Jahrhunderte zwischen 1500 und 1800 nur wenige Jahre ausgemacht werden können, in denen auf dem gesamten Halbkontinent Frieden herrschte, erscheint der Analogieschluss „War Making and State Making as Organized Crime" [232: C. TILLY, War Making, 169] auf den ersten Blick plausibel. In der deutschen Forschung führte der Politikwissenschaftler Eckhard KRIPPENDORFF diesen Gedanken weiter, indem er mit Blick auf die Frühe Neuzeit feststellte, „dieser Staat aber ist entweder Militärstaat (und folglich auch kriegführender Staat), oder er ist nicht Staat" [96: E. KRIPPENDORFF, Staat und Krieg, 280]. Dahinter verbirgt sich die Überzeugung vom Staat als der eigentlichen Ursache von Kriegen, woraus sich implizit die Feststellung ableiten lässt, dass sich der Krieg nur abschaffen ließe, wenn man zunächst den Staat als Inhaber eines nach außen gerichteten Gewaltmonopols und damit die Staatenkonkurrenz als eigentliche Ursache der Kriege abschaffe. Im Ergebnis muss eine derartige Entwicklung entweder auf die Despotie eines Weltstaates hinauslaufen, dessen Gewaltmonopol sich notwendigerweise wieder nach innen richten müsste, um abweichende

Ressourcenmobilisierung und Kriegführung

Der Staat als Kriegsstaat

Interessen zu bändigen, oder auf eine durch die Abwesenheit einer als legitim akzeptierten Ordnung zwangsläufige Anarchie gewaltsamer Gruppenauseinandersetzungen. Das aktuelle Schicksal so genannter „failed states" hat diesem Schreckensszenario in unseren Tagen eine reale Dimension verliehen.

In diese Richtung zielt auch die Argumentation von Herfried MÜNKLER in Reaktion auf KRIPPENDORFFS pointierte und bisweilen polemisch überzeichnete Darstellung. Abgesehen von einem eklatanten Mangel an einer Raum und Zeit beachtenden Differenzierung unterschlägt die Auffassung KRIPPENDORFFS die Leistungen des Staates in Bezug auf zwischenstaatlich vereinbarte Friedensschlüsse. Staatlich garantierte Vertragstreue nach außen und Sicherheit nach innen gehören unbestreitbar zur positiven Bilanz des europäischen Staatsbildungsprozesses seit der Frühen Neuzeit. Angesichts der neuen Kriege, deren Ausgangspunkt häufig in Räumen liegt, die durch einen rapiden Verlust von Staatlichkeit geprägt sind, lassen sich Konfliktformen beobachten, wie sie uns aus dem Entstehungszeitraum des europäischen Staatensystems im 16. und 17. Jahrhundert merkwürdig vertraut erscheinen. Ähnlich wie zu Beginn der Frühen Neuzeit zeichnen sie sich durch eine „Entstaatlichung und Privatisierung der kriegerischen Gewalt" aus [165: E. WOLFRUM, Krieg, 135].

Ein System autonomer Kriegsherren steht heutzutage nicht wie in der Frühen Neuzeit am Anfang eines Verstaatlichungsprozesses des Gewaltpotentials, sondern ist Produkt eines gegenläufigen Verselbständigungsprozesses. Möglicherweise hat die gegenwärtige Erfahrung, nach der der traditionelle Staatenkrieg an sein Ende gekommen zu sein scheint, das Interesse an der Entwicklungsgeschichte organisierter Gewaltverhältnisse in der europäischen Frühneuzeit geweckt. So hat Johannes BURKHARDT in einer materialreichen Analyse den Versuch unternommen, die Umrisse einer Theorie der Bellizität des frühneuzeitlichen Europa herauszuarbeiten [42: J. BURKHARDT, Die Friedlosigkeit].

Im Gegensatz zu KRIPPENDORFF erkennt BURKHARDT die zum Krieg treibenden Elemente gerade in der Unfertigkeit des modernen Staatensystems. Die herkömmliche Forschungsmeinung geht davon aus, dass mit dem Frieden von Münster und Osnabrück 1648 die Monopolisierung von Gewalt gleichsam eine doppelte Stoßrichtung erhalten habe, einerseits als Herrschaftsverdichtung nach innen, durch eine Konzentration von Kompetenz in administrativer, fiskalischer, rechtsetzender und -wahrender Perspektive, die damit andererseits die Kriegführungsfähigkeit der europäischen Staaten erst ermöglicht

Theorie der frühneuzeitlichen Bellizität

habe. Ihr hält BURKHARDT zu Recht entgegen, es seien im Gegenteil die Unfertigkeit des Staatsbildungsprozesses, die unterschiedlichen Entwicklungsgeschwindigkeiten und die damit verbundenen Konstituierungsprobleme gewesen, die zum Kriege getrieben hätten [42: J. BURKHARDT, Die Friedlosigkeit, 512ff.]. Es handele sich also weniger um Staatenkriege als vielmehr um Staatsbildungskriege und damit um einen Fundamentalprozess, dessen Wirkungen auch noch in den Kriegen des 18. Jahrhunderts ablesbar gewesen seien. Nicht die Staatlichkeit an sich, sondern die ihre Entwicklung begleitenden strukturellen Defizite hätten kriegsverdichtend gewirkt. Im Einzelnen identifiziert er drei Problemfelder unvollkommener frühneuzeitlicher Staatlichkeit:

1. Ein „Egalitätsdefizit", das darin bestand, dass sich die sich ausbildenden europäischen Staaten erst allmählich und unter dem Druck kriegerischer Auseinandersetzungen als gleichgeordnet und gleichberechtigt anerkannt hätten. Auf einem langen Weg, der von der Behauptung überstaatlicher universaler Legitimation über die Sicherung hegemonialer Positionen bis zur Ausbildung des europäischen Gleichgewichtssystems führte, wurde schließlich eine Ordnung geschaffen, die bis in das 19. Jahrhundert Bestand haben sollte. Darin eingebettet erfolgten „Anerkennungskämpfe ständisch-partikular Staatsbildungen von unten" [42: J. BURKHARDT, Die Friedlosigkeit, 530], wie etwa in der Schweiz, den Niederlanden und – wenn auch gescheitert – in Böhmen, und Friedensstörungen durch militant ehrgeizige Nachzügler.

Egalitätsdefizit

2. Ein „Institutionalisierungsdefizit", das in erster Linie auf die integrative Bedeutung des Herrschers und der Dynastie verweist. Sie bildeten den personalisierten Bezugspunkt für die Identifikation der Untertanen mit dem Gemeinwesen wie auch für die Anerkennung der Herrschaft durch die anderen Mitglieder der europäischen Staatenfamilie. Insofern beinhaltete der Tod eines Herrschers immer auch die Unsicherheit über die Anerkennung seines Nachfolgers. Bestehende oder vorgebliche Bedenken gegen eine Erbfolgeregelung ließen sich in vielen Fällen nur durch eine kriegerische Auseinandersetzung entscheiden. Insofern kann man den Erbfolgekrieg als den dominanten Kriegstyp des 17. und 18. Jahrhunderts ansehen [369: J. KUNISCH, La guerre, 21].

Institutionalisierungsdefizit

In der sich erst allmählich vollziehenden und bis zum Ende des Ancien Régime nicht vollständig eingelösten Entprivatisierung des militärischen Instruments sieht BURKHARDT einen weiteren Aspekt des Institutionalisierungsdefizits, von dem noch an anderer Stelle zu sprechen sein wird. Er stellt fest: „So konnte von der Verfügbarkeit des noch

nicht voll verstaatlichten Mittels des Krieges für den ebenfalls nicht voll
verstaatlichten Herrscher ein kriegerischer Handlungsanreiz ausgehen
– ein doppeltes institutionelles Defizit frühmoderner Staatsbildung von
bellizitärer Bedeutung" [42: J. BURKHARDT, Die Friedlosigkeit, 548].
Das ist aber dahingehend einzuschränken, dass bei dieser obrigkeitlichen Perspektive die retardierenden Elemente finanzieller, materieller
und personeller Unterlegenheit, die die Kriegführungsfähigkeit durchaus begrenzen konnten, aus dem Blick geraten.

Autonomiedefizit   3. Schließlich wird ein „Autonomiedefizit" konstatiert. Der im
Werden begriffene frühneuzeitliche Staat brauchte zu seiner inneren
Konsolidierung und zur Mobilisierung nach außen zusätzlich legi-
timierende Potenzen. In diesem Zusammenhang werden Religion,
Ökonomie und Memorialkultur angeführt. Ihnen war zwar eine in-
tegrierende Funktion nach innen eigen, gleichzeitig besaßen sie aber
auch kriegstreibende Wirkungen nach außen. Dies galt für die konfes-
sionellen Auseinandersetzungen ebenso wie für die merkantilistische
Wirtschaftsdoktrin und lässt sich auch für die historisch rückgebundene
Produktion von Feindbildern feststellen.

BURKHARDTS Theorie einer frühneuzeitlichen Bellizität versucht,
den Krieg und die kriegerische Disposition als entscheidenden Faktor
der inneren und äußeren Staatsbildung herauszustellen. Sie markiert
bewusst einen Gegensatz zu politikwissenschaftlich, soziologisch oder
wirtschaftswissenschaftlich dominierten Modellen, die ebenfalls den
Krieg als zentrales Interpretament dieses Fundamentalvorganges ansehen. Diese beziehen ihre Aussagen aber auf die Entwicklung der
europäischen Staaten im 16. und 17. Jahrhundert und grenzen davon
die Entwicklung im 18. Jahrhundert bewusst ab. BURKHARDT hingegen
ist überzeugt, die Phase der Bellizität bis zur Mitte dieses Jahrhunderts
verfolgen zu können, geht dabei aber von Prämissen aus, die kritisch zu
hinterfragen sind. So vermisst er beim Militär im 18. Jahrhundert, um
nur ein Beispiel herauszugreifen, ein „effektives und professionelles
Militärwesen" [42: J. BURKHARDT, Die Friedlosigkeit, 547], das sich
aber erst im 19. Jahrhundert ausbildete. Trotzdem wiesen die Verhältnisse in den europäischen Heeren des 18. Jahrhunderts, verglichen mit
den Strukturen eines privatwirtschaftlich organisierten militärischen
Unternehmertums des 16. und 17. Jahrhunderts und unbeschadet ihrer
unterschiedlichen Leistungsfähigkeit, doch einen Grad an Verstaatlichung auf, der sie deutlich von ihren Vorläufern unterscheidet. In
dieser Hinsicht ist ein Institutionalisierungsdefizit nicht auszumachen,
während sich das Egalitätsdefizit in dem Maße verringerte, wie die
zur Kriegführung erforderliche Ressourcenextraktion und damit die

Leistungsfähigkeit des militärischen Instruments gesteigert werden konnte.

Insofern erscheint es gerechtfertigt, im 18. Jahrhundert eher von „Staatenpositionskriegen" zu sprechen, zwischen denen ein die Egalität aufhebendes Legitimationsdefizit nicht bestand, gleichwohl aber ein Positionsunterschied innerhalb des Staatensystems [363: B. R. KROENER, Herrschaftsverdichtung, 146; 336: H. DUCHHARDT, Balance, 61]. Diese Einschränkung bestätigt die grundlegende Einschätzung von der Bellizität der Epoche, kennzeichnet aber graduelle Unterschiede hinsichtlich der Intensität und Gewichtung der defizitären Elemente von Staatlichkeit. Insofern lehnt sich die Differenzierung zwischen „Staatenbildungskriegen" und „Staatenpositionskriegen" an die von Jeremy BLACK vorgenommene unterschiedliche Gewichtung der verschiedenen Phasen der „Militärischen Revolution" an.

Staaten-positionskriege

4.2 Frühneuzeitliche Bellizität zwischen Erzwingungsapparat und Aushandlungskompromiss

Charles TILLY und Michael MANN haben eine Position vertreten, die BURKHARDTs Bellizitätsthese, wenngleich auf einem von diesem weitgehend ausgeblendetem Feld der Staatstätigkeit, zu stützen scheint. Auch für sie steht der Krieg im Zentrum des Staatsbildungsprozesses. Ihr Modell beruht auf zwei Säulen: einerseits dem Kapital, konzentriert in Städten sowie ihren Marktbeziehungen, und andererseits auf einem sich steigernden Erzwingungspotential, als dessen Exponenten die Staaten und die von ihnen unterhaltene militärische Macht angesehen werden. Beide Faktoren variieren dabei in Abhängigkeit vom jeweiligen geopolitischen Kontext [153: C. TILLY, Coercion]. In diesem Zusammenhang werden sieben Bereiche der Staatstätigkeit identifiziert, die durch den Krieg befördert werden. Vier von ihnen sind dabei unmittelbar mit den Erzwingungsmechanismen staatlicher Macht verknüpft: die Kriegführung gegen externe Gegner, die Staatsbildung gegen rivalisierende Gegner im Innern, Schutzmaßnahmen zugunsten von herrschaftsaffinen Klientelgruppen und Ressourcenmobilisierung zur Durchsetzung des Erzwingungsprozesses nach innen und außen. Drei weitere Aspekte berühren diesen nur mittelbar: die Schlichtung von Auseinandersetzungen zwischen den Untertanen, die Distribution von Gütern an die Untertanen sowie die Güterproduktion zum Zweck der Kriegführung und in einem weiteren Rahmen zur Versorgung der Bevölkerung.

Staatsbildung, Krieg und Kapital

Das zentrale Glied in diesem Modell bezieht sich auf die Bedeutung des Zusammenhangs von Krieg und Besteuerung der Untertanen. Die Wechselbeziehung von Kriegsintensität und wachsender Besteuerung, der prozentuale Anteil direkter und indirekter Ausgaben für Unterhalt und Einsatz der Armeen sind nicht von der Hand zu weisen. Allerdings weisen neuere Forschungen zu Recht darauf hin, dass der Anteil verdeckter Militärausgaben in den Etats frühneuzeitlicher Staaten nur schwer zu bestimmen ist und die extremen Prozentsätze für die Rüstungs- und Kriegsfinanzierung deutlich nach unten zu korrigieren sind, weil sie nur selten die Grenze von sechzig Prozent überschritten haben dürften [93: M. KÖRNER, ‚Expenditure'].

Die in diesem Zusammenhang in erster Linie strukturalistisch angelegten und mit sozialstatistischem Material unterlegten Modelle blenden dabei notwendigerweise alle Faktoren aus, die sich der unmittelbaren Messbarkeit entziehen. Ihre Ergebnisse lassen aber ebenso eindeutig erkennen, dass die einseitig auf das staatliche Handeln bezogenen politikwissenschaftlichen Erklärungsmodelle genauso wenig zu überzeugen vermögen.

Der entscheidende Mangel der meisten theoretischen Konstruktionen zur Erklärung des frühmodernen Staatsbildungsprozesses besteht nicht darin, dem Krieg und den bewaffneten Kräften einen gewichtigen Platz zuzuweisen, sondern in dem Versuch, sie über die Epochen und die verschiedenen europäischen Verfassungen hinweg als die entscheidenden Antriebskräfte dieser Entwicklung anzusehen. Modellbildungen und Theorien tendieren dazu, monokausale oder hierarchisch strukturierte Kausalitätsketten zu konstruieren, wobei es weniger forschungspraktisch als wissenschaftspolitisch relevant erscheint, die Grenzen ihrer Anwendbarkeit möglichst weit zu ziehen.

Ressourcen-
mobilisierung und
Aushandlungs-
kompromiss

So blieben in den vorgestellten Konzepten die politischen, sozialen und kulturellen Aushandlungskompromisse weitgehend unbeachtet, mit denen herrschaftliche Ansprüche mit den gesellschaftlichen, wirtschaftlichen und dynastischen Interessen der jeweiligen in der Regel adligen Eliten in Übereinstimmung gebracht wurden. Vergleichende Untersuchungen zum Prozess einer effizienten bürokratischen Rationalisierung haben jedoch gezeigt, dass diese Entwicklung nicht zwingend eine Modernisierung des Herrschaftsapparates zur Folge haben musste, sondern nicht selten durch den Kompromisscharakter frühneuzeitlicher Herrschaftspraxis, etwa durch Klientelbildung und Korruption, wie sie sich im Rahmen der Regimentskultur etablierte, oder durch das Fortbestehen halbprivater Formen der Heeresorganisation in ihr Gegenteil verkehrt werden konnte [318: O. v. NIMWEGEN, ‚Deser landen', 67; 62:

J. GLETE, Navies, I, 173–252; 65: S. GUNN/D. GRUMMITT/H. COOLS, War, 375].

Der Krieg war in der Frühen Neuzeit also keinesfalls der „Vater aller Dinge" und es sind inzwischen Zweifel geäußert worden, ob er nicht sogar eher verlangsamend auf den Prozess der Staatsbildung gewirkt haben könnte, sodass in einem radikalen Umkehrschluss die Feststellung getroffen wurde, der Krieg im Europa der Frühen Neuzeit habe den Staat „through self-weakening expedients" deformiert [79: V. T. HUI, War, 48].

Der Stand der Diskussion verdeutlicht, in welchem Ausmaß die Forschungslandschaft in Bewegung geraten ist. Die im Geist des 19. Jahrhunderts immer wieder vorgetragene Behauptung, Krieg und Militär seien die eigentlichen Triebkräfte der Staatsbildung und seiner Machtsicherung im Kräftespiel der Mächte und Instrumente einer frühneuzeitlichen Herrschaftsverdichtung mit den Mitteln einer bürokratischen Rationalisierung gewesen und hätten in dieser Hinsicht dem modernen Verwaltungsstaat den Weg gewiesen, kann demnach, zumindest was die staatsbildenden Kräfte des Krieges betrifft, nicht länger aufrecht gehalten werden [64: S. GUNN, War; 97: B. R. KROENER, „Das Schwungrad"]. Trotzdem wurden seit der zweiten Hälfte des 17. Jahrhunderts allen retardierenden Faktoren zum Trotz unbestreitbare Entwicklungsschübe in Richtung einer zunehmenden Verstaatlichung, zumindest des Militärwesens, erreicht.

Dennoch sollte der Blick auf Organisation, Ausbildung und Einsatz der militärischen Formationen des 18. Jahrhunderts nicht dazu veranlassen, an ihnen auch heute noch geradezu modellhaft die Funktionsweise und Durchsetzungskraft des absoluten Fürstenstaates festzumachen. Uniformierung, Disziplin, Drill, drakonische Strafmaßnahmen und die taktischen Evolutionen einer streng methodisch angelegten Operationsführung scheinen nur auf den ersten Blick keinen Zweifel daran zu lassen, dass das Militärwesen gleichsam das Laboratorium sozialer Disziplinierung gewesen ist. Das Militär hat keineswegs die Blaupause einer die Gesamtgesellschaft dauerhaft prägenden sozialen Militarisierung geliefert, wie sie der ‚Sonderweg' Preußens seit dem frühen 18. Jahrhundert so nachdrücklich vorgeführt haben soll. Der naheliegende Versuch, die Geburtsphase bestimmter Entwicklungen des 19. und 20. Jahrhunderts möglichst weit in die Vergangenheit zurückzuprojizieren, verleitet bisweilen zu problematischen Analogieschlüssen [162: W. WETTE, Militarismus; 106: M. KUTZ, Deutsche Soldaten].

4.3 Militär und Konfessionalisierung

Das Phänomen der „Konfessionalisierung" gilt in der historischen Forschung seit längerer Zeit und unbeschadet kritischer Einwürfe als Leitkategorie der Frühen Neuzeit. In diesem Sinn werden die eineinhalb Jahrhunderte, die dem Westfälischen Frieden vorausgehen, als „konfessionelles Zeitalter" bezeichnet. In Anlehnung an das von Gerhard OESTREICH idealtypisch verstandene Konzept der Sozialdisziplinierung wird ein säkulares Zusammenwirken von Staatsbildung und konfessioneller Vereinheitlichung als Instrument der Herrschaftsstabilisierung angenommen [132: W. REINHARD, Zwang, 127–147; 316: R. SCHILLING, Die Konfessionalisierung].

Gewaltmonopol und Konfessionalisierung

Parallel dazu und mit vergleichbarer Zielrichtung entwickelten sich Bestrebungen zur Errichtung eines staatlichen Gewaltmonopols in Gestalt des Stehenden Heeres. Erstaunlicherweise war das Verhältnis von Konfession und Militär bis vor wenigen Jahren kein Gegenstand der Forschung, zu weit lagen Militärgeschichte und Kirchen-, Konfessions- und Religionsgeschichte auseinander. Dabei besteht allgemein Konsens über die Bedeutung des konfessionellen Elements als Instrument einer propagandistisch-medialen Begleitung kriegerischer Auseinandersetzungen bis weit in das 18. Jahrhundert [383: D. ONNEKINK, War; 61: R. I. FROST, The Northern Wars; 326: J. BURKHARDT, Abschied].

Daraus ergeben sich für die Neuere Militärgeschichte eine Fülle neuer Fragestellungen: Welche Wirkungen ergaben sich aus einer konfessionellen Orientierung für die an den Kriegen beteiligten Armeen? Welche Bedeutung besaßen konfessionell aufgeladene Argumente für die Kampfmotivation der beteiligten Soldaten? [295: O. CHALINE, La Bataille] Wenngleich noch keine umfassenden Antworten, so vermittelt die neueste Forschung erste Annäherungen an diese zentralen Aspekte für die Beurteilung des Verhältnisses von Staatsbildung, Konfession und Militär in der Frühen Neuzeit [77: A. HOLZEM, Krieg].

Als wichtigstes Ergebnis ist zweifellos festzustellen, dass eine innermilitärische Konfessionalisierung, wenn überhaupt, erst nach dem eigentlichen konfessionellen Zeitalter stattgefunden hat. Noch gegen Ende des 17. Jahrhunderts forderten die militärischen Reglements den gottesfürchtigen Kriegsmann, dem, wie bereits im Zeitalter der Landsknechte, der gottlose Kriegsknecht gegenübergestellt wurde [315: M. ROGG, Gottlose Kriegsleute; 126: R. PRÖVE, Rationalisierungsdruck]. Auf der anderen Seite ist nicht zu übersehen, dass es im Rahmen der Territorialisierung durchaus Bestrebungen der Landesherren gegeben hat, zumindest die seelsorgerische Betreuung der Soldaten an der konfessionellen Orientierung des Landes auszurichten [301: M. KAISER, Cuius, 319].

Dem stand die Konstruktion des europäischen Söldnermarktes zwischen dem 16.und 18. Jahrhundert gegenüber, der in erster Linie auf qualitativ professionelle und quantitative Nachfrage ausgerichtet war, was dazu führte, dass einzelne Territorien versuchten, die geworbenen Soldaten, entsprechend dem reichsrechtlich festgeschriebenen Gleichbehandlungsgebot der drei christlichen Konfessionen, in konfessionell geschlossene Einheiten zu integrieren. Dies galt in besonderer Weise für die gemischtkonfessionellen Kontingente der Reichskreise, wirkte sich aber auch innerhalb der Truppen der armierten Stände aus. Die Bereitschaft des Soldaten, im Krieg sein Leben und seine körperliche Unversehrtheit zu riskieren, bedurfte epochenübergreifend der Zusicherung des Dienstherrn, ihm in diesem Fall den Beistand eines Geistlichen seiner Konfession zu garantieren.

Gleichwohl ist nicht zu übersehen, dass während des gesamten hier zu betrachtenden Zeitraumes neben Maßnahmen einer konfessionell orientierten Seelsorge in erheblichem Umfang magische Praktiken und ritualisierte Formen einer konfessionsunabhängigen Volksfrömmigkeit praktiziert wurden [305: B. R. KROENER, „… und ist der Jammer", 288f.; 202: E. M. KRONFELD, Der Krieg]. *Soldatenmagie*

Damit öffnet sich der Blick auf die Formen individueller religiöser Praktiken. Angesichts fehlender quellengestützter Untersuchungen, wobei die geringe Schriftmächtigkeit von Soldaten der Frühen Neuzeit noch zusätzliche Probleme aufwerfen dürfte, scheint doch die grundsätzliche Feststellung erlaubt, dass eine konfessionelle Regulierung im Sinn einer Normierung und Disziplinierung als Instrument der Herrschaftsstabilisierung zwar intendiert, aber angesichts der reichsrechtlichen Festlegungen, der professionellen Anforderungen an das militärische Personal und den gerade hinsichtlich seines Seelenheils auf „Eigen-Sinn" beharrenden Soldaten kaum realisiert werden konnte.

4.4 Militärgeschichte zwischen Absolutismus- und Sozialdisziplinierungsdiskurs

Die neuere Forschung rezipiert aus wissenssoziologischen, diskurstheoretischen und kulturwissenschaftlich ausgerichteten methodischen Ansätzen heraus vorhandene Quellenbestände aus bisher unberücksichtigt gebliebenen Perspektiven und erschließt sich darüber hinaus neue Quellenbestände [207: A. LIPP, Diskurs, 230; 230: R. SIEDER, Sozialgeschichte].

Auf diesem Weg eröffnen sich neuartige Zugänge, die eine ausgewogene Einschätzung der verschiedenen die Staatsbildung begünstigenden Faktoren erlauben, indem sie den Prozesscharakter von Machtbeziehungen betont und damit dem begrenzten Blick aus der Perspektive der Herrschaft die kulturelle Disposition, die Interessenartikulation und Durchsetzungsfähigkeit der Beherrschten gegenüberstellt. In einem multipolaren Beziehungssystem, in dem Personen auf unterschiedlichen Ebenen interagieren, Medien in einem diskursiv angelegten Verständigungsprozess zur Implementierung von Normen beitragen, schließlich bestehende soziale Ordnungen aus Erfahrungen und Überzeugungen heraus gedeutet werden, funktionierten Herrschaft und Staatsbildung als Ausdruck eines kulturellen und dynamisch-kommunikativen Prozesses [112: M. MEUMANN/R. PRÖVE, Herrschaft; 21: R. G. ASCH/D. FREIST, Staatsbildung; 35: S. BRAKENSIEK/H. WUNDER, Ergebene Diener].

Damit wird der Versuch unternommen, die gleichsam statischen, aus einem dem 19. und frühen 20. Jahrhundert verpflichteten bipolar angelegten Staatsverständnis entstandenen Begriffe wie „Absolutismus" und „Sozialdisziplinierung" zu überwinden. In ihnen war die Vorstellung von einer einseitig funktionierenden sozialen Praxis in geradezu klassischer Weise zum Ausdruck gebracht worden [172: R. BLÄNKNER, „Absolutismus"]. Erstaunlicherweise nahm die Beschäftigung mit der Rolle der frühneuzeitlichen Militärorganisationen trotz der in ihnen geradezu exemplarisch verinnerlichten Bedeutung von Befehl und Gehorsam in der Diskussion einen eher bescheidener Raum ein [354: D. HOHRATH, Spätbarocke Kriegskunst; 215: J. NOWOSADTKO, Krieg, 157; 43: P. BURSCHEL, Zur Sozialgeschichte, 965].

Die neuere Forschung hat die Entwicklung und Konsolidierung wechselseitig verbindlich angesehener Rechtsbeziehungen als konstitutiv für die Herrschaftsausübung in der Frühen Neuzeit ausgemacht

Herrschaft als kommunikativer Prozess [213: R. PRÖVE/M. MEUMANN, Faszination des Staates, 40f.]. Krieg und Militär werden in diesem Zusammenhang als die beiden nach innen und außen wirkenden Seiten eines Fundamentalprozesses angesehen, mit dessen Unterstützung Herrschaft im Rahmen eines kommunikativen Verständigungsprozesses zwischen den verschiedenen Inhabern von Gewaltmitteln ausgeübt und eine Akzeptanz hinsichtlich der Gestaltung, Institutionalisierung und Normierung von Gewalt angestrebt wurde. Es ging also weniger darum, das Militär der Gesellschaft zu oktroyieren, sondern vielmehr darum, die Billigung oder zumindest Hinnahme seiner Existenz und damit der ihm übertragenen Aufgaben zu erreichen.

In einem ständigen, zum Teil gewaltsamen Wettbewerb versuchten seit dem Spätmittelalter und in der Frühen Neuzeit zahlreiche konkurrierende „protection selling enterprises" [62: J. GLETE, War and the State], sich wechselseitig auszuschalten. Zu diesem Zweck mussten sie sich aber der Unterstützung derjenigen versichern, die diesen Schutz vor ökonomischen Verlusten, konfessioneller Fremdbestimmung oder der Zerstörung ihrer kulturellen Identität, Lebensformen und Rechtstraditionen in Anspruch nehmen wollten. In diesem Verdrängungswettbewerb ging es in erster Linie um eine fortgesetzte Konzentration von Macht als Begründung eines von der jeweiligen Bevölkerung erhofften Mehr an Schutz nach außen und Sicherheit nach innen. Die Hoffnung auf Schutz und Sicherheit konkretisierte sich in erster Linie im Mikrokosmos alltäglicher Sozialbeziehungen [305: B. R. KROENER, „...und ist der Jammer"; 375: M. LORENZ, Das Rad].

Die Hoffnung auf eine, wenngleich begrenzte, Berechenbarkeit der individuellen Daseinsgestaltung erschien den Angehörigen nicht nur sozialprekärer Lebensverhältnisse essentiell. Sie bestimmte vielfach auch ihre Entscheidung, in Kriegsdienste zu treten. Während die ältere Forschung aus der Perspektive der allgemeinen Wehrpflicht des 19. Jahrhunderts und vor dem Hintergrund einer bürgerlich-aufgeklärten Distanz die geworbenen oder zwangsweise zum Dienst ausgehobenen Soldaten der Frühen Neuzeit unterschiedslos als Außenseiter der Gesellschaft denunzierte, hat sich in der neueren Forschung, bisweilen kontrovers, eine differenzierte Beurteilung durchgesetzt [303: B. R. KROENER, Soldat; 387: R. PRÖVE, Stehendes Heer; 145: M. SIKORA, Söldner, 218; 294: P. BURSCHEL, Söldner; 75: M. HOCHEDLINGER, Der gewaffnete Doppeladler, 245].

Der transitorische Charakter des Militärdienstes als eine zumal für unterbürgerliche Schichten akzeptierte Form der Daseinssicherung ist von der Forschung so lange unbeachtet geblieben, als man sich in erster Linie auf normative Quellen der zentralen Verwaltungsebene oder die Zeugnisse derjenigen verließ, deren Sozialisationshintergrund außerhalb der Lebenswirklichkeit der einfachen Soldaten angesiedelt war. Selbst da, wo man glaubte, der Lebenswirklichkeit von Angehörigen der militärischen Unterschichten auf der Spur zu sein, erwiesen sich die Quellen als Zeugnisse von intellektuellen und bildungsaffinen Autodidakten, deren Schriftmächtigkeit sie gerade aus der Gruppe ihrer Schicksalsgenossen heraushob [13: F. C. LAUKHARD, Leben; 2: U. BRÄKER, Lebensgeschichte; dagegen 3: J. J. DOMINICUS/D. KERLER/ H. BLECKWENN, Tagebuch].

Inzwischen hat die historische Migrationsforschung auch das

Der transitorische Charakter des Militärdienstes

Militär als einen lohnenden Untersuchungsgegenstand entdeckt und die
fließenden Übergänge zwischen militärischen und nichtmilitärischen
Lebenswelten in der Frühen Neuzeit bestätigt. Damit wurde anschaulich belegt, dass der Militärdienst innerhalb bestimmter Schichten der
frühneuzeitlichen Gesellschaft keineswegs sozial stigmatisiert gewesen
ist [23: M. ASCHE, Krieg, 18; 328: P. BURSCHEL, Krieg; 388: R. PRÖVE,

Soldat und
Kriminalität Zum Verhältnis]. Gleichwohl ist nicht zu übersehen, dass ehemalige
Soldaten in das Sozialmilieu der Fahrenden und darüber hinaus in
kriminelle Strukturen absinken konnten [215: J. NOWOSADTKO, Krieg;
397: M. SIKORA, Disziplin, 153f.; 294: P. BURSCHEL, Söldner, 279].
Aber auch wenn in der frühneuzeitlichen Bandenkriminalität der Anteil
ehemaliger Soldaten mit bis zu 40 Prozent erstaunlich hoch gewesen ist,
bleibt er doch verglichen mit der Gesamtzahl der Militärangehörigen
marginal. Entscheidend für die jeweilige individuelle Entscheidung
war der Wunsch nach sozialen Bindungen, die für eine gewisse Zeit Sicherheit vor den Wechselfällen des Lebens versprachen [95: J. KRAUS,
Das Militärwesen, 191–229; 387: R. PRÖVE, Stehendes Heer; 142:
T. SCHWARK, Lübecks Stadtmilitär, 321–325]. Die Prozessfreudigkeit
in der Frühen Neuzeit hat einen reichen Quellenschatz hinterlassen,
der hinsichtlich Herkunft, Dienstmotivation und Desertionsverhalten
ebenso Aufschluss geben kann wie über Voraussetzungen einer ge-
scheiterten sozialen Reintegration oder vorangegangene Beziehungen
zu kriminellen Milieus [365: S. KROLL, Soldaten, 275–295].

Mit der „Neuen Militärgeschichte" setzte eine kritische Konfrontation des obrigkeitlichen Willens mit dem Eigeninteresse, dem
„Eigen-Sinn", der Untertanen, auf der Grundlage der Erschließung
bisher vernachlässigter Quellen oder über die Deutung bekannter Bestände mit dem methodischen Instrumentarium der „cultural turns"
ein. Mit der Analyse etwa sprachlicher Ausdrucksformen als Mittel der
Verständigung innerhalb eines dynamisch-kommunikativen Prozesses
autonomer Akteure werden die begrenzten Möglichkeiten zeitgenössischer Kommunikationsstrukturen im geographischen Raum deutlich,
die eine weitgehende herrschaftliche Durchdringung verhindert haben.
In diesem Transferprozess wirkten regionale und lokale Machtträger
als Relaisagenturen herrschaftlicher Kommunikation. Sie sahen ihre
Aufgabe vornehmlich darin, den Willen des Landesherrn mit den
Machtstrukturen des unmittelbaren politischen Kraftfeldes, in dem sie
selber agierten und in dem sie zudem wohlverstandene Eigeninteressen
vertraten, in Übereinstimmung zu bringen.

Es erscheint gewagt, epochenübergreifende Entwicklungslinien
des historischen Prozesses festzulegen, die sich auf einen Zeitraum von

einem halben Jahrtausend beziehen und das Gewalthandeln verschiedener Gruppen von Akteuren in unterschiedlichen Räumen und abhängig von heterogenen Interessenlagen und Motiven betrachten. Dennoch lässt sich behaupten, dass das geradezu existentielle Streben der Individuen nach (Rechts-)Schutz und (Status-)Sicherheit sowie der Wunsch nach berechenbaren Lebensverhältnissen sowie nach der Aufrechterhaltung der geistig-moralischen Antriebskräfte ihrer sozialen Position und ihrer überzeitlichen Heilserwartung sie in letzter Konsequenz auch zur Mitwirkung an gewaltsamen Auseinandersetzungen motivierten. Die Beachtung gewachsener Rechtsverhältnisse, von „Rat" (Beratung), Zustimmung und wechselseitiger Verpflichtung begrenzten dabei jede Form einer ausschließlich auf Macht und Zwang ausgerichteten Mobilisierung. Herrschaft, die es versäumte, ihren Untertanen den Rechtsbezug ihrer Maßnahmen zu vermitteln, setzte sich dem Vorwurf der Willkür aus, die ihren legitimen Gewaltanspruch in Frage stellte und zu Widerstand berechtigte.

4.5 Soziale Militarisierung oder Sozialisation des Militärs?

Die neuere Forschung tendiert zu der Annahme, dass die Herrschaftsausübung der handelnden frühneuzeitlichen Eliten auf allen Ebenen weniger durch brachiale Machtausübung als durch Aushandlungsprozesse zwischen Untertanen und Herrschaft bestimmt gewesen sei. Die Herrschaftsausübung wurde durch tradierte Rechtssetzung und Herkommen begrenzt, durch das systemimmanent nur eingeschränkt durchsetzungsfähige Verwaltungshandeln, den Eigensinn der Untertanen und schließlich durch kommunikationstechnische und infrastrukturelle Hemmnisse begrenzt [149: F. TALETT/D. J. B. TRIM, European Warfare, 18].

Herrschaft durch Aushandlung

In der Regel erfolgte die Herrschaftsausübung über Transmissionsagenturen in Form lokaler Amtsträger und Autoritäten als Vermittler von Herrschaft. Während im Zuge einer zunehmenden Verrechtlichung und einer damit einhergehenden Verschriftlichung von Verwaltungshandeln der Umfang der zentralen und regionalen Institutionen wuchs, blieben die lokalen Exekutivorgane davon weitgehend unberührt, doch gerade an dieser Stelle erfolgte in der Frühen Neuzeit in erster Linie der Interessenausgleich zwischen Militär und Untertanenschaft.

Angesichts eines regional unterschiedlich intensiv wirkenden Homogenisierungsdruckes kam es in den Territorien des Reiches zu einer zunehmenden Herrschaftsverdichtung, an der die steigenden Aufwendungen für das Militär und die bis in die zweite Hälfte des 18. Jahrhunderts steigenden Effektivstärken der Stehenden Heere einen wesentlichen Anteil hatten [407: P. H. WILSON, German Armies; 97: B. R. KROENER, „Das Schwungrad"; 112: M. MEUMANN/ R. PRÖVE, Herrschaft; 359: C. W. INGRAO, Kameralismus, 176; 351: M. HOCHEDLINGER, Austria's Wars]. Die Ressourcenmobilisierung für die Kriegführung auf der Grundlage einer merkantilistischen Wirtschaftsordnung als einer Interessenkoalition zwischen privater Konsumsteigerung und staatlicher Intensivierung der Besteuerung gilt in dieser Perspektive als das eigentliche „Schwungrad an der Staatsmaschine".

Die Debatte über die Wirkmächtigkeit des „fiscal-military state" als gemeineuropäisches Phänomen hat in erster Linie in der angelsächsischen Forschung Wurzeln geschlagen [401: C. STORRS, Fiscal-Military State; 402: R. TORRES SÁNCHEZ, War]. In der deutschen und österreichischen Forschung folgt die Beschäftigung mit der Rolle des Kriegswesens für die Entwicklung des frühmodernen Staates weiterhin dem Paradigma eines „military-bureaucratic absolutism" [75: M. HOCHEDLINGER, Der gewaffnete Doppeladler, 226; 97: B. R. KROENER, „Das Schwungrad"]. Dabei haben jüngere Spezialstudien überzeugend herausgearbeitet, dass das Verhältnis von Staat, Militär und Gesellschaft in Preußen im 18. Jahrhundert zwar ein „besonders markantes Beispiel für das enge Wechselspiel zwischen ,Staatsverfassung und Heeresverfassung', Außendruck und Herrschaftsverdichtung" gewesen sei. Unterschiede zwischen der Habsburgermonarchie und dem Hohenzollernstaat seien dabei graduell, aber nicht prinzipiell gewesen [75: M. HOCHEDLINGER, Der gewaffnete Doppeladler, 225].

Soziale Militarisierung in Preußen im 18. Jahrhundert Das ältere Bild von dem exzeptionell leistungsfähigen und militärisch erfolgreichen preußischen Staat des 18. Jahrhunderts ist das Ergebnis einer bewussten Konstruktion der Vergangenheit aus dem Geist zeitgenössischer politischer Interessen des 19. und 20. Jahrhunderts. Das hochgerüstete, von einem sich steigernden Einkreisungstrauma verfolgte Deutsche Kaiserreich des ausgehenden 19. Jahrhunderts und eine revisionistisch angelegte, an gesamtgesellschaftlicher „Wehrhaftmachung" orientierte deutsche Politik in der ersten Hälfte des 20. Jahrhunderts hatten im Interesse einer innenpolitischen Mobilisierung und als historische Legitimation dieser Politik eine möglichst weit zurückreichende Ahnenreihe konstruiert, zu deren herausragendsten Vertretern Friedrich II., die preußische Monarchie und seine Armee zählten. Preußen habe seine Überlegenheit gegenüber den anderen europäischen Mächten in erster Linie auf der Grundlage einer charismatischen Führerpersönlichkeit, der Einheit von Politik und Kriegführung und schließlich einer umfassenden sozialen Militarisierung nach innen zu erreichen vermocht. Der absolut gesetzte Machtanspruch des Staates und seine Verwirklichung als leitender Gesichtspunkt preußischer Politik schienen während der Regierungszeit Friedrichs in vorbildlicher Weise realisiert worden zu sein.

Es war die deutsche politische Publizistik, Literaten und Historiker, die in Abgrenzung zu den westlichen Demokratien und der zaristischen Autokratie den preußisch-deutschen Militarismus als dritten Weg des autoritären Rechtsstaates und als Kategorie zur Beschreibung einer durch die Dominanz des Militärischen geprägten Staatsverfassung propagiert haben [73: O. HINTZE, Staatsverfassung, 71; 211: M. MESSERSCHMIDT, Nachwirkungen, 277; 201: B. R. KROENER, Eine Armee].

Otto BÜSCH hat die über lange Zeit wirkmächtigste Darstellung zur Genese einer sozialen Militarisierung in Preußen im 18. Jahrhundert vorgelegt, deren erkenntnisleitendes Interesse sich aus der lebensweltlichen Erfahrung des Historikers angesichts der unmittelbaren Anschauung der deutschen Katastrophe 1945 speiste [329: O. BÜSCH, Militärsystem, XIV].

Der von ihm verwendete Begriff der sozialen Militarisierung besaß eine semantische Unschärfe. Zweifellos hatte BÜSCH darunter nicht eine nach sozialen Gesichtspunkten geformte frühmoderne Militarisierung verstanden, aber die definitorische Unbestimmtheit begünstigte, wie so oft, seine Anschlussfähigkeit. Er ließ sich in die Militarismusdiskussion ebenso einordnen wie in die Debatte über den deutschen Sonderweg. In dem Maße, wie die neuere Forschung hinsichtlich der Rolle des preußischen Adels im Militärdienst und der begrenzten Möglichkeiten, im Rahmen des Kantonsystems eine gesellschaftliche Militarisierung in Preußen durchzusetzen, quellennah deutlich abweichende Befunde präsentiert hat, erfährt der Begriff der sozialen Militarisierung, sofern er noch Verwendung findet, eine deutliche Eingrenzung auf die Fähigkeit des preußischen Staates zu einer umfassenden materiellen und personellen Ressourcenmobilisierung. Jürgen KLOOSTERHUIS hat, nachdem bereits Hans BLECKWENN kritische Anmerkungen zu der von BÜSCH eingeführten Terminologie geäußert hatte, in seiner Quellensammlung zum Verhältnis von Militär und Gesellschaft im preußischen Westfalen die Bezeichnung „Sozialisation des Militärsystems" gewählt. Damit suchte er die Selbstverständlichkeit kenntlich zu machen, mit der die Zeitgenossen des 18. Jahrhunderts den Dienst als Soldat als eine Lebensform unter anderen wahrnahmen [11: J. KLOOSTERHUIS, Bauern]. Mit Blick auf den Garnisonsalltag in Kurhannover hatte Ralf PRÖVE,

„Sozialisation des Militärsystems"

angesichts der durch räumliche Nähe und soziale Herkunft bestimmten engen Beziehung zwischen Quartierwirten und eingelegten Soldaten in den Garnisonsstädten, im Verlauf des 18. Jahrhunderts eine zunehmende „Verbürgerlichung" des Militärs festgestellt [387: R. PRÖVE, Stehendes Heer, 323]. Neuere Forschungen zu anderen Reichsterritorien, aber auch zu Preußen, haben diesen Befund, wenngleich abhängig von der Provenienz der jeweils zugrundegelegten Quellenbestände, etwa der kommunalen und militärischen Justizbehörden, bestätigt [382: J. NOWOSADTKO, Stehendes Heer, 262; 365: S. KROLL, Soldaten, 298; 340: B. ENGELEN, Soldatenfrauen; im Detail abweichend, aber nicht immer überzeugend: 375: M. LORENZ, Das Rad]. Da der Begriff „Verbürgerung" zu Missdeutungen Anlass gibt, wurden alternative Bezeichnungen wie „Zivilisierung" oder „Urbanisierung" vorgeschlagen, die sich aber durch ihre Nähe zu ebenfalls besetzten Deutungen bisher nicht durchsetzen konnten [382: J. NOWOSADTKO, Stehendes Heer, 143; 189: H. T. GRÄF, Militarisierung, 89].

Unbeschadet dieser terminologischen Unschärfen ist nicht zu übersehen, dass es eine gesellschaftliche Militarisierung im 18. Jahrhundert nicht gegeben hat. Im Gegenteil, die Vertreter der militärischen Elite, ebenso wie die vom Geist der Aufklärung geprägten Militärtheoretiker, haben nach den Erfahrungen des Siebenjährigen Krieges im späten 18. Jahrhundert den Versuch unternommen, die Kriegführung vernunftgeleitet einzuhegen und den Prinzipien humaner Praxis zu unterwerfen. Sie gerieten damit in Gegensatz zu einem zunehmend virulenter werdenden bürgerlich-intellektuellen Bellizismus, der in den Kriegen der Französischen Revolution seinen eigentlichen Aggregatzustand erhielt und den folgenden einhundertfünfzig Jahren seinen Stempel aufprägen sollte. Er bestätigt damit in historischer Perspektive die unter dem Eindruck des Ersten Weltkriegs getroffene Feststellung, dass der „Militarismus die Geistesverfassung des Nichtmilitärs" sei [360: O. JESSEN, ‚Preußens Napoleon'?; 12: J. KUNISCH, Aufklärung; 107: J. LEONHARD, Bellizismus].

Es ist unstrittig, dass nicht nur die großen Mächte, sondern auch die mittelmächtigen über eigene Militärorganisationen verfügenden Territorien sich bemühten, die zum Unterhalt ihrer dauerhaft unter Waffen gehaltenen Truppen notwendigen materiellen und personellen Ressourcen so effizient wie möglich zu nutzen: Gerade in der damit einhergehenden Dauerhaftigkeit militärischer Präsenz, bei gleichzeitigen längeren Phasen der Beurlaubung, gewann das Verhältnis zwischen Militärbevölkerung und Untertanen zunehmend eine Selbstverständlichkeit. Der Untertan lebte als Soldat gleichzeitig in verschiedenen sich

(Marginalie) „Verbürgerung"/ „Urbanisierung"

überschneidenden jedoch wechselseitig akzeptierten Lebenswelten. Die kurzen Dienstzeiten im Frieden verhinderten im 18. Jahrhundert eine soziale Militarisierung der Gesellschaft.

4.6 Bürokratisierung und Professionalisierung – Grenzen des Absolutismusparadigmas

In diesem Zusammenhang lassen sich auf drei Feldern der Militärverfassung geradezu exemplarisch die Reichweiten und Grenzen einer obrigkeitlich gesteuerten sozialen Militarisierung und damit der spannungsreiche Integrationsprozess des Heeres in die Staats- und Gesellschaftsverfassung nachweisen.

An erster Stelle steht dabei die Rolle des Adels, dessen Domestizierung in Preußen, folgt man der älteren Forschung, in erster Linie über den Militärdienst erfolgte [51: K. DEMETER, Das deutsche Offizierkorps]. Dieser aus normativen Quellen der Makroperspektive gewonnenen Auffassung werden neuerdings die auf der Mikroebene komplexer sozialer und ökonomischer Lebensverhältnisse getroffenen eigennützigen Entscheidungen einzelner Mitglieder der Adelsgesellschaft, im Militärdienst zu verbleiben oder den Abschied zu nehmen, gegenübergestellt. *(Adel und Militär)*

Das Gewaltmonopol der armierten Reichsstände, die in der Folge des Dreißigjährigen Krieges stehende Kontingente aufbauten, bedeutete zunächst nicht mehr als die Unterstellung der Truppen unter die Person des Landesherrn. Unterhalb dieser Ebene bestand eine faktische Selbstständigkeit der Truppenkörper hinsichtlich Rekrutierung, Ausrüstung, Ausbildung und Disziplinierung unter der Verantwortung der Regimentschefs. Im Verlauf des 18. Jahrhunderts suchten die Landesherren, diese Reservatrechte einzuschränken. Ihre Bemühungen fanden ihre Grenzen in den spezifischen Loyalitätsbeziehungen innerhalb des Offizierkorps als Ausdruck bestehender Patronage- und Klientelbeziehungen [364: B. R. KROENER, ‚Des Königs Rock']. In diesem Zusammenhang hat die neuere Forschung die Vorstellung einer weitgehend homogenen Adelsgesellschaft in Preußen deutlich korrigiert. Angesichts einer angespannten wirtschaftlichen Lage erblickte der Landadel im Militärdienst die Möglichkeit, in soziale Netzwerke aufgenommen zu werden, die über Patenschaften und Heiratsstrategien die Aussicht auf eine in erster Linie ökonomische Statussicherung und -verbesserung eröffneten. Hieraus erwuchs das eigentliche Motiv adligen Dienstes im Heer des Landesherrn. An dieser Stelle wird die besondere Bedeutung von Patronagestrukturen für den inneren

Zusammenhalt der Regimenter und die damit verbundene Festigung von Loyalitätsbindungen für eine zunehmende Integration entfernter Landesteile in die Monarchie deutlich. Dies gilt für die preußischen Territorien ebenso wie für die habsburgischen Länder [349: P. M. HAHN, Aristokratisierung; 75: M. HOCHEDLINGER, Der gewaffnete Doppeladler].

Auf verschiedenen Ebenen politischer, sozialer und ökonomischer Interaktion bestanden teilidentische Zielvorstellungen zwischen dem Herrscher und seinen Offizieren. In Preußen wurde die am adligen „point d'honneur" orientierte Standesordnung für Offiziere mit funktionsspezifischen Rangverhältnissen und Aufstiegschancen kombiniert, was die militärische Effizienz deutlich steigerte [122: G. PAPKE, Offizierkorps]. Sie verband sich mit dem Interesse an wirtschaftlicher Statussicherheit und begründete die Attraktivität privatwirtschaftlicher Aktivitäten auf den verschiedenen Ebenen der militärischen Organisation, angefangen bei der Regimentsinhaberschaft bis hin zur Kompaniewirtschaft. Angesichts dieser Einschränkungen kann man selbst bezogen auf die Verhältnisse in Preußen während des 18. Jahrhunderts nur von einer begrenzten Verstaatlichung des Kriegswesens sprechen [347: F. GÖSE, Rittergut; 408: P. H. WILSON, Social Militarization; 379: W. NEUGEBAUER, Staatsverfassung und Heeresverfassung].

Erst im Verlauf des 18. Jahrhunderts entwickelte sich auf der Grundlage einer habituellen Adelskultur ein spezifischer „esprit de corps", in dem professionelle Fähigkeiten und damit der Dienstrang die Voraussetzung von Wertschätzung und weiterem Aufstieg bildeten. Damit rückte schließlich der Monarch in das Zentrum eines militärischen Patronagenetzwerkes. In der Folge entwickelte sich nicht nur in Preußen zunehmend ein vom Grundbesitz unabhängiger militärischer Dienstadel.

Vor allem innerhalb des Subalternoffizierkorps herrschte eine nicht unbeträchtliche Fluktuation. Vielfach baten Offiziere dann um ihren Abschied, wenn ihnen Heirat oder Erbfall ein standesgemäßes Auskommen sicherten und sie keine Aussicht hatten, eine Kompanie zu erhalten. Nur in der vergleichsweise kleinen Gruppe der Kompaniechefs, Stabsoffiziere und Generale dienten Offiziere bis zur Invalidität. Somit stellte der Militärdienst für die Masse der Offiziere in Preußen, ähnlich wie etwa in Frankreich und Österreich, nur einen zeitlich begrenzten Abschnitt ihres Lebensweges dar. Eine soziale Militarisierung des Adels war auf diese Weise nicht zu erreichen.

Am Beispiel der Rekrutierung lässt sich das Spannungsverhältnis

„Point d'honneur"
und
„esprit des corps"

Rekrutierung

zwischen zentral gesteuerter Einflussnahme des Landesherrn und dem
parallel auf regionaler und lokaler Ebene verlaufenden Interessenausgleich zwischen den Regimentern, den ständischen Funktionsträgern
und Untertanen besonders einprägsam erkennen.

Die durch den Landesherrn gesteuerte planmäßige Aushebung, die
zur Aufstellung von Stehenden Heeren nötig war, galt, so unvollkommen und begrenzt sie auch immer gewesen war, den Verfechtern einer
allgemeinen Wehrpflicht im 19. Jahrhundert als Vorläuferin einer zentral gesteuerten Heeresaufbringung [70: H. HELFRITZ, Geschichte; 83:
C. JANY, Geschichte]. Die neuere Forschung hat demgegenüber deutlich gemacht, dass die ständische Mitwirkung am Aushebungsgeschäft
keineswegs rückwärtsgewandt und damit anachronistisch zu werten ist,
sondern dass die Stände nicht nur in Brandenburg-Preußen, sondern
auch in den habsburgischen Territorien und bei den armierten Reichsständen ressourcenmobilisierend in Erscheinung getreten sind [379:
W. NEUGEBAUER, Staatsverfassung und Heeresverfassung, 86; 408:
P. H. WILSON, Social Militarization, 32f.; 75: M. HOCHEDLINGER, Der
gewaffnete Doppeladler, 243f.; 365: S. KROLL, Soldaten, 147–150].

Da die militärischen Dienstzeiten in Friedenszeiten begrenzt waren, war ein ständiger, regulierter Ersatz der scheidenden Soldaten aus
dem Stehenden Heer nötig. Dies ermöglichte es den regionalen und
lokalen Autoritäten, diejenigen unterzubringen, die für die eigene Wirtschaft nicht unmittelbar benötigt wurden [346: F. GÖSE, Landstände;
359: C. W. INGRAO, Kameralismus]. Die Vorstellung, es habe sich bei
diesem Personenkreis in erster Linie um Kleinkriminelle und sozial
Auffällige gehandelt, übernimmt kritiklos die distanzierte Bewertung
derer, die als Amtsträger oder bürgerlich-aufgeklärte Kritiker des Stehenden Heeres aus der Perspektive abweichender sozialer Normen argumentierten. In Wirklichkeit sahen die Stände die kontrollierte Abgabe Gewaltsame
derjenigen Angehörigen der landlosen Unterschicht, die wirtschaftlich Werbungen
entbehrlich und als „unruhige Elemente" in der Armee besser aufgehoben schienen, verglichen mit den wirtschaftlich problematischen Folgen
der gewaltsamen Werbungen als das kleinere Übel an [346: F. GÖSE,
Landstände, 214]. Eine geordnete, die regionalen und lokalen Wirt-
schaftsinteressen berücksichtigende Aushebung erschien angesichts der
ständig steigenden Truppenstärken geboten, wollte man Unruhen, Pro-
duktionseinbußen und damit Steuermindereinnahmen verhindern [397:
M. SIKORA, Disziplin; 388: R. PRÖVE, Zum Verhältnis].

Einschränkungen der Auslandswerbung und der zunehmende Widerstand im Inland ließ auch bei den Regimentskommandeuren den

Wunsch entstehen, zu dauerhaften, die unterschiedlichen Interessen berücksichtigenden Regelungen zu finden.

Kantonsystem   Das preußische „Kantonsystem", lange Zeit als Ausweis einer funktionierenden Herrschaftsverdichtung nach unten und als Ausdruck einer umfassenden sozialen Militarisierung verstanden, bedeutete letztlich nichts anderes als eine auf der Grundlage von Aushandlungskompromissen zwischen den Regimentskommandeuren einerseits und den lokalen und regionalen Autoritäten andererseits praktizierte Aushebungspraxis. Es liegt auf der Hand, dass bei einem Dienst von acht bis zwölf Wochen im Jahr eine soziale Militarisierung weiter Bevölkerungskreise im Sinn einer Beeinflussung der habituellen Kultur, wie sie BÜSCH zu erkennen glaubte, weder erreicht werden konnte noch überhaupt intendiert gewesen ist. Schließlich blieb der Kantonist während seines Urlaubs Soldat und unterlag in dieser Eigenschaft der Jurisdiktion seines Regiments [68: H. HARNISCH, Preußisches Kantonsystem; 411: M. WINTER, Untertanengeist, 194f.; 407: P. H. WILSON, German Armies, 44–100; 408: DERS., Social Militarization, 11; 350: M. HOCHEDLINGER, Rekrutierung, 342–351; 387: R. PRÖVE, Stehendes Heer, 108f.; 382: J. NOWOSADTKO, Stehendes Heer, 253; 385: G. PAPKE, Von der Miliz, 207–214; 365: S. KROLL, Soldaten, 172ff.; 397: M. SIKORA, Disziplin, 216–255].

So wird das liebgewordene Bild vom unauflöslichen Zusammenhang zwischen dem Ausbau eines autoritär zentralistischen Regimes und dem komplementären Bild des militärischen Instruments auf den Prüfstand gestellt werden müssen. Der älteren Forschung galt die brandenburgisch-preußische Militärgeschichte als teleologisch geradliniger Prozess, in dem das Militär allmählich in seine staatstragende extrakonstitutionelle Rolle, wie sie in der Verfassung des Kaiserreiches festgeschrieben wurde, hineingewachsen war. Auf der Grundlage des Integrationsmilitarismus des Kaiserreiches wurden das Heer und der Militärdienst von allen Schichten der Gesellschaft akzeptiert, wenngleich Übersteigerungen seines Selbstwertgefühls und die damit einhergehenden Rückwirkungen auf die Gesellschaft insgesamt durchaus kritisch beurteilt wurden. Im Kontext einer historisch-politischen Legitimation wurde die brandenburgisch-preußische Armee auch von den Vertretern der Geschichtswissenschaft als die erfolgreichste Militärorganisation im Alten Reich dargestellt. Dieser bewussten Preußen-Zentrik kam die deutliche Zurückhaltung entgegen, mit der die ältere österreichische Diplomatie- und Verfassungsgeschichte die Armee des 18. Jahrhunderts betrachtete. Dem verklärenden Blick auf einen eher schwerfällig-friedfertigen, nach dem bekannten Motto „Bella gerant

alii, tu felix Austria nube" politisch agierenden Kaiserstaat entsprach
das Bild der fürsorglich-kinderreichen Landesmutter Maria Theresia
[167: J.-C. ALLMAYER-BECK, Die Militärgeschichtsschreibung; 350:
M. HOCHEDLINGER, Rekrutierung, 330f.].

Damit wurden die preußischen Verhältnisse in großdeutscher wie
in kleindeutscher Perspektive, im Negativen wie im Positiven zum Maß
aller militärischen Dinge erhoben. Die Wehrverhältnisse in anderen armierten Reichsständen oder gar die Reichskriegsverfassung und damit
die Kontingente der kleineren Territorien, der geistlichen Herrschaften
und Freien Reichsstädte wurden mehr oder weniger an der preußischen
Elle gemessen und vielfach als aufgeputzte Rokokosoldaten oder ver-
zopfte, militärisch gewandete „Spieß"-Bürger der Lächerlichkeit preis-
gegeben.

Die jüngere Militärgeschichte hat sich, nicht zuletzt vor dem
Hintergrund des vollständigen Verlustes der preußischen Heeresarchive, zunehmend mit dem Militärwesen der anderen Reichsstände
beschäftigt. Forschungen zu den größeren armierten Reichsständen
liegen inzwischen für einzelne Zeitabschnitte der Frühen Neuzeit für
Sachsen [365: S. KROLL, Soldaten], Württemberg [406: P. H. WILSON,
War], Bayern [302: C. KAPSER, Die bayrische Kriegsorganisation]
ebenso vor wie zu einzelnen kleineren geistlichen und weltlichen Territorien wie etwa Münster [381: J. NOWOSADTKO, Die Schulbildung],
Würzburg [396: B. SICKEN, Das Wehrwesen] und Hessen-Kassel
[358: C. W. INGRAO, The Hessian]. Das Militärwesen der Reichsstädte
wurde unter anderem für Hamburg [338: J. EHLERS, Die Wehrverfassung; 384: I. PANTEL, Die hamburgische Neutralität], Lübeck [142:
T. SCHWARK, Lübecks Stadtmilitär] und Augsburg [95: J. KRAUS,
Das Militärwesen] untersucht. Diese Einzelstudien verdeutlichen, dass
alle Territorien, unbeschadet ihrer politischen Verfassung, bemüht
waren, ihre Verwaltungsstrukturen auf die Bedürfnisse des Militärs als
Instruments der Landesverteidigung und der außenpolitischen Statussicherung auszurichten. Angesichts unterschiedlicher demographischer,
finanzieller, wirtschaftlicher und politischer Voraussetzungen entwickelten sich verschiedene Mischformen der Heeresorganisation und -
verwaltung, die weder zwangsläufig in eine stärkere Zentralisierung
oder Modernisierung der allgemeinen Staatsverwaltung einmündeten
noch in konfliktbestimmtem Handeln den Einfluss der traditionellen
ständischen Autoritäten zurückdrängten. Am Beispiel der Rekrutierung, die vergleichbar mit der Steuerpolitik am unmittelbarsten in
die sozialen und wirtschaftlichen Lebensverhältnisse der Untertanen
eingriff, werden im Vergleich der territorialen Wehrorganisationen

Militärgeschichte
der armierten
Reichsstände

und ihrer Auswirkungen inzwischen die Gemeinsamkeiten stärker betont. Abhängig von den zur Verfügung stehenden Ressourcen und der Bedeutung des militärischen Instruments für die Sicherung des jeweiligen Territoriums wurde im Reich, aber nicht nur dort, zwischen den beiden historisch gewachsenen Polen der Heeresaufbringung, den Milizkontingenten und den Söldnerverbänden, experimentiert.

Letztlich gelang es, den Militärdienst in der zeitgenössischen Sozialordnung so einvernehmlich zu verankern, wie dies für alle anderen Verpflichtungen und Dienstleistungen der Fall war. Eine soziale Militarisierung, im Sinn einer erzwungenen Übernahme militärischer Verhaltensmuster und Wertvorstellungen durch die Gesamtgesellschaft, war weder in Preußen noch in den anderen Territorien des Reiches im 18. Jahrhundert intendiert oder wurde je erreicht.

Eine Sozialisation des Militärsystems, das heißt eine gesellschaftlich akzeptierte Hinnahme der mit dem Militär verbundenen Lasten, ist im Vergleich zum 17. Jahrhundert in Grenzen erfolgt. Ebenso ist nicht von der Hand zu weisen, dass das Militär bereits in Friedenszeiten den größten Ausgabenposten der Staatshaushalte des 18. Jahrhunderts bildete, bisweilen nur noch übertroffen durch die Aufwendungen, die zur Absicherung der Staatsschulden getätigt werden mussten. Insofern ist das Bild des „fiscal-military state" zutreffend, solange damit die Vorstellung von einer nahezu alle Bereiche der öffentlichen Verwaltung einschließenden Beteiligung an Maßnahmen zur Sicherung der Heeresbedürfnisse verbunden ist.

Die Rolle des Militärs im frühmodernen Staat wird nun nicht mehr aus der älteren etatistischen Perspektive beurteilt. Das hat den Blick für die vielfältigen Anpassungsprozesse geöffnet, die unter einer wenn auch nicht immer konfliktfreien Mitwirkung der ständischen Autoritäten auf regionaler und lokaler Ebene stattfanden. Zweifellos erfolgte im Verlauf des 18. Jahrhunderts eine zunehmende Herrschaftsverdichtung, bei der jedoch das Militär als ein Akteur in einem multipolar angelegten kommunikativen Prozess seine Interessen im Rahmen traditioneller Rechtsbeziehungen gegenüber konkurrierenden Machtträgern zu vertreten hatte.

5. Militär in der Gesellschaft – Gesellschaftsgeschichte des Militärs

Die vielfältigen Modelle, die zur Erklärung des historischen Ortes von Militär und Krieg im Spätmittelalter und in der Frühen Neuzeit entwickelt wurden, stellen in erster Linie Staatsbildung und Staatsgewalt im Verhältnis zu Kriegsmitteln und Kriegführungsfähigkeit in den Mittelpunkt ihres Analyserahmens. Fast hat es den Anschein, als wollte die Forschung der vergangenen zwanzig Jahre die Versäumnisse des vorausgegangenen halben Jahrhunderts ausgleichen [87: J. KEEGAN, Die Kultur; 49: M. L. V. CREVELD, The Transformation; 117: H. MÜNKLER, 271: M. PRIETZEL, Kriegführung; 265: H.-H. KORTÜM, Kriege und Krieger].

Die inbrünstige Fürbitte des frühneuzeitlichen Menschen: „Vor Krieg, Pest und Hungersnot bewahre uns, o Herr" war seit dem Schwarzen Tod in allen europäischen Sprachen verbreitet. Albrecht Dürers apokalyptische Reiter haben die kreatürlich verinnerlichte Angst der Menschen vor diesen Geißeln Gottes bildmächtig vorgeführt. In dieser Kombination erschien der Krieg im Sinn Heraklits tatsächlich als Vater aller Dinge, mit denen Gott die Menschen strafte. Das landfremde Kriegsvolk schleppte die „Saat des Todes" ein; Krankheitskeime, gegen die die autochthone Bevölkerung des jeweiligen Kriegsschauplatzes nicht immun war. Die Plünderung und Vernichtung der Ernte, die Zerstörung der Wohnstätten setzten die schwächsten Glieder der Gesellschaft, Kinder und alte Menschen, Hunger und Mangelkrankheiten aus, denen der geschwächte Organismus in der Regel nicht gewachsen war – ein Schicksal, das sie mit verwundeten, invaliden und kranken Söldnern teilten, deren Vertragsverhältnis aufgekündigt wurde, sobald sie nicht mehr in der Lage waren, ihre vereinbarte Leistung in Form von Gesundheit und Körperkraft zu erbringen. Die fürstlichen Kriegsunternehmer wie auch die historische Forschung haben über lange Zeit dieser Gruppe der militärischen Gesellschaft kaum die gebotene Aufmerksamkeit geschenkt [76: A. HÖLTER, Die Invaliden, 304–307; 182: M. DINGES, Soldatenkörper, 94–97; 365: S. KROLL, Soldaten, 489–502].

Die Disposition für den Krieg, seine Wirkungen und seine Folgen für die betroffenen Gesellschaften, eine geradezu antagonistisch aufgeladene Entgegensetzung von Söldnern auf der einen und der Bevölkerung auf der anderen Seite, die von deren immanenten, strukturell angelegten Gewalthandeln betroffen war, standen zunächst im

Krieg, Pest und Hungersnot

Militär und
Gesellschaft

Zentrum der Betrachtung. Aus dieser Frontstellung war es verständlich und nachvollziehbar, Militär und Gesellschaft als zwei getrennte Handlungssphären wahrzunehmen und die militärgeschichtliche Forschung als eine zwar nach den Kriterien der Geschichtswissenschaft arbeitende, aber gleichwohl weitgehend unabhängige Teildisziplin des Faches anzusehen. Eine unter dem Etikett „Militär und Gesellschaft" (*War and Society/Armée et société*) firmierende sozialgeschichtlich angelegte Militärgeschichtsschreibung der 1970er Jahre hatte sich zunächst von der anwendungsbezogenen traditionellen Kriegsgeschichte emanzipieren müssen und glaubte mit dieser programmatischen Begrifflichkeit den Anschluss an die Geschichtswissenschaft gefunden zu haben. Der Preis, der für diese Anerkennung zu zahlen war, bestand darin, dass sich die Geschichtswissenschaft auch weiterhin auf die Position zurückziehen konnte: Angesichts der Parallelität von Militär und Gesellschaft lasse sich die historische Entwicklung seit dem Spätmittelalter durchaus auch ohne vertiefte militärgeschichtliche Kenntnisse erforschen.

Blieb der Blick der deutschsprachigen Forschung in verfassungs- und diplomatiegeschichtlicher Perspektive einerseits auf den Charakter des frühmodernen Staates als Kriegsstaat und damit auf den konstitutiven Zusammenhang von Staatsbildung und Kriegsverdichtung konzentriert [105: J. KUNISCH/B. STOLLBERG-RILINGER, Staatsverfassung und Heeresverfassung], stand andererseits, angelehnt an das von Gerhard OESTREICH formulierte Sozialdisziplinierungsparadigma, vor allem das Prinzip innermilitärischer Gehorsamsproduktion im Zentrum des Interesses [43: P. BURSCHEL, Zur Sozialgeschichte, 965–969; 37: U. BRÖCKLING, Disziplin].

Während ältere verfassungs- und institutionsgeschichtliche Ansätze aufgenommen und weiterentwickelt wurden, orientierte sich eine an den binnenmilitärischen Verhältnissen ausgerichtete Forschung an Max WEBERS bekannter Feststellung, dass das Heer der Mutterschoß der Disziplin überhaupt gewesen sei. Im ersten Fall wurden Krieg und Militär als Bestandteile funktionalen Staatshandelns wahrgenommen und damit militärische Organisationen in erster Linie als Ergebnis eines säkularen Rationalisierungsprozesses verstanden. Demgegenüber blendet die andere Fragestellung bewusst die Vor- und Nachgeschichte soldatischer Existenz weitgehend aus.

An dieser Stelle wird noch einmal der lange Arm der älteren Kriegsgeschichte deutlich, der den Soldaten erst dann zur Kenntnis nahm, wenn er als Glied des staatlichen Erzwingungsapparates seiner Bestimmung entsprechend ausgebildet und eingesetzt wurde. Damit verengte sich der Blick fast zwangsläufig auf die Bewährung des militärischen Instruments im Rahmen einer aggressiven Politik des Staates nach außen, bisweilen auch nach innen. Durch diese in erster Linie auf die Funktionsfähigkeit reduzierte Betrachtung bestätigte sich, was nachgewiesen werden sollte: Das frühneuzeitliche Militär stellte eine soziale Formation dar, die sich durch ihre spezifischen Lebensbedingungen bewusst und gewollt von der Gesamtgesellschaft abgrenzte.

Die Verschränkungen zwischen der militärischen und nichtmilitärischen Lebenswelt wurden dabei als unergiebig oder irrelevant ausgeblendet [98: B. R. KROENER, Militär in der Gesellschaft, 287].

Erst die Neue Militärgeschichte vermochte diese methodische wie erkenntnisbegrenzende Engführung zu überwinden. Nun trat erstmals nicht nur der Ausnahmezustand des Krieges, sondern der gesellschaftliche Ort des Militärs im Frieden als der Normalzustand ins Blickfeld der Forschung. Sehr rasch wurde deutlich, dass der Soldat gleichzeitig in verschiedenen nichtmilitärischen Lebenswelten verwurzelt war. Die im Grunde banale Erkenntnis, dass niemand als Soldat geboren wird, eröffnete sogleich ein weites Feld der Verschränkung von Militär und Gesellschaft. In welchem Ausmaß veränderten sich die sozialen Trägerschichten, aus denen die Angehörigen der militärischen Gesellschaft stammten? Welche Handlungsspielräume und -zwänge lagen der Entscheidung sich anwerben zu lassen zu Grunde? *(Verschränkungen zwischen militärischer und nichtmilitärischer Lebenswelt)*

Selbst nach ihrem Eintritt ins Militär leisteten nur die wenigsten Soldaten über Jahrzehnte ununterbrochen Dienst. Nur bestimmte Akteure können demzufolge als berufsmäßige Söldner betrachtet werden. Während im späten 15. und im 16. Jahrhundert die Besoldung eines Fußknechtes so attraktiv war, dass selbst nachgeborene Patriziersöhne zeitweise unter den Spieß traten, war die Entlohnung eines Infanteristen während des 18. Jahrhunderts so gering, dass nur diejenigen sich anwerben ließen, die in ihrem angestammten Beruf, sei es aufgrund konjunktureller Schwankungen oder eines lokalen Überangebotes an Arbeitskräften, für eine gewisse Zeit kein Auskommen fanden. Wendeten sich die Verhältnisse zum Besseren, dann suchten sie den Dienst zu quittieren oder sich ihm durch Desertion zu entziehen. Michael SIKORA, der die grundlegende Studie zur Desertion im 18. Jahrhundert vorgelegt hat, stellt in diesem Zusammenhang pointiert fest: „Die Geschichte des Militärs stellt, das wird in diesem Licht (der Desertion, B.K.) ganz offensichtlich, einen integrierten Bestandteil der allgemeinen Geschichte dar" [397: M. SIKORA, Disziplin, 17]. *(Werbung und Desertion)*

Gelingt es, mit einer Neubewertung von Werbung und Abschied den historischen Ort des Militärs in der Gesellschaft der Frühen Neuzeit neu zu vermessen, dann weitet sich der Blick fast zwangsläufig auf das breite Feld der Lebensbedingungen der militärischen Gesellschaft. Sie reicht von der Beurlaubung und dem Freiwächtersystem, dem Nebenerwerb und den bäuerlichen Handlungsspielräumen, dem Heiratsverhalten und der Familiengröße, den Wohn- und Einquartierungsverhältnissen über die Ernährungssituation bis hin zur habituellen Kultur des Soldaten, der symbolpolitischen Bedeutung der Uniform und dem deutungspolitischen Ort der Kriegserfahrung, die Wirkungen des Herrschermythos auf die innere Geschlossenheit und Leistungsbereitschaft der Soldaten und schließlich die mit Eintritt und Abschied verbundenen Übergangsrituale.

Die selbstverständliche Präsenz des Militärs innerhalb der frühneuzeitlichen Gesellschaft eröffnet multiperspektivische Zugangsweisen auf die Erwartungshaltung und die Abwehrstrategien der Gesamtgesellschaft und die spezifische Interessenlage des Militärs in Bezug auf die Bevölkerung, in deren Mitte sie ihren Dienst verrichteten. Das in diesem Zusammenhang aussagekräftige Quellenmaterial entstammt ganz unterschiedlicher Provenienz. Seine Auswertung und Einordnung in den historischen Kontext verlangt differenzierte methodische Zugänge, die häufig nur in interdisziplinärer Zusammenarbeit zu gewährleisten sind.

Leider sind wir nur sehr begrenzt über die Lebenssituationen der militärischen Unterschichten informiert, da die einfachen Menschen kaum schriftmächtig waren, sodass die ohnehin nur wenigen vorhandenen Selbstzeugnisse aus der Feder einer anderen, gebildeten Schicht entstammen. Es wäre methodisch fatal, würde man diese Perspektiven einer militärischen Mittel- und Oberschicht auf die Alltagserfahrungen der einfachen Soldaten übertragen. Dagegen finden sich häufiger Zeugnisse derer, die aus der Perspektive anderer sozialer Verhältnisse über die Lebenswirklichkeit einfacher Soldaten berichten. Um den historischen Ort des Militärs innerhalb der frühneuzeitlichen Gesellschaft zutreffend auszumessen, bietet sich die Erforschung des Zusammenlebens von Militär und Gesellschaft im engen Rahmen von Garnisons- und Festungsstädten in besonderer Weise an. Bereits die damit verbundene Differenzierung verdeutlicht das grundlegende Problem einer verallgemeinernden Darstellung. Die Garnisonsstadt mit der auf eine gewisse Dauer angelegten Präsenz einer Militärbevölkerung ist ein Phänomen des Stehenden Heeres und gewann erst während des 18. Jahrhunderts eine flächendeckende Bedeutung. Hingegen gab es bereits im 17. Jahrhundert zahlreiche Festungsstädte, wobei sich das spannungsvolle Neben- und nicht selten Gegeneinander von Stadt

Militärgeschichte der Garnisons- und Festungsstadt

und Zitadelle, Letztere als eine ausschließlich militärisch dominierte Einrichtung, vor allem unter den Bedingungen einer Belagerung eindrucksvoll beobachten lässt [355: D. HOHRATH, Eroberer]. Schließlich müssen die städtischen Verteidigungseinrichtungen des Spätmittelalters betrachtet werden, in denen zunehmend landfremde Söldner eingesetzt waren. Diese Differenzierung wird noch komplexer, bezieht man die unterschiedlichen Rechtsverhältnisse zwischen Reichsstädten, landesherrlichen Residenzstädten, Universitätsstädten, größeren Landstädten und kleineren Ackerbürgerstädten in die Untersuchung ein.

Bis in das Spätmittelalter betrachtete man die Bevölkerung einer erstürmten Stadt entpersonalisiert als „bewegliche Sache", als Bestandteil einer Schadenszufügung gegenüber dem Kriegsgegner, die man bisweilen auch „über die Klinge springen" ließ [265: H.-H. KORTÜM, Kriege und Krieger, 189]. Unter den Bedingungen des 16. und frühen 17. Jahrhunderts erfolgten Plünderungen nicht selten in Folge von Soldrückständen (Sacco di Roma), als unkontrollierbare Blutrauschtaten (Magdeburg) oder als xenophobische Reaktion im Rahmen transkultureller Auseinandersetzungen, wie zum Beispiel in Sarajewo während der Türkenkriege zu Beginn des 18. Jahrhunderts. Im Verlauf des 18. Jahrhunderts wurden derartige Maßnahmen im Bewusstsein aufgeklärter Humanität als Ausdruck mangelnder Disziplin und Barbarei verurteilt. An ihre Stelle traten in erster Linie Beschießungen, um die gegnerischen Fürsten durch eine bewusste Terrorisierung seiner Bürger friedensbereit zu stimmen (Dresden) [355: D. HOHRATH, Eroberer].

Der Wunsch der schutzlosen Bevölkerung nach Beendigung der Kampfhandlungen und damit nach Sicherheit konnte dazu führen, dass selbst eine fremde Besatzung, sofern sie in Grenzen berechenbar handelte und im Rahmen ihrer Möglichkeiten willkürliches Handeln ebenso unterband wie eine Rückkehr des Krieges in die Region, von den Betroffenen durchaus nicht nur negativ wahrgenommen wurde [178: N. BUSCHMANN/H. CARL, Die Erfahrung; 113: M. MEUMANN/J. ROGGE, Die besetzte res publica].

Die sich verändernde zeitgenössische Perspektive auf Schutz und Sicherheit der Untertanen in Kriegszeiten scheint auf den ersten Blick die den Prozess der Zivilisation begleitende zunehmende Affektkontrolle, die Vorstellung einer wachsenden gesellschaftlichen Disziplinierung und schließlich die im Rationalisierungsparadigma angelegte These von der Armee als „dem Mutterschoß der Disziplin" zu bestätigen.

Militär und Disziplin

So ist inzwischen die über lange Zeit tradierte Vorstellung, die Heere des Mittelalters hätten weder eine militärische Disziplin in Gestalt von Subordination noch eine Exerzierausbildung beses-

sen, widerlegt worden [271: M. PRIETZEL, Kriegführung; 265: H.-
H. KORTÜM, Kriege]. Peter BURSCHEL hat in seiner Untersuchung über
das Söldnerwesen des 16. und frühen 17. Jahrhunderts auf der begrenzt
aussagefähigen schmalen Quellengrundlage von Schwankerzählungen
und normativen Zeugnissen der militärischen Administration ein Bild
entworfen, das die freien Kriegsleute dieser Epoche als gewitzt, selbst-
bewusst und selbstständig handelnd darstellt. Seine Deutung bestätigt
und ergänzt die Ergebnisse, die in den vergangenen Jahrzehnten über
die Institution der deutschen Landsknechte vorgelegt worden sind [308:
H.-M. MÖLLER, Das Regiment; 245: R. BAUMANN, Landsknechte;
314: M. ROGG, Landsknechte]. In seinem Bestreben, die von ihm be-
schriebene Gruppe deutlich zu akzentuieren und vor einem vollständig
andersartigen Hintergrund plastisch herauszuarbeiten, stellt er ihr den
Söldner der Epoche der Stehenden Heere als eine unfreie, „tumbe",
unselbstständige und unterwürfige Kreatur gegenüber. Auf diese Weise
bedient BURSCHEL unbewusst das historiographische Klischee des
19. Jahrhunderts. In beiden Fällen dient die jeweils zum Vergleich her-
angezogene Epoche unkritisch als dunkle Hintergrundfolie, vor der die
Verhältnisse des untersuchten Zeitraumes umso eindeutiger, bisweilen
auch durchaus positiv gedeutet hervortreten. Dabei wurde den Soldaten in unzulässiger interpretatorischer Verkürzung eine „spezifisch
militärisch-soziale Ausprägung" unterstellt [43: P. BURSCHEL, Zur
Sozialgeschichte, 641]. Die hierin abzulesende methodische Engführung erkennt, wie die ältere Forschung, in der sozialen Konfiguration
Militär eine in sich weitgehend homogene Gruppe, die besonderen
Lebensbedingungen, rechtlichen Normierungen und einem spezifisch
ausgeformten, nach außen sich bewusst abgrenzenden Habitus unterlag.

Militär und
Lebenswelten
    Erst die Neue Militärgeschichte hat mit Erfolg den Nachweis
erbringen können, dass die Soldaten eben nicht einer in sich geschlossenen Lebenswelt angehörten, sondern wie ihre Zeitgenossen
im Spätmittelalter und in der Frühen Neuzeit mehreren, sei es konkurrierenden, sei es sich überschneidenden oder sich ergänzenden
Lebenswelten gleichzeitig angehörten [387: R. PRÖVE, Stehendes
Heer; 365: S. KROLL, Soldaten; 382: J. NOWOSADTKO; Stehendes Heer;
340: B. ENGELEN, Soldatenfrauen; 411: M. WINTER, Untertanengeist].

    Die „Lebenswelt" beschrieb Rudolf VIERHAUS „als gesellschaft-
lich konstituierte, kulturell ausgeformte, symbolisch gedeutete Wirklichkeit" [234: R. VIERHAUS, Die Rekonstruktion, 14].

    In diesem Sinn war der Soldat als Freiwächter lohnabhängiger
Handlanger, als beurlaubter Kantonist bäuerlicher Hintersasse, als Fa-

milienvater gleichzeitig Haushaltsvorstand, als Einquartierter Mitglied der weiteren Hausgemeinschaft seines Wirtes.

An dieser Stelle setzt die Neue Militärgeschichte, bisweilen auch in Anlehnung an die von Vierhaus verwendete Begrifflichkeit als „Militärgeschichte in der Erweiterung" bezeichnet, an.

6. Neue Militärgeschichte – Kulturgeschichte der Gewalt

Die „Neue Militärgeschichte" knüpft bewusst an die vermittelnde Position einer „Sozialgeschichte in der Erweiterung" an. Der Anspruch, das Individuum in den gesellschaftlichen Strukturen erkennbar werden zu lassen, bedeutet den Versuch, Subjekt und Struktur miteinander zu versöhnen und nicht der Versuchung zu erliegen, in die wissenschaftspolitisch motivierten Grabenkämpfe um die Deutungshoheit zwischen Alltags-, Kultur- und Sozialgeschichte zurückzufallen.

Damit erweitert die Neue Militärgeschichte die Themenfelder der älteren sozialgeschichtlich orientierten Militärgeschichte, die sich in erster Linie um die Binnenstrukturen des militärischen Apparates und hier vor allem der sozialen Struktur des Offizierkorps, seiner politischen Orientierung und der damit einhergehenden geistig-moralischen Formationsprozesse beschäftigte. Die sozialen Verwerfungen in der militärischen Gesellschaft, die Spannungsverhältnisse innerhalb des Offizierkorps sowie zwischen Offizieren und Mannschaften ebenso wie die Wirkungen militärischen Drills und Disziplinierungsprozesse in Richtung auf eine Herrschaftsstabilisierung nach innen und die damit einhergehende soziale Militarisierung der Gesellschaft insgesamt, stehen seither nicht mehr im Mittelpunkt des Erkenntnisinteresses [128: R. PRÖVE, Militär, 75].

Angeregt durch die „kulturalistische Wende" innerhalb der Geschichtswissenschaft sucht die Neue Militärgeschichte das Individuum als autonomen Akteur in synchronen historischen Zusammenhängen aufzuspüren. Indem Welt- und Gesellschaftsbilder, Wert-, Sinn- und Orientierungssysteme als kulturell konnotierte Strukturen begriffen werden, erschließen sich auch aus Quellenbeständen obrigkeitlicher Provenienz neue Deutungsperspektiven. Gleichzeitig eröffnen sich über die Auswertung nichtmilitärischen Schriftgutes, vor allem aber über Quellengattungen, die sich dem traditionellen methodischen Zugriff der Geschichtswissenschaft bisher weitgehend entzogen haben – wie etwa literarische Zeugnisse, Bildquellen, Architektur, Kleidung und kunsthandwerkliche Zeugnisse der Alltagskultur – weit reichende Einblicke

Erweiterte Quellengrundlage der Militärgeschichte

in die verschiedenen Lebenswelten, an denen der Soldat Anteil hatte. Sie beeinflussten seine subjektive Weltdeutung durch Wahrnehmung, Erinnerung und Erfahrung und wirkten, diskursiv vermittelt, ihrerseits auf die Deutungsstrukturen, Wert- und Orientierungsmuster derjenigen, die in Alltagsbezügen zu Angehörigen der militärischen Gesellschaft standen [179: N. BUSCHMANN/H. CARL, Zugänge].

In Bezug auf die Frühe Neuzeit besitzen medial vermittelte Erlebnisse, Wissensbestände und Deutungen durch ihre Verbreitung, sei es in Form von Predigten, Flugschriften, Flugblättern, Schwankerzählungen, Theaterstücken, Liedern und Bildquellen unterschiedlichster Genres, eine wachsende Bedeutung. Über sie wurden Einstellungen, Stereotype und Argumentationsmuster der Gesellschaft transportiert und kollektiv erinnert.

Neben Quellenzeugnissen zur geistig-sozialen Standortbestimmung des Soldaten besitzen Aussagen über seine materiellen Lebensbedingungen, darauf hat Stefan KROLL hingewiesen, eine besondere Bedeutung [365: S. KROLL, Soldaten, 31]. Schließlich können Rituale und performative Strategien, wie etwa militärische Initiationsriten, Ehrenbezeugungen und Kleiderordnungen, spezifische Erfahrungen und Werthaltungen zum Ausdruck bringen, an denen sich das Selbstverständnis der Soldaten und der gesellschaftliche Ort des Militärs zu der entsprechenden Zeit ablesen lässt.

Eine praxeologisch orientierte Kulturgeschichte bemüht sich mit Hilfe eines interdisziplinär angelegten methodischen Zugriffs, durch die Verwendung etwa theoretischer Konzepte aus der Historischen Anthropologie, der Verhaltenspsychologie oder der Wissenssoziologie, die Kluft zwischen Diskurs und Praxis zu überwinden [207: C. LIPP, Diskurs, 91]. In diesem Verständnis begreift sich die Neue Militärgeschichte nach Gegenstand, Quellenbezug und methodischem Zugriff als integraler Bestandteil der allgemeinen Geschichtswissenschaft.

Angesichts der Bellizität des Spätmittelalters und der Frühen Neuzeit muss eine Betrachtung, welche die durch Krieg und Militär beeinflussten politischen, sozialen und kulturellen Veränderungen innerhalb der frühmodernen Gesellschaften nicht berücksichtigt, notwendigerweise unvollkommen bleiben.

Mit Blick auf die kriegerischen und genozidalen Entwicklungen des 20. Jahrhunderts wird indes deutlich, dass es weder ein teleologisch angelegtes Fortschreiten zu immer größerer menschlicher Gesittung gibt noch im Sinn Michel Foucaults eine von unterschiedlichsten Institutionen bis in die kleinsten Verästelungen der Gesellschaft

(Marginalie:) Ritual und Performanz

transportierte, an der Projektion militärischer Methoden orientierte Disziplinarisierung [37: U. BRÖCKLING, Disziplin, 21].

Der Blick auf eine unterstellte Prozesshaftigkeit historischer Entwicklungen, bisweilen noch verstärkt durch quellenferne, unkritisch der älteren Forschung entnommene normative Deutungen hinsichtlich der Rolle der bewaffneten Macht als „Schule der Nation" und des Dienstes mit der Waffe als „Ehrendienst" des Staatsbürgers, hat über lange Zeit eine kritische Beschäftigung mit der Lebenswirklichkeit des Soldaten im Spätmittelalter und in der Frühen Neuzeit verstellt.

III. Quellen und Literatur

1. Gedruckte Quellen

1. H. BLECKWENN (Hrsg.), Altpreußischer Kommiß – offiziell, offiziös und privat. Neudrucke nach Erstausgaben und Erstveröffentlichungen von Manuskripten. 44 Bände, Osnabrück 1971–1982.

2. U. BRÄKER, Lebensgeschichte und natürliche Ebentheuer des Armen Mannes im Tockenburg. Hrsg. von H. H. Füßli, Zürich 1789.

3. J. J. DOMINICUS/D. KERLER/H. BLECKWENN (Hrsg.), Tagebuch des Musketiers Dominicus. 1756–1763, Neudruck der Ausgabe München 1891, Osnabrück 1972.

4. H. F. v. FLEMING, Der Vollkommene Teutsche Soldat, Leipzig 1726.

5. E. v. FRAUENHOLZ, Entwicklungsgeschichte des deutschen Heerwesens. 5 Bände, München 1935–1941.

6. FRIEDRICH II., Militärische Schriften. Hrsg. v. A. v. Taysen, Berlin 1882.

7. L. FRONSBERGER, Von Kayserlichem Kriegßrechten Malefitz und Schuldhändlen / Ordnung vnd Regiment / sampt derselbigen und andern hoch oder nidrieger Befelch / Bestallung / Staht und ämpter [...], Frankfurt a.M. 1566.

8. J. H. L. GROTEHENN, Briefe aus dem Siebenjährigen Krieg, Lebensbeschreibung und Tagebuch. Hrsg. v. M. Füssel und S. Petersen, Potsdam 2012.

9. H.-D. HEIMANN/U. TRESP (Hrsg.), Thüringische und böhmische Söldner in der Soester Fehde. Quellen zum landesherrlichen Militärwesen im 15. Jahrhundert aus thüringischen und sächsischen Archiven, Potsdam 2002.

10. J. KLOOSTERHUIS (Hrsg.), Legendäre „lange Kerls". Quellen zur Regimentskultur der Königsgrenadiere Friedrich Wilhelms I. 1713–1740, Berlin 2003.

11. J. KLOOSTERHUIS (Hrsg.), Bauern, Bürger und Soldaten. Quellen zur Sozialisation des Militärsystems im preußischen Westfalen 1713–1803, Münster 1992.

12. J. KUNISCH (Hrsg.), Aufklärung und Kriegserfahrung. Klassische
    Zeitzeugen zum Siebenjährigen Krieg, Frankfurt a.M. 1996.
13. F. C. LAUKHARD, Leben und Schicksale. Von ihm selbst beschrie-
    ben. Hrsg. v. K. W. Becker, Leipzig 1989.
14. A. MESSERLI/A. MUSCHG (Hrsg.), Schreibsucht. Autobiographi-
    sche Schriften des Pietisten Ulrich Bräker (1735–1798), Göttingen
    2004.
15. M. MESSERSCHMIDT/U. V. GERSDORFF (Hrsg.), Offiziere im Bild
    von Dokumenten aus drei Jahrhunderten, Stuttgart 1964.
16. D. NICOLLE, Medieval Warfare Source Book. 2 Bände, London
    1995–1996.
17. J. PETERS (Hrsg.), Ein Söldnerleben im Dreißigjährigen Krieg. Ei-
    ne Quelle zur Sozialgeschichte, Berlin 1993.
18. B. B. D. WIEDEN, Leben im 16. Jahrhundert. Lebenslauf und Lie-
    der des Hauptmanns Georg Niege, Berlin 1996.

2. Einführungen, Überblicksdarstellungen, Bibliographien

19. J. C. ALLMAYER-BECK (Hrsg.), Militärgeschichte in Deutschland
    und Österreich vom 18. Jahrhundert bis in die Gegenwart, Herford
    u. a. 1985.
20. M. S. ANDERSON, War and Society in Europe of the Old Regime,
    1618–1789, New York 1988.
21. R. G. ASCH/D. FREIST (Hrsg.), Staatsbildung als kultureller Pro-
    zess. Strukturwandel und Legitimation von Herrschaft in der
    Frühen Neuzeit, Köln u. a. 2005.
22. R. G. ASCH/W. E. VOSS/M. WREDE (Hrsg.), Frieden und Krieg
    in der Frühen Neuzeit. Die europäische Staatenordnung und die
    außereuropäische Welt, München 2001.
23. M. ASCHE (Hrsg.), Krieg, Militär und Migration in der Frühen
    Neuzeit, Berlin u. a. 2008.
24. T. M. BARKER, Army, Aristocracy, Monarchy. Essays on War, So-
    ciety, and Government in Austria, 1618–1780, New York 1982.
25. P. BAUMGART/B. R. KROENER/H. STÜBIG (Hrsg.), Die preußische
    Armee zwischen Ancien Régime und Reichsgründung, Paderborn
    u. a. 2008.
26. G. BEST u. a. (Hrsg.), Fontana History of European War and So-
    ciety. 5 Bände, Guernsey u. a. 1982–1998.

27. D. Beyrau/M. Hochgeschwender/D. Langewiesche (Hrsg.), Formen des Krieges. Von der Antike bis zur Gegenwart, Paderborn u. a. 2007.

28. E. Bezzel/E. v. Frauenholz/K. Staudinger (Hrsg.), Geschichte des Bayerischen Heeres. 8 Bände, München 1901–1935.

29. A. C. Bimmer, Das Militärische im Volksleben, Marburg 2001.

30. J. Black (Hrsg.), War in the Early Modern World. 1450–1815, London 1999.

31. J. Black, European Warfare 1494–1660, London u. a. 2002.

32. B. v. Bonin, Grundzüge der Rechtsverfassung in den deutschen Heeren zu Beginn der Neuzeit, Weimar 1904.

33. R. Bonney (Hrsg.), The Rise of the Fiscal State in Europe, c. 1200–1815, Oxford u. a. 1999.

34. P. Bragard, L'armée et la ville dans l'Europe du Nord et du Nord-Ouest. Du XVe siècle à nos jours, Louvain-la-Neuve 2006.

35. S. Brakensiek/H. Wunder (Hrsg.), Ergebene Diener ihrer Herren? Herrschaftsvermittlung im alten Europa, Köln u. a. 2005.

36. F. Brendle/A. Schindling (Hrsg.), Religionskriege im Alten Reich und in Alteuropa, Münster 2006.

37. U. Bröckling, Disziplin. Soziologie und Geschichte militärischer Gehorsamsproduktion, München 1997.

38. U. Bröckling, Armeen und ihre Deserteure. Vernachlässigte Kapitel einer Militärgeschichte der Neuzeit, Göttingen 1998.

39. H. Brunner (Hrsg.), Der Krieg im Mittelalter und in der Frühen Neuzeit. Gründe, Begründungen, Bilder, Bräuche, Recht, Wiesbaden 1999.

40. H. Brunner (Hrsg.), Die Wahrnehmung und Darstellung von Kriegen im Mittelalter und in der Frühen Neuzeit, Wiesbaden 2000.

41. T. Bührer/C. Stachelbeck/D. Walter (Hrsg.), Imperialkriege von 1500 bis heute. Strukturen, Akteure, Lernprozesse, Paderborn u. a. 2011.

42. J. Burkhardt, Die Friedlosigkeit der Frühen Neuzeit. Grundlegung einer Theorie der Bellizität Europas, in: ZHF 24 (1997), S. 509–574.

43. P. Burschel, Zur Sozialgeschichte innermilitärischer Disziplinierung im 16. und 17. Jahrhundert, in: ZfG 42 (1994), S. 965–981.

44. H. Carl/H.-J. Bömelburg (Hrsg.), Lohn der Gewalt. Beutepraktiken von der Antike bis zur Neuzeit, Paderborn u. a. 2011.

45. F. L. Carsten, Geschichte der preußischen Junker, Frankfurt a.M. 1988.
46. P. Contamine, War and Competition between States, Oxford 2000.
47. A. Corvisier, Armées et sociétés en Europe de 1494 à 1789, Paris 1976.
48. G. A. Craig, Die preußisch-deutsche Armee. Staat im Staate. 1640–1945, Düsseldorf 1960.
49. M. L. v. Creveld, The Transformation of War, New York 1991.
50. H. Delbrück (Hrsg.), Geschichte der Kriegskunst im Rahmen der politischen Geschichte. 6 Bände, 3. Aufl., Berlin 1920–1932.
51. K. Demeter, Das deutsche Offizierkorps in Gesellschaft und Staat 1650–1945, 4. Aufl., Frankfurt a.M. 1965.
52. M. Dinges, Soldatenkörper in der Frühen Neuzeit. Erfahrungen mit einem unzureichend geschützten, formierten und verletzten Körper in Selbstzeugnissen, in: [156: 71–98].
53. C. Donati/B. R. Kroener, Militari e società civile nell'Europa dell'età moderna (secoli XVI–XVIII), Bologna 2007.
54. B. M. Downing, The Military Revolution and Political Change. Origins of Democracy and Autocracy in Early Modern Europe, Princeton 1992.
55. M. Duffy (Hrsg.), The Military Revolution and the State. 1500–1800, 3. Aufl., Exeter 1986.
56. J. Echternkamp/S. O. Müller (Hrsg.), Die Politik der Nation. Deutscher Nationalismus in Krieg und Krisen, 1760–1960, München 2002.
57. G. Elwert, Gewaltmärkte. Beobachtung zur Zweckrationalität der Gewalt, in: [154: 86–101].
58. S. Fiedler, Grundriß der Militär- und Kriegsgeschichte. 3 Bände, 2. Aufl., München 1980.
59. S. Fiedler/G. Ortenburg (Hrsg.), Heerwesen der Neuzeit. 5 Abteilungen, Koblenz 1984–1993.
60. S. Förster/C. Jansen/G. Kronenbitter (Hrsg.), Rückkehr der Condottieri? Krieg und Militär zwischen staatlichem Monopol und Privatisierung. Von der Antike bis zur Gegenwart, Paderborn u. a. 2010.
61. R. I. Frost, The Northern Wars. War, State, and Society in Northeastern Europe, 1558–1721, Harlow u. a. 2000.
62. J. Glete, Navies and Nations. Warships, Navies and State Building in Europe and America, 1500–1860, Stockholm 1993.
63. J. Glete, War and the State in Early Modern Europe. Spain, the

Dutch Republic and Sweden as Fiscal-Military States, 1500–1660, London 2002.

64. S. GUNN, War and the Emergence of the State. Western Europe 1350–1600, in: [149: 50–73].

65. S. GUNN/D. GRUMMITT/H. COOLS, War and the State in Early Modern Europe. Widening the Debate, in: War in History 15 (2008), S. 371–388.

66. K. HAGEMANN/R. PRÖVE (Hrsg.), Landsknechte, Soldatenfrauen und Nationalkrieger. Militär, Krieg und Geschlechterordnung im historischen Wandel, Frankfurt a.M. 1998.

67. J. R. HALE, War and Society in Renaissance Europe. 1450–1620, Leicester 1985.

68. H. HARNISCH, Preußisches Kantonsystem und ländliche Gesellschaft. Das Beispiel der mittleren Kammerdepartements, in: [100: 137–165].

69. F. HARTUNG, Volk und Staat in der deutschen Geschichte. Gesammelte Abhandlungen, Leipzig 1940.

70. H. HELFRITZ, Geschichte der preußischen Heeresverwaltung, Berlin 1938.

71. H.-W. HERRMANN/F. IRSIGLER (Hrsg.), Beiträge zur Geschichte der frühneuzeitlichen Garnisons- und Festungsstadt. Referate und Ergebnisse der Diskussion eines Kolloquiums in Saarlouis vom 24.–27.6.1980, Saarbrücken 1983.

72. O. HINTZE, Geist und System der preußischen Verwaltung um 1740. Kapitel in: Die Behördenorganisation und die allgemeine Staatsverwaltung Preußens im 18. Jahrhundert, in: Königliche Akademie der Wissenschaften (Hrsg.), Acta Borussica. Denkmäler der Preußischen Staatsverwaltung im 18. Jahrhundert, Berlin 1901, S. 2–56.

73. O. HINTZE, Staatsverfassung und Heeresverfassung. Vortrag gehalten zu Dresden 1906, Dresden 1906.

74. M. HOCHEDLINGER, Quellen zum kaiserlichen bzw. k.k. Kriegswesen, in: J. PAUSER (Hrsg.), Quellenkunde der Habsburgermonarchie (16.–18. Jahrhundert). Ein exemplarisches Handbuch, Wien u. a. 2004, S. 162–181.

75. M. HOCHEDLINGER, Der gewaffnete Doppeladler. Ständische Landesdefension, Stehendes Heer und Staatsverdichtung in der frühneuzeitlichen Habsburgermonarchie, in: [209: 217–250].

76. A. HÖLTER, Die Invaliden. Die vergessene Geschichte der Kriegskrüppel in der europäischen Literatur bis zum 19. Jahrhundert, Stuttgart u. a. 1995.

77. A. Holzem (Hrsg.), Krieg und Christentum. Religiöse Gewalt-theorien in der Kriegserfahrung des Westens, Paderborn u. a. 2009.

78. M. Howard, War in European History, Oxford 1977.

79. V. T. Hui, War and State Formation in Ancient China and Early Modern Europe, Cambridge u. a. 2005.

80. J. W. Huntebrinker/U. Ludwig, Militär und materielle Kultur in der Frühen Neuzeit. Einführung, in: Militär und Gesellschaft in der Frühen Neuzeit 13 (2009), Heft 1, S. 7–15.

81. M. Jähns, Geschichte der Kriegswissenschaften, vornehmlich in Deutschland. 3 Bände, München u. a. 1889–1891.

82. W. Janssen, Krieg, in: Geschichtliche Grundbegriffe. 3. Band H–Me, hrsg. von O. Brunner (Hrsg.), Stuttgart 2004, S. 567–615.

83. C. Jany, Geschichte der preußischen Armee vom 15. Jahrhundert bis 1914. 4 Bände, 2. Aufl., Osnabrück 1967.

84. J. Delmas (Hrsg.), Histoire militaire de la France, Volume 2. De 1715 à 1871, Paris 1992.

85. A. Jones, The Art of War in the Western World, Urbana u. a. 1987.

86. J. Keegan, Das Antlitz des Krieges. Die Schlachten von Azin-court 1415, Waterloo 1815 und an der Somme 1916, Neuausg., Frankfurt a.M. 1991.

87. J. Keegan, Die Kultur des Krieges, Berlin 1995.

88. M. H. Keen, Chivalry, New Haven u. a. 1984.

89. P. Kennedy, Aufstieg und Fall der großen Mächte. Ökonomischer Wandel und militärischer Konflikt von 1500 bis 2000, 2. Aufl., Frankfurt a.M. 1989.

90. S. Kerth, Der landsfrid ist zerbrochen. Das Bild des Krieges in den politischen Ereignisdichtungen des 13. bis 16. Jahrhunderts, Wiesbaden 1997.

91. H. Kleinschmidt, Tyrocinium militare. Militärische Körperhal-tungen und -bewegungen im Wandel zwischen dem 14. und dem 18. Jahrhundert, Stuttgart 1989.

92. J. Kloosterhuis, Donner, Blitz und Bräker. Der Soldatendienst des ‚armen Mannes im Tockenburg‘ aus Sicht des preußischen Militärsystems, in: [14: 129–187].

93. M. Körner, ‚Expenditure‘ and ‚Public credit‘, in: [173: 393–422].

94. H.-H. Kortüm, „Wissenschaft im Doppelpass"? Carl Schmitt, Otto Brunner und die Konstruktion der Fehde, in: HZ 282 (2006), Heft 3, S. 585–617.

95. J. KRAUS, Das Militärwesen der Reichsstadt Augsburg 1548 bis 1806. Vergleichende Untersuchungen über städtische Militäreinrichtungen in Deutschland vom 16. bis 18. Jahrhundert, Augsburg 1980.

96. E. KRIPPENDORFF, Staat und Krieg. Die historische Logik politischer Unvernunft, Frankfurt a.M. 1985.

97. B. R. KROENER, „Das Schwungrad an der Staatsmaschine"? Die Bedeutung der bewaffneten Macht in der europäischen Geschichte der Frühen Neuzeit, in: [100: 1–23].

98. B. R. KROENER, Militär in der Gesellschaft. Aspekte einer neuen Militärgeschichte der Frühen Neuzeit, in: [235: 283–299].

99. B. R. KROENER, Krieg, in: Enzyklopädie der Neuzeit. Band 7: Konzert–Männlichkeit, hrsg. von F. Jäger, Stuttgart 2008, Sp. 137–162.

100. B. R. KROENER/R. PRÖVE (Hrsg.), Krieg und Frieden. Militär und Gesellschaft in der Frühen Neuzeit, Paderborn u. a. 1996.

101. S. KROLL/K. KRÜGER (Hrsg.), Militär und ländliche Gesellschaft in der frühen Neuzeit, Münster u. a. 2000.

102. G. KRONENBITTER/M. PÖHLMANN/D. WALTER (Hrsg.), Besatzung. Funktion und Gestalt militärischer Fremdherrschaft von der Antike bis zum 20. Jahrhundert, Paderborn u. a. 2006.

103. T. KÜHNE, Männergeschichte – Geschlechtergeschichte. Männlichkeit im Wandel der Moderne, Frankfurt a.M. 1996.

104. J. KUNISCH (Hrsg.), Fürst, Gesellschaft, Krieg. Studien zur bellizistischen Disposition des absoluten Fürstenstaates, Köln u. a. 1992.

105. J. KUNISCH/B. STOLLBERG-RILINGER (Hrsg.), Staatsverfassung und Heeresverfassung in der europäischen Geschichte der frühen Neuzeit, Berlin 1986.

106. M. KUTZ, Deutsche Soldaten. Eine Kultur- und Mentalitätsgeschichte, Darmstadt 2006.

107. J. LEONHARD, Bellizismus und Nation. Kriegsdeutung und Nationsbestimmung in Europa und den Vereinigten Staaten 1750–1914, München 2008.

108. A. LUTZ, Soldatenehen vor Gericht. Das Beispiel des westlichen Holsteins, in: Dies. (Hrsg.), Geschlechterbeziehungen in der Neuzeit. Studien aus dem norddeutschen Raum, Neumünster 2005, S. 23–42.

109. W. H. MCNEILL, Krieg und Macht. Militär, Wirtschaft und Gesellschaft vom Altertum bis heute, München 1984.

110. H. MEIER-WELCKER (Hrsg.), Untersuchungen zur Geschichte des

Offizierkorps. Anciennität und Beförderung nach Leistung, Stuttgart 1962.

111. M. MEUMANN/D. NIEFANGER, Ein Schauplatz herber Angst. Wahrnehmung und Darstellung von Gewalt im 17. Jahrhundert, Göttingen 1997.

112. M. MEUMANN/R. PRÖVE (Hrsg.), Herrschaft in der Frühen Neuzeit. Umrisse eines dynamisch-kommunikativen Prozesses, Münster 2004.

113. M. MEUMANN/J. ROGGE (Hrsg.), Die besetzte res publica. Zum Verhältnis von ziviler Obrigkeit und militärischer Herrschaft in besetzten Gebieten vom Spätmittelalter bis zum 18. Jahrhundert, Berlin u. a. 2006.

114. Militärgeschichtliches Forschungsamt (Hrsg.), Handbuch zur deutschen Militärgeschichte 1648–1939. 6 Bände, München 1964–1981.

115. Militärgeschichtliches Institut der DDR (Hrsg.), Wörterbuch zur deutschen Militärgeschichte. 2 Bände, Berlin 1985.

116. H. MÜNKLER, Der Wandel des Krieges. Von der Symmetrie zur Asymmetrie, 2. Aufl., Weilerswist 2006.

117. H. MÜNKLER, Die neuen Kriege, 3. Aufl., Reinbek 2007.

118. K.-V. NEUGEBAUER, Grundkurs deutsche Militärgeschichte. Band 1. Die Zeit bis 1914. Vom Kriegshaufen zum Massenheer, München 2006.

119. G. OESTREICH (Hrsg.), Geist und Gestalt des frühmodernen Staates. Ausgewählte Aufsätze, Berlin 1969.

120. E. ORYWAL, Krieg als Konfliktaustragungsstrategie. Zur Plausibilität von Kriegsursachentheorien aus kognitionsethnologischer Sicht, in: Zeitschrift für Ethnologie 121 (1996), Heft 1, S. 1–48.

121. R. OVERMANS (Hrsg.), In der Hand des Feindes. Kriegsgefangenschaft von der Antike bis zum Zweiten Weltkrieg, Köln u. a. 1999.

122. G. PAPKE, Offizierkorps und Anciennität, in: [110: 177–206].

123. G. PARKER, Die militärische Revolution. Die Kriegskunst und der Aufstieg des Westens 1500–1800, Frankfurt a.M. 1990.

124. D. PARROTT, Business of War. Military Enterprise and Military Revolution in Early Modern Europe, Cambridge u. a. 2012.

125. B. V. POTEN (Hrsg.), Handwörterbuch der gesamten Militärwissenschaften. Mit erläuternden Abbildungen, Bielefeld 1877.

126. R. PRÖVE, Rationalisierungsdruck und Zwang zur Toleranz. Das Militär im Vergesellschaftungsprozeß der Konfession, in: [137: 53–69].

127. R. PRÖVE, Lebenswelten. Militärische Milieus in der Neu-

zeit. Gesammelte Abhandlungen. Hrsg. von B. R. Kroener und A. Strauß, Berlin u. a. 2010.

128. R. Pröve, Militär, Staat und Gesellschaft im 19. Jahrhundert, München 2006.

129. K. Raber/T. J. Tucker (Hrsg.), The Culture of the Horse. Status, Discipline, and Identity in the Early Modern World, New York u. a. 2005.

130. M. Rauchensteiner/E. A. Schmidl (Hrsg.), Formen des Krieges. Vom Mittelalter zum „Low Intensity Conflict", Graz u. a. 1991.

131. F. Redlich, The German Military Enterpriser and his Work Force. A Study in European Economic and Social History. 2 Bände, Wiesbaden 1964–1965.

132. W. Reinhard, Zwang zur Konfessionalisierung. Prolegomena zu einer Theorie des konfessionellen Zeitalters, in: W. Reinhard (Hrsg.), Ausgewählte Abhandlungen, Berlin 1997, S. 127–147.

133. C. Roll (Hrsg.), Grenzen und Grenzüberschreitungen. Bilanz und Perspektiven der Frühneuzeitforschung, Köln u. a. 2010.

134. W. Rösener (Hrsg.), Staat und Krieg. Vom Mittelalter bis zur Moderne, Göttingen 2000.

135. H. Rosinski, Die deutsche Armee. Eine Analyse, Düsseldorf u. a. 1970.

136. H. Schilling (Hrsg.), Institutionen, Instrumente und Akteure sozialer Kontrolle und Disziplinierung im frühneuzeitlichen Europa. Institutions, Instruments and Agents of Social Control and Discipline in Early Modern Europe, Frankfurt a.M. 1999.

137. H. Schilling/M.-A. Gross (Hrsg.), Im Spannungsfeld von Staat und Kirche. „Minderheiten" und „Erziehung" im deutsch-französischen Gesellschaftsvergleich 16.-18. Jahrhundert, Berlin 2003.

138. G. Schmidt (Hrsg.), Stände und Gesellschaft im Alten Reich, Stuttgart 1989.

139. G. F. v. Schmoller, Umrisse und Untersuchungen zur Verfassungs-, Verwaltungs- und Wirtschaftsgeschichte; besonders des Preußischen Staates im 17. und 18. Jahrhundert, Leipzig 1898.

140. H. Schnitter, Volk und Landesdefension. Volksaufgebote, Defensionswerke, Landmilizen in den deutschen Territorien vom 15. bis zum 18. Jahrhundert, Berlin 1977.

141. H. Schnitter, Die überlieferte Defensionspflicht. Vorformen der allgemeinen Wehrpflicht in Deutschland, in: R. G. Foerster

(Hrsg.), Die Wehrpflicht. Entstehung, Erscheinungsform und politisch-militärische Wirkung, München 1994, S. 29–37.

142. T. Schwark, Lübecks Stadtmilitär im 17. und 18. Jahrhundert. Untersuchungen zur Sozialgeschichte einer reichsstädtischen Berufsgruppe, Lübeck 1990.

143. H. v. Seggern/G. Fouquet (Hrsg.), Adel und Zahl. Studien zum adligen Rechnen und Haushalten in Spätmittelalter und früher Neuzeit, Ubstadt-Weiher 2000.

144. J. J. Sheehan, Where Have all the Soldiers Gone? The Transformation of Modern Europe, Boston u. a. 2008.

145. M. Sikora, Söldner. Historische Annäherung an einen Kriegertypus, in: GG 29 (2003), Heft 2, S. 210–238.

146. W. Sombart, Krieg und Kapitalismus, München u. a. 1913.

147. H. v. Stietencron/J. Rüpke (Hrsg.), Töten im Krieg, Freiburg i. Brsg. u. a. 1995.

148. F. Tallett, War and Society in Early Modern Europe, 1495–1715, London u. a. 1992.

149. F. Tallett/D. J. B. Trim (Hrsg.), European Warfare. 1350–1750, Cambridge u. a. 2010.

150. P. Thorau, Krieg, in: Lexikon des Mittelalters. 9 Bände und Registerband, München u. a. 1980–1999, Sp. 1525–1527.

151. P. Thorau, Der (un)willkommene Grenzgänger. Von Söldnern und anderem fremden Kriegsvolk, in: W. Haubrichs (Hrsg.), Grenzen erkennen – Begrenzungen überwinden. Festschrift für Reinhard Schneider zur Vollendung seines 65. Lebensjahrs, Sigmaringen 1999, S. 205–225.

152. C. Tilly (Hrsg.), The Formation of National States in Western Europe, Princeton 1975.

153. C. Tilly, Coercion, Capital, and European States. AD 990–1990, Cambridge u. a. 1990.

154. T. v. Trotha (Hrsg.), Soziologie der Gewalt, Opladen 1997.

155. A. Vagts, A History of Militarism. Civilian and Military, 2. Aufl., New York 1959.

156. R. v. Dülmen (Hrsg.), Körper-Geschichten. Studien zur historischen Kulturforschung, Frankfurt a.M. 1996.

157. D. Walter/B. Kundrus (Hrsg.), Waffen, Wissen, Wandel. Anpassung und Lernen in transkulturellen Erstkonflikten, Hamburg 2012.

158. B. Wegner (Hrsg.), Wie Kriege entstehen. Zum historischen Hintergrund von Staatenkonflikten, Paderborn u. a. 2000.

159. H.-U. WEHLER (Hrsg.), Deutsche Historiker. 4 Bände, Göttingen 1972.

160. W. BÖHM/M. LINDAUER (Hrsg.), Welt ohne Krieg?, Stuttgart u. a. 2002.

161. W. WETTE (Hrsg.), Der Krieg des kleinen Mannes. Eine Militärgeschichte von unten, München 1992.

162. W. WETTE, Militarismus in Deutschland. Geschichte einer kriegerischen Kultur, Darmstadt 2008.

163. R. WOHLFEIL, Adel und Heerwesen, in: Deutscher Adel, hrsg. von H. Rössler, Darmstadt 1965, S. 315–343.

164. R. WOHLFEIL, Adel und neues Heerwesen, in: Deutscher Adel, hrsg. von H. Rössler, Darmstadt 1965, S. 203–233.

165. E. WOLFRUM, Krieg und Frieden in der Neuzeit. Vom Westfälischen Frieden bis zum Zweiten Weltkrieg, Darmstadt 2003.

166. H. ZMORA, Monarchy, Aristocracy and the State in Europe. 1300–1800, London u. a. 2001.

3. Historiographie zur Militärgeschichte

167. J.-C. ALLMAYER-BECK, Die Militärgeschichtsschreibung in Deutschland und Österreich von ihren Anfängen bis zum Jahre 1918, in: [19: 70–86].

168. J. ANGELOW, Forschung in ungelüfteten Räumen. Anmerkungen zur Militärgeschichtsschreibung der ehemaligen DDR, in: [235: 73–89].

169. J. BÉRENGER (Hrsg.), La révolution militaire en Europe (XVe–XVIIIe siècles), Paris 1998.

170. J. BLACK, A Military Revolution? Military Change and European Society 1550–1800, Basingstoke 1991.

171. J. BLACK, ‚Was there a Military Revolution in Early Modern Europe?‘, in: History Today 58 (2008), S. 34–41.

172. R. BLÄNKNER, „Absolutismus“. Eine begriffsgeschichtliche Studie zur politischen Theorie und zur Geschichtswissenschaft in Deutschland (1830–1870), 2. Aufl., Frankfurt a.M. 2011.

173. R. BONNEY (Hrsg.), Economic Systems and State Finance, Oxford u. a. 1995.

174. P. BROUCEK/K. PEBALL, Geschichte der österreichischen Militärhistoriographie, Köln u. a. 2000.

175. R. Brühl, Militärgeschichte und Kriegspolitik. Zur Militär-
     geschichtsschreibung des preußisch-deutschen Generalstabes
     1816–1945, Berlin 1973.

176. R. Brühl, Zum Neubeginn der Militärgeschichtsschreibung in
     der DDR. Gegenstand, theoretische Grundlagen, Aufgabenstel-
     lung, in: MGM 52 (1993), S. 303–322.

177. A. Bucholz, Hans Delbrück and the German Military Establish-
     ment. War Images in Conflict, Iowa City 1985.

178. N. Buschmann/H. Carl (Hrsg.), Die Erfahrung des Krieges.
     Erfahrungsgeschichtliche Perspektiven von der Französischen Re-
     volution bis zum Zweiten Weltkrieg, Paderborn u. a. 2001.

179. N. Buschmann/H. Carl, Zugänge zur Erfahrungsgeschichte des
     Krieges. Forschung, Theorie, Fragestellung, in: [178: 11–26].

180. J. Chagniot, Critique du concept de révolution militaire, in: [169:
     23 29].

181. A. Corvisier (Hrsg.), A Dictionary of Military History and the
     Art of War, edited, revised and expanded by John Childs, Oxford
     u. a. 1994.

182. M. Dinges, Soldatenkörper in der Frühen Neuzeit. Erfahrungen
     mit einem unzureichend geschützten, formierten und verletzten
     Körper in Selbstzeugnissen, in: [156: 71–98].

183. J. Echternkamp/W. Schmidt/T. Vogel (Hrsg.), Perspektiven
     der Militärgeschichte. Raum, Gewalt und Repräsentation in his-
     torischer Forschung und Bildung, München 2010.

184. H. Ehlert (Hrsg.), Deutsche Militärhistoriker von Hans Del-
     brück bis Andreas Hillgruber, Potsdam 2010.

185. D. Eltis, The Military Revolution in Sixteenth-Century Europe,
     London 1998.

186. B. Emich/G. Signori (Hrsg.), Kriegs-Bilder in Mittelalter und
     Früher Neuzeit, Berlin 2009.

187. E. Engelberg, Zu den Aufgaben der Militärgeschichtswissen-
     schaft der DDR im Lichte des Nationalen Dokuments, in:
     Zeitschrift für Militärgeschichte 1 (1962), S. 8–23.

188. U. v. Gersdorff (Hrsg.), Geschichte und Militärgeschichte. We-
     ge der Forschung, Frankfurt a.M. 1974.

189. H. T. Gräf, Militarisierung der Stadt oder Urbanisierung des Mi-
     litärs? Ein Beitrag zur Militärgeschichte der frühen Neuzeit aus
     stadtgeschichtlicher Perspektive, in: [221: 89–108].

190. R. Hammel-Kiesow (Hrsg.), Vergleichende Ansätze in der han-
     sischen Geschichtsforschung, Trier 2002.

191. E. W. Hansen, Zur Problematik einer Sozialgeschichte des deut-

schen Militärs im 17. und 18. Jahrhundert. Ein Forschungsbericht, in: ZHF 6 (1979), Heft 4, S. 425–460.

192. H. Hürten, Militärgeschichte in Deutschland. Zur Geschichte einer Disziplin in der Spannung von akademischer Freiheit und gesellschaftlichem Anspruch, in: HJb 95 (1975), S. 374–392.

193. H. Hürten/D. Bangert, Zielsetzung und Methode der Militärgeschichtsschreibung, in: MGM 20 (1976), Heft 2, S. 9–19.

194. A. Kästner, Themenheft. Mehr als Krieg und Leidenschaft. Die filmische Darstellung von Militär und Gesellschaft der Frühen Neuzeit, Potsdam 2012.

195. E. Kessel, Militärgeschichte und Kriegstheorie in neuerer Zeit. Ausgewählte Aufsätze. Hrsg. v. J. Kunisch, Berlin 1987.

196. F. Klein, Militärgeschichte in der Bundesrepublik Deutschland, in: [19: 183–214].

197. M. Knox/W. Murray (Hrsg.), The Dynamics of Military Revolution, 1300–2050, Cambridge u. a. 2001.

198. F. Kopitzsch, Die Sozialgeschichte der deutschen Aufklärung als Forschungsaufgabe, in: Aufklärung, Absolutismus und Bürgertum in Deutschland. Zwölf Aufsätze, hrsg. von F. Kopitzsch, München 1976, S. 11–169.

199. H.-H. Kortüm, Kriegstypus und Kriegstypologie. Über Möglichkeiten und Grenzen einer Typusbildung von „Krieg" im Allgemeinen und von „mittelalterlichem Krieg" im Besonderen, in: [27: 71–98].

200. B. R. Kroener, Vom „extraordinari Kriegsvolck" zum „miles perpetuus". Zur Rolle der bewaffneten Macht in der europäischen Gesellschaft der Frühen Neuzeit. Ein Forschungs- und Literaturbericht, in: MGM 43 (1988), S. 141–188.

201. B. R. Kroener, Eine Armee, die sich ihren Staat geschaffen hat? Militärmonarchie und Militarismus, in: [398: 233–250].

202. E. M. Kronfeld, Der Krieg im Aberglauben und Volksglauben. Kulturhistorische Beiträge, München 1915.

203. T. Kühne/B. Ziemann, Militärgeschichte in der Erweiterung. Konjunkturen, Interpretationen, Konzepte, in: [235: 9–48].

204. S. Lange, Hans Delbrück und der „Strategiestreit". Kriegführung und Kriegsgeschichte in der Kontroverse 1879–1914, Freiburg i. Brsg. 1995.

205. S. Lange, Hans Delbrück: Der Kritiker der Kriegsgeschichte, in: [184: 9–20].

206. K. Linnebach, Die Wehrwissenschaften, ihr Begriff und ihr System, Berlin 1939.

207. A. Lipp, Diskurs und Praxis. Militärgeschichte als Kulturgeschichte, in: [235: 211–228].
208. J. A. Lynn, The Embattled Future of Academic Military History, in: The Journal of Military History 61 (1997), Heft 4, S. 777-789.
209. P. Mat'a/T. Winkelbauer (Hrsg.), Die Habsburgermonarchie 1620 bis 1740. Leistungen und Grenzen des Absolutismusparadigmas, Stuttgart 2006.
210. H. Meier-Welcker, Soldat und Geschichte. Aufsätze, Freiburg i. Brsg. 1976.
211. M. Messerschmidt, Nachwirkungen Friedrichs II. in Preußen-Deutschland, in: [362: 296–288].
212. M. Messerschmidt/K. A. Maier/W. Rahn/B. Thoss (Hrsg.), Militärgeschichte. Probleme – Thesen – Wege, Stuttgart 1982.
213. M. Meumann/R. Pröve, Die Faszination des Staates und die historische Praxis. Zur Beschreibung von Herrschaftsbeziehungen jenseits teleologischer und dualistischer Begriffsbildungen, in: [112: 11–49].
214. H. Münkler, Über den Krieg. Stationen der Kriegsgeschichte im Spiegel ihrer theoretischen Reflexion, Weilerswist 2002.
215. J. Nowosadtko, Krieg, Gewalt und Ordnung. Einführung in die Militärgeschichte, Tübingen 2002.
216. G. Oestreich, Vom Wesen der Wehrgeschichte, in: HZ 162 (1940), S. 231–257.
217. G. Parker, The Military Revolution – a Myth?, in: [386: 86–103].
218. G. Parker, The Military Revolution. Military Innovation and the Rise of the West, 1500–1800, 3. überarb. Aufl., Cambridge 1999.
219. G. Parker, „The „Military Revolution" 1955–2005. From Belfast to Barcelona and the Hague, in: The Journal of Military History 69 (2005), Heft 1, S. 205–209.
220. U. Planert, Wann beginnt der „moderne" deutsche Nationalismus? Plädoyer für eine nationale Sattelzeit, in: [56: 25–59].
221. R. Pröve (Hrsg.), Klio in Uniform? Probleme und Perspektiven einer modernen Militärgeschichte der Frühen Neuzeit, Köln u. a. 1997.
222. R. Pröve, Dimension und Reichweite der Paradigmen ‚Sozialdisziplinierung' und ‚Militarisierung' im Heiligen Römischen Reich, in: [136: 65–85].
223. R. Pröve, Vom Schmuddelkind zur anerkannten Subdisziplin? Die „neue Militärgeschichte" der Frühen Neuzeit. Perspektiven, Entwicklungen, Probleme, in: GWU 51 (2000), S. 597–612.

224. R. Pröve, Grenzen markieren und überschreiten. Die Lebenswelt „Militär" in der Perspektive des „performative turn", in: [133: 335–341].

225. F. Reichherzer, „Alles ist Front". Wehrwissenschaften in Deutschland und die Bellifizierung der Gesellschaft vom Ersten Weltkrieg bis in den Kalten Krieg, Paderborn 2012.

226. G. Ritter, Staatskunst und Kriegshandwerk. Das Problem des „Militarismus" in Deutschland. 4 Bände, München 1954–1968.

227. C. Rogers (Hrsg.), The Military Revolution Debate. Readings on the Military Transformation of Early Modern Europe, Boulder u. a. 1995.

228. C. Rogers, The Military Revolutions of the Hundred Years' War, in: The Journal of Military History 57 (1993), Heft 2, S. 241–278.

229. M. Salewski, Preußischer Militarismus – Realität oder Mythos? Gedanken zu einem Phantom, in: ZRGG 53 (2001), Heft 1, S. 19–34.

230. R. Sieder, Sozialgeschichte auf dem Weg zu einer historischen Kulturwissenschaft?, in: GG 20 (1994), Heft 3, S. 445–468.

231. B. Thoss, Institutionalisierte Militärgeschichte im geteilten Deutschland. Wege und Gegenwege im Systemvergleich, in: [183: 41–66].

232. C. Tilly, War Making and State Making as Organized Crime, in: P. B. Evans/D. Rueschemeyer/T. Skocpol (Hrsg.), Bringing the State back in, Cambridge u. a. 1985, S. 169–191.

233. H. Umbreit, Von der preußisch-deutschen Militärgeschichtsschreibung zur heutigen Militärgeschichte – Teilstreitkraft Heer, in: [188: 17–54].

234. R. Vierhaus, Die Rekonstruktion historischer Lebenswelten. Probleme moderner Kulturgeschichtsschreibung, in: [236: 5–28].

235. T. Kühne/B. Ziemann (Hrsg.), Was ist Militärgeschichte? Paderborn u. a. 2000.

236. H. Lehmann (Hrsg.), Wege zu einer neuen Kulturgeschichte, Göttingen 1995.

237. R. Wohlfeil, Wehr-, Kriegs- oder Militärgeschichte, in: MGM 1 (1967), Heft 1, S. 21–29.

238. R. Wohlfeil, Militärgeschichte. Zu Geschichte und Problemen einer Disziplin der Geschichtswissenschaft (1952–1967), in: MGM 52 (1993), S. 323–344.

4. Literatur zur Militärgeschichte des Spätmittelalters und der Frühen Neuzeit

4.1 Kriegswesen vom ausgehenden Spätmittelalter bis zum Zeitalter der Landsknechte

239. C. ALLMAND, War and Non-Combattant in the Middle Ages, in: [261: 253–272].

240. G. ALTHOFF, Schranken der Gewalt. Wie gewalttätig war das ‚finstere Mittelalter'?, in: [38: 1–23].

241. L. AUER, Mittelalterliche Kriegsgeschichte als Forschungsproblem, in: Francia 10 (1982), S. 449–463.

242. L. AUER, Formen des Krieges im abendländischen Mittelalter, in: [130: 17–43].

243. A. AYTON/J. L. PRICE (Hrsg.), The Medieval Military Revolution. State, Society and Military Change in Medieval and Early Modern Europe, London 1995.

244. R. BAUMANN, Georg von Frundsberg. Der Vater der Landsknechte und Feldhauptmann von Tirol. Eine gesellschaftsgeschichtliche Biographie, München 1984.

245. R. BAUMANN, Landsknechte. Ihre Geschichte und Kultur vom späten Mittelalter bis zum Dreißigjährigen Krieg, München 1994.

246. A. R. BELL, War and the Soldier in the Fourteenth Century, Woodbridge u. a. 2004.

247. A. BORST (Hrsg.), Das Rittertum im Mittelalter, Darmstadt 1976.

248. O. BRUNNER, Land und Herrschaft. Grundfragen der territorialen Verfassungsgeschichte Österreichs im Mittelalter, 5. Aufl., Wien 1965.

249. M. CLAUSS, Ritter und Raufbolde. Vom Krieg im Mittelalter, Darmstadt 2009.

250. M. CLAUSS, Kriegsniederlagen im Mittelalter. Darstellung – Deutung – Bewältigung, Paderborn 2010.

251. P. CONTAMINE, Guerre, état et société à la fin du Moyen âge. Études sur les armées des rois de France 1337–1494, Paris u. a. 1972.

252. P. CONTAMINE/O. GUYOTJEANNIN (Hrsg.), La guerre, la violence et les gens au Moyen Âge, Paris 1996.

253. P. CONTAMINE, La guerre au Moyen Âge, 6. Aufl., Paris 2003.

254. K. DEVRIES (Hrsg.), Medieval Warfare 1300–1450, Farnham u. a. 2010.

255. K. DEVRIES, Guns and Men in Medieval Europe, 1200–1500. Studies in Military History and Technology, Aldershot u. a. 2002.

256. W. ERBEN, Kriegsgeschichte des Mittelalters, München u. a. 1929.
257. J. FLECKENSTEIN (Hrsg.), Das ritterliche Turnier im Mittelalter. Beiträge zu einer vergleichenden Formen- und Verhaltensgeschichte des Rittertums, Göttingen 1986.
258. D. GRUMMITT, The Defence of Calais and the Development of Gunpowder Weaponry in England in the late Fifteenth Century, in: War in History 7 (2000), S. 253–272.
259. G. HIMMELSBACH, Die Renaissance des Krieges. Kriegsmonographien und das Bild des Krieges in der spätmittelalterlichen Chronistik am Beispiel der Burgunderkriege, Zürich 1999.
260. A. JENDORFF/S. KRIEB, Adel im Konflikt. Beobachtungen zu den Austragungsformen der Fehde im Spätmittelalter, in: ZHF 30 (2003), S. 179–206.
261. M. H. KEEN (Hrsg.), Medieval Warfare. A History, Oxford u. a. 1999.
262. H. KLEIN, Das salzburgische Söldnerheer im 14. Jahrhundert, in: Mitteilungen der Gesellschaft für Salzburger Landeskunde 66 (1926), S. 99–158.
263. H.-H. KORTÜM (Hrsg.), Krieg im Mittelalter, Berlin 2001.
264. H.-H. KORTÜM, Der Krieg im Mittelalter als Gegenstand der historischen Kulturwissenschaften. Versuch einer Annäherung, in: [263: 13–44].
265. H.-H. KORTÜM, Kriege und Krieger. 500–1500, Stuttgart 2010.
266. U. MARCH, Die holsteinische Heeresorganisation im Mittelalter, in: Zeitschrift der Gesellschaft für Schleswig-Holsteinische Geschichte 99 (1974), S. 95–139.
267. P. MORAW (Hrsg.), Von offener Verfassung zu verdichteter Gestaltung. Das Reich im späten Mittelalter 1250 bis 1490. Propyläen Geschichte Deutschlands, Band 3, Berlin 1985.
268. P. MORAW, Staat und Krieg im deutschen Spätmittelalter, in: [134: 82–112].
269. H. J. NICHOLSON, Medieval Warfare. Theory and Practice of War in Europe. 300–1500, Basingstoke u. a. 2004.
270. M. PRIETZEL, Mittelalterliche Kriegsgeschichte als Kulturgeschichte, in: Militär und Gesellschaft in der Frühen Neuzeit 6 (2002), Heft 2, S. 156–161.
271. M. PRIETZEL, Kriegführung im Mittelalter. Handlungen, Erinnerungen, Bedeutungen, Paderborn u. a. 2006.
272. C. ROGERS, Essays on Medieval Military History. Strategy, Military Revolutions and the Hundred Years War, Farnham 2010.

273. J. Rogge, Das Kriegswesen im späten Mittelalter und seine Erfor-
     schung. Neuere englische und deutsche Arbeiten zu Krieg, Staat
     und Gesellschaft, in: Militär und Gesellschaft in der Frühen Neu-
     zeit 8 (2004), S. 20–33.

274. R. Sablonier, Rittertum, Adel und Kriegswesen im Spätmittel-
     alter, in: [257: 532–567].

275. B. Sauerbrey, Die Wehrverfassung der Stadt Braunschweig im
     Spätmittelalter, Braunschweig 1989.

276. W. Schulze, Die Gleve. Der Ritter und sein Gefolge im späteren
     Mittelalter, München 1940.

277. S. Selzer, Sold, Beute und Budget. Zur Ökonomie deutscher Ita-
     liensöldner des 14. Jahrhunderts, in: [143: 219–246].

278. S. Selzer, Deutsche Söldner im Italien des Trecento, Tübingen
     2001.

279. S. Selzer, Eingeschränkt tauglich. Neue Forschungen zu Mili-
     tär und Gesellschaft im Spätmittelalter, in: HessJBLG 53 (2003),
     S. 243–254.

280. J. Stone, Technology, Society, and the Infantry Revolution of
     the Fourteenth Century, in: The Journal of Military History 68
     (2004), Heft 2, S. 361–380.

281. P. Thorau, Der Krieg und das Geld. Ritter und Söldner in den
     Heeren Kaiser Friedrichs II, in: HZ 268 (1999), S. 599–634.

282. U. Tresp, Die „Quelle der Kriegsmacht". Böhmen als spätmittel-
     alterlicher Söldnermarkt, in: [60: 43–61].

283. R. Wohlfeil, Ritter, Söldnerführer, Offizier. Versuch eines Ver-
     gleiches, in: [247: 315–348].

284. B. M. Wübbeke, Das Militärwesen der Stadt Köln im
     15. Jahrhundert, Stuttgart 1991.

285. G. Zeilinger, Lebensformen im Krieg, Stuttgart 2007.

286. H. Zmora, State and Nobility in Early Modern Germany. The
     Knightly Feud in Franconia, 1440–1567, Cambridge u. a. 1997.

287. H. Zug Tucci, Kriegsgefangenschaft im Mittelalter. Probleme
     und erste Forschungsergebnisse, in: [263: 123–140].

4.2 Das Militärwesen des „langen" 16. Jahrhunderts

288. O. Asbach/P. Schröder (Hrsg.), War, the State, and Internatio-
     nal Law in Seventeenth-Century Europe, Surrey u. a. 2010.

289. M. Asche/A. Schindling (Hrsg.), Das Strafgericht Gottes.
     Kriegserfahrungen und Religion im Heiligen Römischen Reich

Deutscher Nation im Zeitalter des Dreißigjährigen Krieges, Münster 2001.

290. R. BAUMANN, Die deutschen Condottieri. Kriegsunternehmertum zwischen eigenständigem Handeln und ‚staatlicher Bindung', in: [60: 111–126].

291. M. BENSING/S. HOYER, Der deutsche Bauernkrieg 1524–1526, 4. Aufl., Berlin 1982.

292. T. A. BRADY, Turning Swiss. Cities and Empire, 1450–1550, Cambridge u. a. 1985.

293. J. BURKHARDT, Der Dreißigjährige Krieg, Frankfurt a.m. 1992.

294. P. BURSCHEL, Söldner im Nordwestdeutschland des 16. und 17. Jahrhunderts. Sozialgeschichtliche Studien, Göttingen 1994.

295. O. CHALINE, La bataille de la Montagne Blanche (8 Novembre 1620). Un mystique chez les guerriers, Paris 2000.

296. D. CROXTON, A Territorial Imperative? The Military Revolution, Strategy and Peacemaking in the Thirty Years War, in: War in History 5 (1998), S. 253–279.

297. F. EDELMAYER/M. LANZINNER/P. RAUSCHER (Hrsg.), Finanzen und Herrschaft. Materielle Grundlagen fürstlicher Politik in den habsburgischen Ländern und im Heiligen Römischen Reich im 16. Jahrhundert, Wien u. a. 2003.

298. W. HAHLWEG, Die Heeresreform der Oranier und die Antike. Studien zur Geschichte des Kriegswesens der Niederlande, Deutschlands, Frankreichs, Englands, Italiens, Spaniens und der Schweiz vom Jahre 1589 bis zum Dreißigjährigen Kriege, Berlin 1941.

299. S. HOYER, Das Militärwesen im deutschen Bauernkrieg 1524–1526, Berlin 1975.

300. M. KAISER, Politik und Kriegführung. Maximilian von Bayern, Tilly und die Katholische Liga im Dreißigjährigen Krieg, Münster 1999.

301. M. KAISER, Cuius exercitus, eius religio? Konfession und Heerwesen im Zeitalter des Dreißigjährigen Kriegs, in: ARG 91 (2000), S. 316–353.

302. C. KAPSER, Die bayerische Kriegsorganisation in der zweiten Hälfte des Dreißigjährigen Krieges 1635–1648/49, Münster 1997.

303. B. R. KROENER, Soldat oder Soldateska? Programmatischer Aufriß einer Sozialgeschichte militärischer Unterschichten in der ersten Hälfte des 17. Jahrhunderts, in: [212: 100–123].

304. B. R. KROENER, „Kriegsgurgeln, Freireuter und Merodebrüder".

Der Soldat des Dreißigjährigen Krieges – Täter und Opfer, in: [161: 51–67].

305. B. R. KROENER, „…und ist der jammer nit zu beschreiben". Geschlechterbeziehungen und Überlebensstrategien in der Lagergesellschaft des Dreißigjährigen Krieges, in: [66: 279–296].

306. B. v. KRUSENSTJERN/H. MEDICK, Zwischen Alltag und Katastrophe. Der Dreißigjährige Krieg aus der Nähe, Göttingen 1999.

307. M. MALLETT, Mercenaries and their Masters. Warfare in Renaissance Italy, London u. a. 1974.

308. H.-M. MÖLLER, Das Regiment der Landsknechte. Untersuchungen zu Verfassung, Recht und Selbstverständnis in deutschen Söldnerheeren des 16. Jahrhunderts, Wiesbaden u. a. 1976.

309. G. OESTREICH, Antiker Geist und moderner Staat bei Justus Lipsius (1547–1606). Der Neustoizismus als politische Bewegung, Berlin 1954.

310. G. PARKER/A. PARKER, European Soldiers 1550–1650, London u. a. 1977.

311. H. PREUSS, Söldnerführer unter Landgraf Philip dem Großmütigen von Hessen (1518–1567). Aufbau und Verwaltung einer personalen Friedensorganisation in „Kriegssachen", Darmstadt u. a. 1975.

312. J. RAYMOND, Henry VIII's Military Revolution. The Armies of Sixteenth-Century Britain and Europe, London 2007.

313. M. ROBERTS, The Military Revolution. 1560–1660, in: [227: 13–35].

314. M. ROGG, Landsknechte und Reisläufer. Bilder vom Soldaten. Ein Stand in der Kunst des 16. Jahrhunderts, Paderborn u. a. 2002.

315. M. ROGG, Gottlose Kriegsleute? Zur bildlichen Darstellung von Söldnern des 16. Jahrhunderts im Spannungsfeld von Lebenswirklichkeit, öffentlicher Meinung und konfessioneller Bildpropaganda, in: Militär und Religiosität in der Frühen Neuzeit, hrsg. von M. Kaiser u. S. Kroll, Münster 2004, S. 121–144.

316. H. SCHILLING, Die Konfessionalisierung im Reich. Religiöser und gesellschaftlicher Wandel in Deutschland zwischen 1555 und 1620, in: HZ 246 (1988), Heft 1, S. 1–45.

317. W. SCHULZE, Landesdefension und Staatsbildung. Studien zum Kriegswesen des innerösterreichischen Territorialstaates (1564–1619), Wien u. a. 1973.

318. O. v. NIMWEGEN, ‚Deser landen crijchsvolck'. Het Staatse leger en de militaire revoluties (1588–1688), Amsterdam 2006.

319. F. J. Worstbrock (Hrsg.), Krieg und Frieden im Horizont des Renaissancehumanismus, Weinheim 1986.

4.3 Das Zeitalter der Stehenden Heere zwischen 1650 und 1800

320. J. C. Allmayer-Beck (Hrsg.), Friedrich der Große und das Militärwesen seiner Zeit, Herford 1987.
321. W. Adam/H. Dainat (Hrsg.), „Krieg ist mein Lied". Der Siebenjährige Krieg in den zeitgenössischen Medien, Göttingen 2007.
322. T. C. W. Blanning, The Origins of the French Revolutionary Wars, London u. a. 1986.
323. G. Bodinier, Les rapports entre l'armée et la société et l'attitude de l'armée face au régime imperial, in: [84: 299–305].
324. M. Braubach, Prinz Eugen von Savoyen. Eine Biographie. 5 Bände, Wien 1963–1965.
325. J. Brewer, The Sinews of Power. War, Money and the English State, 1688–1783, London u. a. 1989.
326. J. Burkhardt, Abschied vom Religionskrieg. Der Siebenjährige Krieg und die päpstliche Diplomatie, Tübingen 1985.
327. J. Burkhardt, Der Dreißigjährige Krieg, Frankfurt a.M. 1992.
328. P. Burschel, Krieg, Staat, Disziplin. Die Entstehung eines neuen Söldnertypus im 17. Jahrhundert, in: GWU 48 (1997), S. 640–652.
329. O. Büsch, Militärsystem und Sozialleben im alten Preußen 1713–1807. Die Anfänge der sozialen Militarisierung der preußisch-deutschen Gesellschaft, durchges., um das Vorw. zur Taschenbuchausg. u. den bibliogr. Nachtr. erw. Ed., Frankfurt a.M. u. a. 1981.
330. J. Chagniot, La rationalisation de l'armée française après 1660, in: Association des Historiens Modernistes des Universités (Hrsg.), Armées et diplomatie dans l'Europe du XVIIe siècle, Paris 1992, S. 97–108.
331. R. Chickering/S. Förster (Hrsg.), War in an Age of Revolution, 1775–1815, Cambridge u. a. 2010.
332. R. Chickering, Introduction. A Tale of Two Tales. Grand Narratives of War in the Age of Revolution, in: [331: 1–20].
333. J. Childs, Armies and Warfare in Europe 1648–1789, Manchester 1982.
334. G. Clark, War and Society in the Seventeenth Century, Cambridge 1958.

335. P. G. M. Dickson, Finance and Government under Maria Theresia 1740–1780, Oxford u. a. 1987.

336. H. Duchhardt, Balance of Power und Pentarchie. Internationale Beziehungen 1700–1785, Paderborn u. a. 1997.

337. H. Duchhardt, Europa am Vorabend der Moderne. 1650–1800, Stuttgart 2003.

338. J. Ehlers, Die Wehrverfassung der Stadt Hamburg im 17. und 18. Jahrhundert, Boppard 1966.

339. J. Elvert (Hrsg.), Historische Mitteilungen der Ranke-Gesellschaft 18. Schwerpunktthema: Der Siebenjährige Krieg, 2005.

340. B. Engelen, Soldatenfrauen in Preußen. Eine Strukturanalyse der Garnisonsgesellschaft im späten 17. und im 18. Jahrhundert, Münster 2005.

341. S. Externbrink (Hrsg.), Der Siebenjährige Krieg (1756–1763). Ein europäischer Weltkrieg im Zeitalter der Aufklärung, Berlin 2011.

342. S. Externbrink, „Que l'homme est cruel et méchant". Wahrnehmung von Krieg und Gewalt durch französische Offiziere im Siebenjährigen Krieg, in: [339: 44–57].

343. M. Füssel, Der Wert der Dinge. Materielle Kultur in soldatischen Selbstzeugnissen des Siebenjährigen Krieges, in: Militär und Gesellschaft in der Frühen Neuzeit 13 (2009), Heft 1, S. 104–121.

344. M. Füssel, Der Siebenjährige Krieg. Ein Weltkrieg im 18. Jahrhundert, München 2010.

345. M. Glozier/D. Onnekink, War, Religion and Service. Huguenot Soldiering, 1685–1713, Aldershot u. a. 2007.

346. F. Göse, Landstände und Militär. Die Haltung der kur- und neumärkischen Ständerepräsentanten zum brandenburg-preußischen Militärsystem im ausgehenden 17. und 18. Jahrhundert, in: [100: 191–222].

347. F. Göse, Rittergut – Garnison – Residenz. Studien zur Sozialstruktur und politischen Wirksamkeit des brandenburgischen Adels 1648–1763, Berlin 2005.

348. Großer Generalstab. Abteilung Kriegsgeschichte (Hrsg.), Die Kriege Friedrichs des Großen. 13 Bände, Berlin 1890–1913.

349. P.-M. Hahn, Aristokratisierung und Professionalisierung. Der Aufstieg der Obristen zu einer militärischen und höfischen Elite in Brandenburg-Preußen von 1650–1725, in: FBPG 1 (1991), N.F. 1, S. 161–208.

350. M. Hochedlinger, Rekrutierung – Militarisierung – Modernisierung. Militär und ländliche Gesellschaft in der Habsburger-

monarchie im Zeitalter des Aufgeklärten Absolutismus, in: [100: 327–376].

351. M. HOCHEDLINGER, Austria's Wars of Emergence 1683–1797. War, State and Society in the Habsburg Monarchy 1683–1797, London u. a. 2003.

352. R. HÖHN, Revolution, Heer, Kriegsbild, Darmstadt 1944.

353. D. HOHRATH (Hrsg.), Die Kriegskunst im Lichte der Vernunft. Militär und Aufklärung im 18. Jahrhundert, Teil II, Hamburg 2000.

354. D. HOHRATH, Spätbarocke Kriegskunst und aufgeklärte Kriegswissenschaften. Neue Forschungen und Perspektiven zu Krieg und Militär im „Zeitalter der Aufklärung", in: [353: 5–47].

355. D. HOHRATH, Eroberer, Besatzer, Verteidiger. Festungsstädte unter ‚fremder' Herrschaft im Krieg des 18. Jahrhunderts, in: [102: 67–79].

356. S. HUCK, Soldaten gegen Nordamerika. Lebenswelten Braunschweiger Subsidientruppen im amerikanischen Unabhängigkeitskrieg, München 2011.

357. I. A. des k.u.k. Chef des Generalstabes (Hrsg.), Kriege unter der Regierung der Kaiserin-Königin Maria Theresia. Österreichischer Erbfolgekrieg, 1740–1748, nach den Feldacten und anderen authentischen Quellen bearbeitet in der Kriegsgeschichtlichen Abtheilung des k.u.k. Kriegsarchivs. 9 Bände, Wien 1898–1914.

358. C. W. INGRAO, The Hessian Mercenary State. Ideas, Institutions and Reform under Frederick II, 1760–1785, Cambridge u. a. 1987.

359. C. W. INGRAO, Kameralismus und Militarismus im deutschen Polizeistaat. Der hessische Söldnerstaat, in: [138: 171–185].

360. O. JESSEN, ‚Preußens Napoleon'? Ernst von Rüchel. 1754–1823. Krieg im Zeitalter der Vernunft, Paderborn u. a. 2007.

361. E. KESSEL, Der deutsche Soldat in den stehenden Heeren des Absolutismus, in: B. H. SCHWERTFEGER/E. O. VOLKMANN (Hrsg.), Die deutsche Soldatenkunde, Leipzig u. a. 1937, S. 63–93.

362. B. R. KROENER (Hrsg.), Europa im Zeitalter Friedrichs des Großen. Wirtschaft, Gesellschaft, Kriege, München 1989.

363. B. R. KROENER, Herrschaftsverdichtung als Kriegsursache. Wirtschaft und Rüstung der europäischen Großmächte im Siebenjährigen Krieg, in: [158: 145–173].

364. B. R. KROENER, ‚Des Königs Rock'. Das Offizierkorps in Frankreich, Österreich und Preußen im 18. Jahrhundert – Werkzeug

sozialer Militarisierung oder Symbol gesellschaftlicher Integration?, in: [25: 72–95].

365. S. Kroll, Soldaten im 18. Jahrhundert zwischen Friedensalltag und Kriegserfahrung. Lebenswelten und Kultur in der kursächsischen Armee 1728–1796, Paderborn u. a. 2006.

366. B. v. Krusenstjern (Hrsg.), Selbstzeugnisse der Zeit des Dreißigjährigen Krieges. Beschreibendes Verzeichnis, Berlin 1997.

367. J. Kunisch, Der kleine Krieg. Studien zum Heerwesen des Absolutismus, Wiesbaden 1973.

368. J. Kunisch, Das Mirakel des Hauses Brandenburg. Studien zum Verhältnis von Kabinettspolitik und Kriegführung im Zeitalter des Siebenjährigen Krieges, München 1978.

369. J. Kunisch, La guerre – c'est moi! Zum Problem der Staatenkonflikte im Zeitalter des Absolutismus, in: [104: 1–41].

370. J. Kunisch/H. Münkler (Hrsg.), Die Wiedergeburt des Krieges aus dem Geist der Revolution. Studien zum bellizistischen Diskurs des ausgehenden 18. und beginnenden 19. Jahrhunderts, Berlin 1999.

371. J. Kunisch, Die Denunzierung des Ewigen Friedens. Der Krieg als moralische Anstalt in der Literatur und Publizistik der Spätaufklärung, in: [370: 57–73].

372. A. Lampe, Der Milizgedanke und seine Durchführung in Brandenburg-Preußen vom Ausgang des 16. Jahrhunderts bis zur Heeresreform nach 1807, Berlin 1951.

373. M. Lehmann, Werbung, Wehrpflicht und Beurlaubung im Heere Friedrich Wilhelms I., in: M. Lehmann (Hrsg.), Historische Aufsätze und Reden, Leipzig 1911, S. 135–157.

374. H. Lloyd, War, Society and Enlightenment. The Works of General Lloyd, hrsg. von P. J. Speelman, Leiden 2005.

375. M. Lorenz, Das Rad der Gewalt. Militär und Zivilbevölkerung in Norddeutschland nach dem Dreißigjährigen Krieg (1650–1700), Köln u. a. 2007.

376. E. A. Lund, War for the Every Day. Generals, Knowledge, and Warfare in Early Modern Europe 1680–1740, Westport u. a. 1999.

377. J. A. Lynn, Giant of the Grand Siècle. The French Army 1610–1715, Cambridge 1997.

378. S. Möbius, Mehr Angst vor dem Offizier als vor dem Feind? Eine mentalitätsgeschichtliche Studie zur preußischen Taktik im Siebenjährigen Krieg, Saarbrücken 2007.

379. W. Neugebauer, Staatsverfassung und Heeresverfassung in Preußen während des 18. Jahrhunderts, in: [25: 27–44].

380. C. J. Nolan, Wars of the Age of Louis XIV, 1650–1715. An Encyclopedia of Global Warfare and Civilization, Westport u. a. 2008.

381. J. Nowosadtko, Die Schulbildung der Soldatenkinder im Fürstbistum Münster. Konfessionelle Unterschiede in den Heeren des 17. und 18. Jahrhunderts, in: Militär und Religiosität in der Frühen Neuzeit, hrsg. von M. Kaiser u. S. Kroll, Münster 2004, S. 293–305.

382. J. Nowosadtko, Stehendes Heer im Ständestaat. Das Zusammenleben von Militär- und Zivilbevölkerung im Fürstbistum Münster 1650–1803, Paderborn u. a. 2011.

383. D. Onnekink (Hrsg.), War and Religion after Westphalia, 1648–1713, Farnham u. a. 2009.

384. I. Pantel, Die hamburgische Neutralität im Siebenjährigen Krieg, Münster 2011.

385. G. Papke, Von der Miliz zum Stehenden Heer. Wehrwesen im Absolutismus, in: [114: 1–311].

386. G. Parker (Hrsg.), Spain and the Netherlands, 1559–1659. Ten Studies, Glasgow 1979.

387. R. Pröve, Stehendes Heer und städtische Gesellschaft im 18. Jahrhundert. Göttingen und seine Militärbevölkerung 1713–1756, München 1995.

388. R. Pröve, Zum Verhältnis von Militär und Gesellschaft im Spiegel gewaltsamer Rekrutierungen (1648–1789), in: [127: 7–37].

389. M. Rink, Vom „Partheygänger" zum Partisanen. Die Konzeption des kleinen Krieges in Preußen 1740–1813, Frankfurt a.M. u. a. 1999.

390. M. v. Salisch, Treue Deserteure. Das kursächsische Militär und der Siebenjährige Krieg, München 2009.

391. H. Schmidt, Militärverwaltung in Deutschland und Frankreich im 17. und 18. Jahrhundert, in: [100: 25–45].

392. H. Schnitter/T. Schmidt, Absolutismus und Heer. Zur Entwicklung des Militärwesens im Spätfeudalismus, Berlin 1987.

393. F. v. Schrötter, Die brandenburgisch-preussische Heeresverfassung unter dem Grossen Kurfürsten, Leipzig 1892.

394. D. Showalter, Hubertusburg to Auerstadt. The Prussian Army in Decline?, in: German History 12 (1994), S. 308–333.

395. D. E. Showalter, The Wars of Frederick the Great, London u. a. 1996.

396. B. Sicken, Das Wehrwesen des fränkischen Reichskreises. Aufbau und Struktur (1681–1714). 2 Bände, Nürnberg 1967.

397. M. Sikora, Disziplin und Desertion. Strukturprobleme militärischer Organisation im 18. Jahrhundert, Berlin 1996.

398. B. Sösemann/G. Vogt-Spira (Hrsg.), Friedrich der Große in Europa. Geschichte einer wechselvollen Beziehung. 2 Bände, Stuttgart 2012.

399. A. Starkey, War in the Age of the Enlightenment, 1700–1789, Westport u. a. 2003.

400. P.-C. Storm, Der Schwäbische Kreis als Feldherr. Untersuchungen zur Wehrverfasssung des schwäbischen Reichskreises in der Zeit von 1648–1732, Berlin u. a. 1974.

401. C. Storrs, The Fiscal-Military State in Eighteenth-Century Europe. Essays in Honour of P. G. M. Dickson, Farnham u. a. 2009.

402. R. Torres Sánchez (Hrsg.), War, State and Development. Fiscal-Military States in the Eighteenth Century, Pamplona 2007.

403. M. Ultee (Hrsg.), Adapting to Conditions. War and Society in the 18. Century, Tuscaloosa 1986.

404. R. F. Weigley, The Age of Battles. The Quest for Decisive Warfare from Breitenfeld to Waterloo, Bloomington u. a. 1991.

405. J. S. Wheeler, The Making of a World Power. War and the Military Revolution in Seventeenth-Century England, Stroud 1999.

406. P. H. Wilson, War, State and Society in Württemberg, 1677–1793, Cambridge u. a. 1995.

407. P. H. Wilson, German Armies. War and German Politics 1648–1806, London u. a. 1998.

408. P. H. Wilson, Social Militarization in Eighteenth-Century Germany, in: German History 18 (2000), S. 1–39.

409. P. H. Wilson, A Companion to Eighteenth-Century Europe, Malden u. a. 2008.

410. C. Winkel, Geburt und Eintritt. Initiationsrituale beim Eintritt in das preußische Offizierkorps im 18. Jahrhundert, in: [133: 343–354].

411. M. Winter, Untertanengeist durch Militärpflicht? Das preußische Kantonsystem in brandenburgischen Städten im 18. Jahrhundert, Bielefeld 2005.

412. T. Wollschläger, Die „Military Revolution" und der deutsche Territorialstaat unter besonderer Berücksichtigung Brandenburg-Preußens und Sachsens. Determinanten der Staatskonsolidierung im europäischen Kontext 1670–1740, Norderstedt 2004.

Register

1. Personen- und Autorenregister

Machiavelli, Niccolò 31
MALLETT, M. 57
MANN, M. 103
Maria Theresia Röm. Kg. u. Ks.
  Erzherzogin von Österreich und
  Königin von Ungarn 23, 119
Maximilian von Habsburg Röm. Kg.
  u. Ks. 20f., 23f.
McNEILL, W. H. 65f.
MEIER-WELCKER, H. 87
MESSERSCHMIDT, M. 88, 113
MEUMANN, M. 74, 108, 112, 125
MITTENZWEI, I. 95
MÖLLER, H.-M. 126
Moltke, Helmuth Graf (d. Ä.) 77
MORAW, P. 12, 21
MÜNKLER, H. 59, 98, 100, 121
MURRAY, W. 56

Napoleon I. Kaiser der Franzosen
  78f.
NEUGEBAUER, W. 79, 116f.
NIMWEGEN, O. v. 104
NOWOSADTKO, J. 75, 108, 110, 114,
  118f., 126

OESTREICH, G. 59, 63f., 82–86,
  89f., 106, 122
ONNEKINK, D. 106

PANTEL, I. 119
PAPKE, G. 68, 88, 116, 118
PARKER, G. 63–67, 69f.
PARROTT, D. 67f.
Paulus, Friedrich 92
PLANERT, U. 72
PREUSS, H. 90
PRICE, J.L. 57
PRIETZEL, M. 57, 126
PRÖVE, R. 74, 90, 106, 108–110,
  112–114, 117f., 126f.

Ranke, Leopold von 20, 76
REDLICH, F. 81, 87
REICHHERZER, F. 81
REINHARD, W. 106
RITTER, G. 86
ROBERTS, M. 62–67, 70–72
ROGERS, C. 56f., 69f.

ROGG, M. 106, 126
ROGGE, J. 125
ROSINSKI, H. 81

SAUERBREY, B. 58
SCHAUFELBERGER, W. 19
SCHERFF, W. 84
SCHILLING, R. 106
SCHMIDT, H. 89
SCHMIDT, T. 95
SCHMITTHENNER, P. 82f.
SCHMOLLER, G. 79
SCHNITTER, H. 90, 94f.
SCHULZE, W. 89f.
SCHWARK, T. 110, 119
SICKEN, B. 90, 119
SIEDER, R. 107
Siegmund Erzherzog von Österreich
  15
Sigismund von Luxemburg Röm. Kg.
  u. Ks. 10
SIKORA, M. 109f., 117f., 123
SOMBART, W. 79f.
STAUDINGER, K. 80
STOLLBERG-RILINGER, B. 79, 122
STONE, J. 57
STORM, P.-C. 90
STORRS, C. 73, 112

TALLETT, F. 68, 70, 111
THORAU, P. 56
TILLY, C. 45, 65, 72, 99, 103
TORRES SÁNCHEZ, R. 73, 112
Treitschke, Heinrich von 76, 98
TRESP, U. 60
TRIM, D. J. B. 111
Trochnov, Jan Žiška von 10

UMBREIT, H. 75

VAGTS, A. 81
VERBRUGGENS, J. F. 57
VIERHAUS, R. 126

Wallenstein, Albrecht Wenzel Euse-
  bius Fürst von 37
WEBER, M. 64, 98, 122
WEIGLEY, R. F. 71
WETTE, W. 105

2. Ortsregister

3. Sachregister

Enzyklopädie deutscher Geschichte
Themen und Autoren

Bauern 1648–1806 (Werner Troßbach) 1992. EdG 19
Adel in der Frühen Neuzeit (Rudolf Endres) 1993. EdG 18
Der Fürstenhof in der Frühen Neuzeit (Rainer A. Müller) 2. Aufl. 2004.
EdG 33
Die Stadt in der Frühen Neuzeit (Heinz Schilling) 2. Aufl. 2004. EdG 24
Armut, Unterschichten, Randgruppen in der Frühen Neuzeit
(Wolfgang von Hippel) 1995. EdG 34
Unruhen in der ständischen Gesellschaft 1300–1800 (Peter Blickle) 3., aktual.
und erw. Aufl. 2012. EdG 1
Frauen- und Geschlechtergeschichte 1500–1800 (Andreas Rutz)
Die deutschen Juden vom 16. bis zum Ende des 18. Jahrhunderts
(J. Friedrich Battenberg) 2001. EdG 60

Wirtschaft Die deutsche Wirtschaft im 16. Jahrhundert (Franz Mathis) 1992. EdG 11
Die Entwicklung der Wirtschaft im Zeitalter des Merkantilismus 1620–1800
(Rainer Gömmel) 1998. EdG 46
Landwirtschaft in der Frühen Neuzeit (Walter Achilles) 1991. EdG 10
Gewerbe in der Frühen Neuzeit (Wilfried Reininghaus) 1990. EdG 3
Kommunikation, Handel, Geld und Banken in der Frühen Neuzeit
(Michael North) 2000. EdG 59

Kultur, Alltag, Renaissance und Humanismus (Ulrich Muhlack)
Mentalitäten Medien in der Frühen Neuzeit (Andreas Würgler) 2., durchgesehene Aufl.
2013. EdG 85
Bildung und Wissenschaft vom 15. bis zum 17. Jahrhundert
(Notker Hammerstein) 2003. EdG 64
Bildung und Wissenschaft in der Frühen Neuzeit 1650–1800
(Anton Schindling) 2. Aufl. 1999. EdG 30
Die Aufklärung (Winfried Müller) 2002. EdG 61
Lebenswelt und Kultur des Bürgertums in der Frühen Neuzeit (Bernd Roeck)
2., um einen Nachtrag erw. Aufl. 2011. EdG 9
Lebenswelt und Kultur der unterständischen Schichten in der Frühen Neuzeit
(Robert von Friedeburg) 2002. EdG 62

Religion Die Reformation. Voraussetzungen und Durchsetzung (Olaf Mörke) 2., aktua-
und Kirche lisierte Aufl. 2011. EdG 74
Konfessionalisierung im 16. Jahrhundert (Heinrich Richard Schmidt)
1992. EdG 12
Kirche, Staat und Gesellschaft im 17. und 18. Jahrhundert (Michael Maurer)
1999. EdG 51
Religiöse Bewegungen in der Frühen Neuzeit (Hans-Jürgen Goertz)
1993. EdG 20

Politik, Staat, Das Reich in der Frühen Neuzeit (Helmut Neuhaus) 2. Aufl. 2003. EdG 42
Verfassung Landesherrschaft, Territorien und Staat in der Frühen Neuzeit (Joachim
Bahlcke) 2012. EdG 91
Die Landständische Verfassung (Kersten Krüger) 2003. EdG 67
Vom aufgeklärten Reformstaat zum bürokratischen Staatsabsolutismus
(Walter Demel) 2., um einen Nachtrag erw. Aufl. 2010. EdG 23
Kriegswesen, Herrschaft und Gesellschaft 1300–1800 (Bernhard R. Kroener)
2013. EdG 94

Das Reich im Kampf um die Hegemonie in Europa 1521–1648 (Alfred Kohler) 2., um einen Nachtrag erw. Aufl. 2010. EdG 6

Altes Reich und europäische Staatenwelt 1648–1806 (Heinz Duchhardt) 1990. EdG 4

Staatensystem, internationale Beziehungen

19. und 20. Jahrhundert

Bevölkerungsgeschichte und Historische Demographie 1800–2000 (Josef Ehmer) 2004. EdG 71

Migration im 19. und 20. Jahrhundert (Jochen Oltmer) 2010. EdG 86

Umweltgeschichte im 19. und 20. Jahrhundert (Frank Uekötter) 2007. EdG 81

Adel im 19. und 20. Jahrhundert (Heinz Reif) 2., um einen Nachtrag erw. Aufl. 2012. EdG 55

Geschichte der Familie im 19. und 20. Jahrhundert (Andreas Gestrich) 2. Aufl. 2010. EdG 50

Urbanisierung im 19. und 20. Jahrhundert (Christoph Bernhardt)

Von der ständischen zur bürgerlichen Gesellschaft (Lothar Gall) 2., aktual. Aufl. 2012. EdG 25

Die Angestellten seit dem 19. Jahrhundert (Günter Schulz) 2000. EdG 54

Die Arbeiterschaft im 19. und 20. Jahrhundert (Gerhard Schildt) 1996. EdG 36

Frauen- und Geschlechtergeschichte im 19. und 20. Jahrhundert (Gisela Mettele)

Die Juden in Deutschland 1780–1918 (Shulamit Volkov) 2. Aufl. 2000. EdG 16

Die deutschen Juden 1914–1945 (Moshe Zimmermann) 1997. EdG 43

Pazifismus im 19. und 20. Jahrhundert (Benjamin Ziemann)

Gesellschaft

Die Industrielle Revolution in Deutschland (Hans-Werner Hahn) 3., um einen Nachtrag erw. Aufl. 2011. EdG 49

Die deutsche Wirtschaft im 20. Jahrhundert (Wilfried Feldenkirchen) 1998. EdG 47

Ländliche Gesellschaft und Agrarwirtschaft im 19. Jahrhundert (Clemens Zimmermann)

Agrarwirtschaft und ländliche Gesellschaft im 20. Jahrhundert (Ulrich Kluge) 2005. EdG 73

Gewerbe und Industrie im 19. und 20. Jahrhundert (Toni Pierenkemper) 2., um einen Nachtrag erw. Aufl. 2007. EdG 29

Handel und Verkehr im 19. Jahrhundert (Karl Heinrich Kaufhold)

Handel und Verkehr im 20. Jahrhundert (Christopher Kopper) 2002. EdG 63

Banken und Versicherungen im 19. und 20. Jahrhundert (Eckhard Wandel) 1998. EdG 45

Technik und Wirtschaft im 19. und 20. Jahrhundert (Christian Kleinschmidt) 2007. EdG 79

Unternehmensgeschichte im 19. und 20. Jahrhundert (Werner Plumpe)

Staat und Wirtschaft im 19. Jahrhundert (Rudolf Boch) 2004. EdG 70

Staat und Wirtschaft im 20. Jahrhundert (Gerold Ambrosius) 1990. EdG 7

Wirtschaft

Kultur, Bildung und Wissenschaft im 19. Jahrhundert (Hans-Christof Kraus) 2008. EdG 82

Kultur, Bildung und Wissenschaft im 20. Jahrhundert (Frank-Lothar Kroll) 2003. EdG 65

Lebenswelt und Kultur des Bürgertums im 19. und 20. Jahrhundert (Andreas Schulz) 2005. EdG 75

Kultur, Alltag, Mentalitäten

Lebenswelt und Kultur der unterbürgerlichen Schichten im 19. und
20. Jahrhundert (Wolfgang Kaschuba) 1990. EdG 5

Religion
und Kirche

Kirche, Politik und Gesellschaft im 19. Jahrhundert (Gerhard Besier)
1998. EdG 48
Kirche, Politik und Gesellschaft im 20. Jahrhundert (Gerhard Besier)
2000. EdG 56

Politik, Staat,
Verfassung

Der Deutsche Bund 1815–1866 (Jürgen Müller) 2006. EdG 78
Verfassungsstaat und Nationsbildung 1815–1871 (Elisabeth Fehrenbach)
2., um einen Nachtrag erw. Aufl. 2007. EdG 22
Politik im deutschen Kaiserreich (Hans-Peter Ullmann) 2., durchges. Aufl.
2005. EdG 52
Die Weimarer Republik. Politik und Gesellschaft (Andreas Wirsching)
2., um einen Nachtrag erw. Aufl. 2008. EdG 58
Nationalsozialistische Herrschaft (Ulrich von Hehl) 2. Aufl. 2001. EdG 39
Die Bundesrepublik Deutschland. Verfassung, Parlament und Parteien
(Adolf M. Birke) 2. Aufl. 2010 mit Ergänzungen von Udo Wengst. EdG 41
Militär, Staat und Gesellschaft im 19. Jahrhundert (Ralf Pröve) 2006. EdG 77
Militär, Staat und Gesellschaft im 20. Jahrhundert (Bernhard R. Kroener)
2011. EdG 87
Die Sozialgeschichte der Bundesrepublik Deutschland bis 1989/90
(Axel Schildt) 2007. EdG 80
Die Sozialgeschichte der DDR (Arnd Bauerkämper) 2005. EdG 76
Die Innenpolitik der DDR (Günther Heydemann) 2003. EdG 66

Staatensystem,
internationale
Beziehungen

Die deutsche Frage und das europäische Staatensystem 1815–1871
(Anselm Doering-Manteuffel) 3., um einen Nachtrag erw. Aufl. 2010.
EdG 15
Deutsche Außenpolitik 1871–1918 (Klaus Hildebrand) 3., überarb. und um
einen Nachtrag erw. Aufl. 2008. EdG 2
Die Außenpolitik der Weimarer Republik (Gottfried Niedhart)
2., aktualisierte Aufl. 2006. EdG 53
Die Außenpolitik des Dritten Reiches (Marie-Luise Recker) 2., um einen Nach-
trag erw. Aufl. 2009. EdG 8
Die Außenpolitik der Bundesrepublik Deutschland 1949 bis 1990
(Ulrich Lappenküper) 2008. EdG 83
Die Außenpolitik der DDR (Joachim Scholtyseck) 2003. EdG 69

Hervorgehobene Titel sind bereits erschienen.

Stand: Juli 2013

www.ingramcontent.com/pod-product-compliance
Lightning Source LLC
Chambersburg PA
CBHW020537100426
42813CB00043B/3490